本书系国家民委重点研究基地（少数民族哲学思想与文化传承创新研究基地）重点研究项目
"西南民族地区生态治理的公正取向与实现机制研究"（2019SZJD02)的后期成果
本书获得中共四川省委党校马克思主义学院建设经费资助

西南地区少数民族
生态伦理及其当代价值研究

廖小明　陈黎梅　李明芳　编著

四川人民出版社

图书在版编目（CIP）数据

西南地区少数民族生态伦理及其当代价值研究/廖小明，陈黎梅，李明芳编著. ——成都：四川人民出版社，2024.1

ISBN 978－7－220－13582－8

Ⅰ.①西… Ⅱ.①廖… ②陈… ③李… Ⅲ.①少数民族－民族文化－研究－西南地区 Ⅳ.K280.7

中国国家版本馆 CIP 数据核字（2024）第 028039 号

XI NAN DI QU SHAO SHU MIN ZU SHENG TAI LUN LI JI QI DANG DAI JIA ZHI YAN JIU
西南地区少数民族生态伦理及其当代价值研究
廖小明　陈黎梅　李明芳　编著

责任编辑	董　玲
装帧设计	张迪茗
责任印制	祝　健
责任校对	舒晓利

出版发行	四川人民出版社（成都市三色路 238 号）
网　　址	http：//www.scpph.com
E-mail	scrmcbs@sina.com
新浪微博	@四川人民出版社
微博公众号	四川人民出版社
发行部业务电话	(028)86361653　86361656
防盗版举报电话	(028)86361653
排　　版	🐼四川看熊猫杂志有限公司
印　　刷	成都蜀通印务有限责任公司
成品尺寸	170 mm×240 mm
印　　张	13.5
字　　数	190 千
版　　次	2024 年 1 月第 1 版
印　　次	2024 年 1 月第 1 次印刷
书　　号	ISBN 978－7－220－13582－8
定　　价	58.00 元

引　言

（代序）

　　文化是民族的血脉，是人民的精神家园。党的二十大报告明确指出："我们要坚持马克思主义在意识形态领域指导地位的根本制度，坚持为人民服务、为社会主义服务，坚持百花齐放、百家争鸣，坚持创造性转化、创新性发展……传承中华优秀传统文化，满足人民日益增长的精神文化需求，巩固全党全国各族人民团结奋斗的共同思想基础，不断提升国家文化软实力和中华文化影响力。"① 中华文化强调"天人合一""和而不同""天行健，君子以自强不息""大道之行也，天下为公""仁者爱人""与人为善""己所不欲，勿施于人"等，意义重大深远。习近平认为："像这样的思想和理念，不论过去还是现在，都有其鲜明的民族特色，都有其永不褪色的时代价值。这些思想和理念，既随着时间推移和时代变迁而不断与时俱进，又有其自身的连续性和稳定性。我们生为中国人，最根本的是我们有中国人的独特精神世界，有百姓日用而不觉的价值观。我们提倡的社会主义核心价值观，就充分体现了对中华优秀传统文化的传承和升华。"②

　　中国是一个多民族国家。在多民族融合的过程中，以汉民族文化为基础形成的优秀传统文化影响着各少数民族，各少数民族的优秀文化又为传统文化注入了生机和活力，成为中华文化源远流长的源泉，形成了文化传承和丰富发展的内在机制。其中，伦理价值是文化的内核和精髓，是文化

---

　　① 习近平：《高举中国特色社会主义伟大旗帜　为全面建设社会主义现代化国家而团结奋斗——在中国共产党第二十次全国代表大会上的报告》，《人民日报》，2022 年 10 月 26 日。

　　② 摘自习近平在北京大学师生座谈会上的讲话，参见《习近平讲故事：中国人有独特的精神世界》，https：//baijiahao. baidu. com/s? id＝1648863651111093558&wfr＝spider&for＝pc。

源远流长、不断发展的根脉。生态伦理是中国传统伦理价值的延续与传承。中国传统文化十分重视天人合一的伦理价值观念。在认识天、地、人之间的关系时，传统文化突出对天地的尊重、对自然的尊重，从一生二、二生三、三生万物到为天地立心，为生民立命；人们学会了在生产生活中充分尊重自然、顺应自然，从自然中获取生产生活条件，自觉保护自然的再生能力，形成了人与自然和谐的画卷。在传统文化的众多思想流派中，儒家、道家和佛家，都留下了关于处理天地人伦关系的宝贵思想主张和精神财富，既是千百年来中国传统社会丰富经验的总结，也是新时代社会发展可以继续汲取的智慧和营养。

西南地区少数民族众多，各民族在处理人与自然环境的关系方面都有自己丰富而独特的认识，形成了生态伦理思想的理论和价值体系，全面梳理总结这样的思想和伦理价值体系意义重大深远。本书立足于生态文明建设和绿色发展的大背景，通过收集整理研读西南地区代表性少数民族生态伦理相关的文献资料、碑刻铭文、民族志、家谱等，总结提炼这些代表性少数民族的原始宗教信仰、生活习俗、习惯法以及其他文化元素中蕴藏的生态伦理思想，从产生和形成的背景及条件、核心要义、表现形式等方面阐明其与生态文明、生态文化、绿色发展等的内在关联，进而展现其时代意义和当代价值。

C目 录
ONTENTS

第三章 云南地区主要少数民族生态伦理

第四章 渝黔地区主要少数民族生态伦理

第五章　西南地区少数民族生态伦理的当代价值

|导 论|

在我国五千多年文明发展历程中，各族人民紧密团结、自强不息，共同创造出源远流长、博大精深的中华文化，为中华民族发展壮大提供了强大的精神力量，为人类文明进步作出了不可磨灭的重大贡献。西南地区是我国少数民族的重要聚居区，在数千年历史发展中，藏族、彝族、羌族、白族、哈尼族、纳西族、苗族、土家族等诸多少数民族的先人在这片区域居住、生产和生活。在与自然的长期相处过程中，形成了诸多关于处理人与自然之间关系为核心内容的生态伦理文化。这些生态伦理文化内涵丰富、形式多样，对民族地区经济社会发展和人的发展都具有十分重要的作用。

一、生态、伦理、文化

党的二十大报告在回顾和总结新时代十年的伟大变革中明确指出："我们坚持绿水青山就是金山银山的理念，坚持山水林田湖草沙一体化保护和系统治理，全方位、全地域、全过程加强生态环境保护，生态文明制度体系更加健全，污染防治攻坚向纵深推进，绿色、循环、低碳发展迈出坚实步伐，生态环境保护发生历史性、转折性、全局性变化，我们的祖国天更蓝、山更绿、水更清。"[①] 党的十八大以来，以习近平同志为核心的党中央以空前力度抓生态文明建设，生态文明建设取得新的历史性成就，其中生态伦理发挥着不可小觑的作用。生态伦理内涵丰富且形式多样，要研究清

---

① 习近平：《高举中国特色社会主义伟大旗帜　为全面建设社会主义现代化国家而团结奋斗——在中国共产党第二十次全国代表大会上的报告》，《人民日报》，2022年10月26日。

楚生态伦理，首先就必须在辨析生态与环境、伦理与文化的过程中，讲清楚生态、伦理的具体意蕴。

（一）生态与环境

生态（ecological）源于古希腊语"oikos"，原意是指"住所"或"栖息地"。1866 年，德国生物学家 E. 海克尔（Ernst Haeckel）提出生态学的概念。他当时认为，"生态学"是研究动植物及其环境之间、动物与植物之间及其对生态系统影响的一门学科。因此，"生态"可以概括为各种生物有机体（包括人类）之间以及他（它）们与环境之间的相互关系。环境（environmental）的概念具有相对性，它相对于某一中心事物而言，具体与某一中心事物有关的周围事物，就称为该事物的环境。在通常概念中，这个中心事物往往指"人类"。①

生态与环境是一对彼此相关度极高甚至一定程度上可以替换的词。实际上，生态包含了环境的内容，环境是生态必不可少的内容之一。当然，二者也有一定的差异，生态在内涵上把人与自然作为一个整体来认识，将人类作为自然中一种普遍有机体来对待，而环境多是以人类作为中心的客体概念；生态是一个关系范畴，包括人类之间以及人类与其环境之间双向的交互作用，而环境往往表达的是人类主体对环境客体单方面的认识和改造的作用，没有直接表达出人与自然休戚与共的关系。② 当然，在日常生活中，我们常常将其并列。

（二）伦理与文化

在中国的词源含义上，"伦"是辈、类的意思，"理"是条理、道理的意思。③ 在西方，"伦理"一词，源自古希腊文，指风俗、习俗。随着人们对传统伦理概念的重新审视，伦理的概念得以不断深化和拓展，主要是指导和调节人与人之间的关系、人与社会之间的关系和人与自然之间的关系

---

① 徐莹：《生态道德教育实现方法研究》，山东人民出版社 2013 年版，第 34—35 页。
② 徐莹：《生态道德教育实现方法研究》，山东人民出版社 2013 年版，第 35 页。
③ 罗国杰：《伦理学》，人民出版社 1989 年版，第 4 页。

行为规范和观念。① 从荷马史诗《伊利亚特》出现"ethos"到亚里士多德建立起伦理学的学科体系，对伦理的认识不断深入，伦理学逐渐成为哲学的一个分支学科。从伦理学的发展看，中外对伦理的理解是一致的，就是在人类社会发展进程中逐渐形成和发展起来的，正确处理自身与他人、与社会、与自然之间关系的道德规范。

　　文化是一个众所周知而又难以统一解释的词语。学术界关于文化的解释有一百多种。笼统地说，文化是一种社会现象，是人们长期创造形成的产物。同时又是一种历史现象，是社会历史的积淀物。确切地说，文化是指一个国家或民族的历史、地理、风土人情、传统习俗、生活方式、文学艺术、行为规范、思维方式、价值观念等。"文化"一词来源于拉丁文"colere"，原意是土壤耕作及加工成果，可以表达耕种、居住、敬神和保护等含义，还含有"心智的栽培"之意。在英文中，文化的概念蕴含了文化与自然相区分的意义。② 在对文化进行深入理解的诸多言说之中，文化人类学的解释非常值得重视。泰勒在1871年出版的《原始文化》中最早给"文化"（culture）作出了经典的解释："文化，或文明，就其广泛的民族学意义来说，是包括全部的知识、信仰、艺术、道德、法律、风俗以及作为社会成员的人所掌握和传授的任何其他的才能和习惯的复合体。"③ 1952年，美国人类学家克鲁伯和克拉克洪对文化概念的历史演变进行了专门的梳理，著有《文化：关于概念和定义的探讨》，共收集了自1871年泰勒提出文化的定义到1951年这80年间的164个文化的定义。在中文中，"文化"是由"文"和"化"两个汉字组成。从词源上讲，"文"的早期含义就是画在人身上的纹理交错的图形。甲骨文中，"文"字的写法就是一个直立之人，身上画有交错的线条。在其后的演进中，"文"的含义不断丰富，衍生出如"修养""教养"等重要含义。"化"字则含有某种事物"生成"的意义。

---

　　① 李永皇：《岜沙苗族传统生态伦理及其现代意义》，《贵州民族研究》，2017年第12期。

　　② ［英］特瑞·伊格尔顿：《文化的观念》第一章，方杰译，南京大学出版社2003年版。

　　③ ［英］爱德华·泰勒：《原始文化：神话、哲学、宗教、语言、艺术和习俗发展之研究》，连树声译，广西师范大学出版社2005年版，第1页。

因而，"文化"一词在汉语中带有"使人具有修养、教养"的意义。①《辞海》对广义文化的解释是指人类社会历史实践过程中，所创造的物质财富和精神财富的总和。作为哲学范畴，"文化"一词通常有广义和狭义两种含义②：广义的文化概念，是指人有目的的活动的结果，即人们在物质活动和精神活动中所创造的一切，既包括物质文化，也包括精神文化以及社会的风土人情、习俗、风尚等一切"人化"的事物；狭义的文化概念，是指意识形态或观念形态，仅包括与精神生活有关的观念形态。马克思主义经典作家通常从广义和狭义两种意义上使用文化这一概念。

二、生态伦理及主要理论形态

"生态伦理就是人类处理自身和周围的生物、环境和大自然等生态环境关系遵循的道德规范，也就是指在人类的生态生活过程中形成的伦理关系和调节的原则范围。"③ 生态伦理体现和反映了人与自然之间良性互动的关系和准则，是人类社会发展进程中精神生产力不断提高的体现，是人类文明成果的重要体现，始终在规制着人类的行为，引领人类社会向更高级、更文明的阶段发展。

（一）生态伦理

生态伦理又称环境伦理，是处理人与自然、人与环境之间关系的道德原则、道德标准和行为规范，旨在协调人与自然的关系，促进人与自然、人与社会、人与人、人与自身关系的和谐。生态伦理在本质上是人类社会伦理道德原则、道德标准和行为规范的扩展。一方面，人的正当行为必须扩大到对生命和自然界本身的关心，从而协调人与自然的关系。另一方面，人类固有的道德权利应当扩大到生命和自然界，赋予它们按照生态规律永续存在的权利。"生态伦理是调节人与自然和环境之间道德规范及行为准则的体系。它是人类在生命共同体中的活动规范和评价准则的概括及总结，

---

① 蒋立松主编：《文化人类学概论》，西南师范大学出版社 2008 年版，第 3 页。
② 李秀林等主编：《辩证唯物主义和历史唯物主义》（第五版），中国人民大学出版社 2004 年版，第 114 页。
③ 刘艳：《马克思恩格斯生态伦理的当代价值研究》，山西农业大学硕士论文，2013 年，第 8 页。

是人际伦理向自然伦理的扩展。它内涵广泛，涉及人与自然、环境之间关系的所有意识形态，规范和制约着人类的行为，指导着人类处理与自然的辩证统一关系。"① 因此，生态伦理体现的是人类认识和处理自身与自然关系的智慧，体现的是人对自身与生态或者环境之间内在关系的认识，是人类发展进程中伴随生产力的发展和物质力量的增强，不断提升精神生产力的必然结果，是人类合理协调人与自然环境之间关系能力的提高。因此，从人类社会早期看，生态伦理往往体现为一种原始伦理。"人在栖居生活中与之相亲又相异的存在不仅有他人，有祖先之灵，还包括草木虫鱼、天地山川。因此，原始的伦理就包括生态伦理，这一点我们从原始民族对植物、动物的图腾崇拜中也可以看到。"② 从当今时代看，生态伦理体现为人类对工业革命以及现代化进程带来的问题的反思，体现为人类对工业化进程造成的生态环境破坏的反思，形成后工业文明或生态文明。总而言之，生态伦理是伴随人类形成发展而产生的处理人与自然关系的基本准则和道德规范，是人类社会文明成果的重要组成部分，体现了人类所期望的社会发展方向和趋势。"生态伦理是生态文明的核心，规范着世界的正当性秩序，在德行与丑恶之间作出区分。伦理与审美之间本不应该作出截然的划分，在人的审美活动中往往已经隐含着道德判断的取向。"③ 生态伦理在历史上对生态环境保护起着重要作用，在生态文明建设的现实背景下还将继续发挥更重要的作用。

（二）中国传统生态伦理的主要形态

中国古代生态伦理体现了先人对自然界的认识，特别是人自身与自然界之间关系的认识，融于中国古代传统伦理思想之中。换句话说，中国古代生态伦理无论从理论内容发展还是从体系结构的构建上，都离不开中国传统的思想文化和价值观念。其中，儒家思想、道家思想和佛家思想的影响最为突出，成为中国传统生态伦理的重要载体和依托。围绕处理人与自

---

① 白葆丽：《中国少数民族生态伦理研究》，中央民族大学博士论文，2007 年，第 4 页。
② 宣裕方、王旭烽：《生态文化概论》，江西人民出版社 2012 年版，第 89 页。
③ 宣裕方、王旭烽：《生态文化概论》，江西人民出版社 2012 年版，第 128 页。

然之间的关系，中国古代形成了以儒、道、佛为代表的生态伦理。

1. 儒家的生态文明意识

儒家文化认为，人是自然界的一部分，人与自然万物同类，人对自然应采取顺从、友善的态度，以求人与自然的和谐为最终目标。在儒家思想中，"和谐"思想占有很重要的地位，成为以孔子为代表的儒家为人处世和行为的重要准则，反对认识与解决问题绝对化，尽可能做到尊重客观事实，避免犯破坏自然、危害社会的错误。整体上看，儒家的生态文明意识主要体现在这几个方面：

（1）尊重自然，兼爱万物。儒家认为，"仁者以天地万物为一体"，一荣俱荣，一损俱损，因此，尊重自然就是尊重人自己，爱惜其他事物的生命也是爱惜人自身的生命。孔子认为，四时运行和万物生长都有自身的规律，人不能违背"四时行焉，百物生焉"的自然规律。荀子认为，自然规律是不以人的意志为转移的，只有"循道而不贰"，即遵循自然规律，才不会受到自然规律的处罚。

（2）爱惜生命，取用有节。孔子非常注重关心生命，提倡保护动物，反对人类竭泽而渔式地向自然界索取。荀子也强调"天行有常，不为尧存，不为桀亡。应之以治则吉，应之以乱则凶。强本而节用，则天不能穷；养备而动时，则天不能病；循道而不贰，则天不能祸"。孟子提倡的"仁政""王道"中也包括对自然界所有生命的爱护，对自然生命法则的尊重。"不违农时，谷不可胜用也；数罟不入洿池，鱼鳖不可胜食也；斧斤以时入山林，林木不可胜用也。谷与鱼鳖不可胜食，林木不可胜用，是使民养生丧死无憾也。养生丧死无憾，王道之始也。"①"不违农时"是农业社会的基本原则，是人类生产活动所应当遵守的。孟子很重视自然界的生长之道而反对"揠苗助长"。《礼记·祭义》记载曾子论孝时说："树木以时伐焉，禽兽以时杀焉。"夫子曰："断一树，杀一兽，非以其时，非孝也。"在孔子

---

① 李福军：《儒家和谐生态伦理观的现代经济价值——兼论云南少数民族生态伦理观》，《孔学研究》，2011年第十八辑。

和曾子看来，乱砍滥伐乱捕杀，就是不孝。

（3）遵循规律，保护自然。儒家突出强调了天人关系中人的主体地位，意在增强人对自然的责任意识；认为人应当超然万物之上，代表万物与天地共行仁义。正是基于对人的主体性的认识，儒家认为人可以"赞天地之化育"，可以"与天地参"；可以成就自然界的"生生之德"或"生生之道"；可以通过"致中和"，而使"天地位焉，万物育焉"，从而实现天、地、人的和谐发展，达到人与自然的"天人合一"。在孔子等人看来，人不但能适应天时，顺应地利，参与自然界的变化，还能过群体生活，为社会进步有目的地生产，制定规章制度，做到人与自然和谐共生。人类征服自然、改造自然的目的，在于满足人类不断增长的物质生活需要，但人类必须看到自然资源是有限的，必须"节用而爱人"。这样才能在满足人们需要的同时又不造成生态环境的破坏和资源的枯竭，才能形成人与自然的可持续发展。

2. 道家的生态思想

道家思想在中国传统思想文化中，也是十分重要的组成部分。以老庄等人为代表的道家学派比较系统地论述了天人关系，提出了"天"与"人"合二为一，肯定人是自然界的一部分，高扬宇宙生命的统一，集中体现为"道法自然"的生态智慧。总体说来，道家的生态思想主要体现在这几个方面：

（1）人与天地万物相统一的宇宙论。在道家思想中，老庄等人把思考认识问题的范围扩大到整个宇宙，并由此出发审视人间的各种事物。老庄等人认为，天地万物是一个整体，人是天地万物一部分。所谓"万物负阴而抱阳，冲气以为和"（《老子》四十二章）。在老庄等人看来，天地万物的本源来自同一个"道"。所谓"道生一，一生二，二生三，三生万物"（《老子》四十二章）。在道家哲学中，"道"是天地万物的根源和基础，宇宙间的一切自然之物，都是以"道"为其最大的共性和最初的本原的有机统一的整体。同时，人也是天地万物的一部分，老子哲学关于人是自然界即天地万物的一部分的思想，是中国古代最早的一种"天人合一"论。①

（2）自然规律与道德法则的一致性。在老庄等人看来，天地万物的运动变化是有规律的，这种规律体现为"天道"或"天之道"，"天人合一"本身包含"天道"与"人道"的一致性，人应当顺应自然，为此需要遵从"道"。"人法地，地法天，天法道，道法自然。"（《老子》二十五章）。老庄等人认为，人应以地为法则，而地以天为法则，天则以道为法则，道的法则就是自然而然。"是以圣人无为故无败"，"以辅万物之自然而不敢为"（《老子》六十四章）。

（3）人与万物关系的道德法则。道家学派从自然规律和人道规律的一致性中引发出处理人与万物关系的道德准则。其中，最为突出的是"知止不殆""知足不辱"。② 关于"知足不辱"，老子曾忠告道："名与身孰亲？身与货孰多？得与亡孰病？甚爱必大费，多藏必厚亡。知足不辱，知止不殆，可以长久。"（《老子》四十章）简单说来，他告诫大家，知道满足就不会受到屈辱，知道适可而止就不会带来危险，这样就可以保持长久。关于"知止不殆"，它要求人类要认清事物固有的限度，以限制和禁止那些"极端""奢侈""过分"行为。老庄等人认为，既然天地万物都有自己的限度，人的行为就应当有所"禁止"；既然人的行为应当有所"禁止"，人的欲望就应当有所"满足"，有所克制。关于"知足不辱"，则要求人们克制自己的欲望不脱离实际情况。值得指出的是，老庄所谓的"知足"并非消极保守，不求进取，而是稳中求进，要求讲求实际，尊重规律，尊重天极，讲究限度而不能为所欲为。

（三）中国现代生态伦理理论形态

自工业革命以来，人类需要从自然界获取资源，给自然环境造成了严重破坏，同时也不断增加了人与自然之间的矛盾，导致了全球化的环境危机。为此形成了两种截然不同的价值理念，即"人类中心主义"和"自然

---

① 王春益：《生态文明与美丽中国梦》，社会科学文献出版社 2014 年版，第 257 页。
② 王春益：《生态文明与美丽中国梦》，社会科学文献出版社 2014 年版，第 259 页。

中心主义"。人类中心主义更加强调人的作用，认为人是自然环境的主宰，所有活动都要围绕人类的生存利益来展开。而自然中心主义则恰恰相反，认为人类是自然的一部分，人类应该在生产和生活中充分尊重自然规律，按照自然规律进行生产和生活，更加看重万物平等，人与自然之间应该和谐地相处。马克思在总结这两种观点的基础之上创造性地提出了"人化自然"观，从人与自然和谐共生的角度对自然生态的可持续和人类未来的长远发展作出了辩证统一的论述。这一观点的提出深刻地揭示了上述两种观点主要存在的错误，从而指出生态环境和经济社会发展二者可以和谐共生。

回望历史，中国共产党自成立以来，团结带领中国人民，在新民主主义革命、社会主义革命和建设、改革开放和社会主义现代化建设、新时代中国特色社会主义建设各个时期，都把人与自然和谐共处作为马克思主义革命党、执政党重要的理念、思想和方法以及治国理政、执政为民的重要方略。100 多年来，一代又一代中国共产党人关于生态文明建设的探求、认知和实践，既是马克思主义基本原理与中国具体实际相结合的产物，也是马克思主义基本原理同中华优秀传统文化相结合的产物。在"两个结合"的伟大实践中，我们把"生态文明"纳入中国特色社会主义总体布局，推动物质文明、政治文明、精神文明、社会文明、生态文明协调发展，创造了中国式现代化新道路，创造了人类文明新形态。特别是作为我国生态文明建设根本思想的遵循，习近平生态文明思想高度凝聚、吸收、传承和创新中华传统生态智慧与马克思主义自然辩证法，使中华传统优秀生态智慧和马克思主义人与自然观在 21 世纪实现创新性发展，为建设人与自然和谐共生的现代化，为党的二十大提出的从 2020 年到 2035 年基本实现社会主义现代化，从 2035 年到 21 世纪中叶把我国建设成富强民主文明和谐美丽的社会主义现代化强国，再次贡献东方生态智慧，作出历史性贡献。

（四）当代西方生态伦理理论形态

围绕人类处理自身与自然的关系这一核心问题进行研究，西方形成了生态伦理学。生态伦理学不仅使人类认识自然的能力和水平不断得到提高，而且使人类在处理自身与自然的关系上更加理性，"生态伦理学可以告诉我们，我们的责任不是最大限度地按照人的意志去改变自然，而是学会最大限度地适应自然。我们对自然所负的责任和义务就是要最大限度地去维护地球生态系统的稳定、和谐与美丽"①。现代生态伦理学围绕这些任务和命题进行了广泛深入的研究，形成了四个主要流派②：人类中心主义（anthropocentrism）、动物解放论/权利论（animal liberation/rights theory）、生物中心主义（biocentrism）和生态中心主义（eco-centrism）。人类中心主义认为，人只对人负有直接的道德义务，人是道德关怀的唯一对象。动物解放论/权利论、生物中心主义和生态中心主义则分别把道德义务和伦理关怀的范围扩展到动物、所有的生命和整个生态系统。生态中心主义注重的则是生态系统本身的完整与和谐，它的方法倾向于整体主义。其实，上述理论流派可以分为人类中心主义和非人类中心主义。前者强调人类自身认识和改造自然的能力的增强，一切以人类的生存发展和利益为出发点，过分强调自然为人类服务，人类对自然的超越和征服。一定程度上说，人类生态环境恶化与此不无关系。后者总体上将人类的权利扩展到自然界（动物界、生物界），主张人类在与自然和他物的和谐关系中实现各相关方权益。当然，相比人类中心主义、动物解放论/权利论和生物中心主义强调个体权利和价值，生态中心主义倾向于整体主义，更能体现和有效调节各相关方的关系，促进人与自然、人与社会、人与人、人与自身关系的和谐。

三、少数民族生态伦理与生态文化发展

少数民族生态伦理体现的是少数民族在各自民族产生形成和发展过程中如何处理自身与自然关系的道德原则、道德标准和行为准则，这些内容本身成为该民族文化发展的重要源泉，而文化本身又赋予这些原则、标准和行为以鲜活的内容和形式。因此，一定意义上说，生态伦理和生态文化是一体的，共同熔铸于这个民族的思想和价值观念体系之中。

---

① 宣裕方、王旭烽：《生态文化概论》，江西人民出版社 2012 年版，第 95 页。
② 宣裕方、王旭烽：《生态文化概论》，江西人民出版社 2012 年版，第 95 页。

（一）少数民族生态伦理

少数民族生态伦理是伴随少数民族形成发展的过程中逐渐形成的，是一个内涵丰富的思想观念系统，也是一个开放的、发展的体系。一般认为，"少数民族生态伦理作为特定形态的少数民族生态文化，是一种与处理人与人关系的社会伦理相对应的处理人与自然关系的价值观念和伦理文化，是各少数民族在适应和改造自然环境过程中形成的一种以伦理的方式对待自然界及自然物的态度、意识、观念和行为模式"①。少数民族生态伦理作为体现少数民族生存发展的思想智慧，是少数民族在生存发展过程之中，深刻认识人与自然、人与社会、人与人、人与自身关系的思想结晶和价值哲学。

从形成和发展的影响因素看，"少数民族生态伦理是各少数民族与自然长期相互作用而形成起来的对待自然的特定伦理观念及生活方式"②。由于历史和自然的原因，各少数民族大部分聚居于边疆高山、高原、河谷、盆地和密林地区。为了生存，人们在适应和改造这些复杂的自然环境过程中形成了农耕经济为主，农、林、手工业、畜牧业共生互补的经济形态，也形成了处理人与自然关系的生态伦理。生态伦理作为各少数民族在这一过程中积累和形成起来的生态智慧和生态知识，蕴含和表现在他们的宇宙观、生产方式、生活方式、社会组织、宗教信仰和风俗习惯等之中。③ 在这个意义上可以说，少数民族生态伦理就是各少数民族与自然环境长期互动的产物，是他们建立起来适应自然环境的"风俗习惯以及伦理道德态度和文化"④。

从研究对象上看，"少数民族生态伦理与处理人与人关系的社会伦理不同，而是处理人与自然关系的新型伦理。它把处理人与人关系的伦理道德扩展到对人与自然关系的处理上，把自然看作是与人具有同等地位的主体，

---

① 王景、刘英：《少数民族生态伦理研究述评》，《民族论坛》，2013 年第 11 期。
② 王景、刘英：《少数民族生态伦理研究述评》，《民族论坛》，2013 年第 11 期。
③ 郭家骥：《生态文化论》，《云南社会科学》，2005 年第 6 期。
④ 贺金瑞、熊坤新等：《民族伦理学通论》，中央民族大学出版社 2007 年版，第 316 页。

具有同等的生命价值"①。当然，这里强调的是人与自然物都是自然整体中的普通一员，具有同等的生存权利，因此具有同等的生命价值。就此而言，人们应该重视生态平衡，尊重生物的生存权利，应当把人类的伦理道德推广到自然界中。虽然少数民族多数地处高山、边疆，在整体上经济、社会和文化发展相对滞后，但是，就处理人与自然的关系、人与人的关系、人与社会的关系和人与自身的关系而言，少数民族的思想和智慧也是整个社会主义社会生态伦理发展的重要源泉和重要借鉴。

从价值观上看，"少数民族生态伦理是追求人与自然和谐发展的生产生活方式"②。由于少数民族生态伦理是站在民族生存利益的高度引导和规范人们处理人与自然关系的伦理行为，因此它不仅要求人们处理好人与社会、人与自我的关系，还要在认识和把握自然的生态属性和规律过程中实现人类自身的"善"，从而实现人与自然和谐共生。因此，各少数民族处理人与自然关系的核心是"尊重自然，与自然和谐发展"，由此形成的生态文化是"以调适生态与文化的关系、寻求人与自然和谐共存为落脚点和归宿的文化"③。

从文化构成上看，"少数民族生态伦理是不同文化领域生态伦理总和。少数民族生态伦理内含于各少数民族日常生活方式中，内化在人们处理人与自然关系的心态中，形成于他们的认识、观念、意识和信念中，并最终诉诸人们的社会实践中"④。据此，我们可知少数民族生态伦理包括三方面内容：精神生态伦理、物质生态伦理和制度生态伦理。精神生态伦理包括宗教信仰、文学艺术、节日文化等；物质生态伦理包括生产方式和生活方式；制度生态伦理包括禁忌、乡规民约、礼俗、政治制度等。⑤ 如纳西族禁止在河里洗屎布，禁止向河里扔废物或倒垃圾，禁止向河里吐口水，禁止

① 王景、刘英：《少数民族生态伦理研究述评》，《民族论坛》，2013 年第 11 期。
② 王景、刘英：《少数民族生态伦理研究述评》，《民族论坛》，2013 年第 11 期。
③ 廖国强：《文化、生态文化、民族生态文化》，《云南民族大学学报》，2011 年第 4 期。
④ 王景、刘英：《少数民族生态伦理研究述评》，《民族论坛》，2013 年第 11 期。
⑤ 白葆丽：《中国少数民族生态伦理研究》，中央民族大学博士论文，2007 年，第 2 页。

堵塞水源，不得在水源地杀牲宰畜，不得在水源旁大小便，不得毁林开荒，立夏过后实行"封山"，禁止砍树和打猎。①

（二）少数民族生态伦理的基本特征

少数民族生态伦理体现了这些民族在长期的生存发展过程中对自然的认识，对人与自然关系的认识，体现的是这些民族自身的智慧。但是，中华民族是一个大家庭。各民族相互交融和杂居是常态，是中华民族形成过程中的基本形式。这样的过程本身也是各民族思想文化和道德规范相互渗透影响的过程。因此，少数民族生态伦理的形成和发展必然或多或少，或直接或间接地受到中原文化的影响，而这些少数民族生态伦理又成为中华民族传统生态伦理的重要来源，丰富和发展着中国传统伦理思想文化。

1. 普遍约束性

西南地区少数民族生态伦理普遍有神灵敬畏，形成了万物有灵的普遍约束生态观。② 由于对自然依赖和时常受到自然威胁，各少数民族在利用和改造自然过程中，希望得到自然的庇护并通过某种方式来调整人与自然的关系。于是他们把希望寄托于某种力量，就产生了对自然力和自然现象的种种虚幻认识和崇敬心理，形成了"万物有灵"观念，并以巫术、图腾崇拜、自然崇拜和祖先崇拜等形式表现出来。如萨满教认为万物有灵，山川树木、风雨雷电、日月星辰以及人的生老病死、狩猎的运气等等都由神灵主宰，大自然的一草一木、一山一湖、一鸟一物，处处也都有灵，因此时时处处都需小心谨慎，不触犯自然，也就不会触犯神灵。③ 显然，蕴含这一观念的生态伦理虽不像专门法那样具有明确的系统和规范，但对人们的行为却具有很强的约束力。"人们敬畏自然就是对神的尊敬，破坏自然就是对

① 梁烨、赵志铭：《乡土知识在技术推广中的应用：以绿篱扦插试验为例》，《云南生物多样性与传统知识研究会社区生计部研究报告》，2006年，第2页。
② 王景、刘英：《少数民族生态伦理研究述评》，《民族论坛》，2013年第11期。
③ 马宗保、杨文笔：《视觉转换与人文生态价值的时代再造》，《中南民族大学学报》（社科版），2007年第6期。

神的冒犯，要受到神的惩罚"①，由此就很好地保护了当地自然环境，维持了生态平衡，美化了环境。

2. 地域差异性

西南地区少数民族主要分布于川西北、滇西、滇南、渝黔、西藏，地域差异很大，形成了地域差异性的生态观。少数民族生态伦理是各少数民族在适应当地自然环境时建立起来的生态意识和生态道德观念，具有明显的地域差异性。"少数民族生态伦理与当地特定时期的生态条件密切相关。不同的生态条件是不同民族的生态伦理意识形成和流行的基础之一；民族生态伦理意识又反映或体现了生态状况，透过千差万别的习俗，我们可以洞窥到中华民族生态伦理意识的差异。"②　"少数民族生态伦理是由产生它的自然地理环境承载的，不同的地域滋养和孕育了不同的文化。"③　如西双版纳地区傣族充分利用河流纵横、沟渠密布，各地普遍设有水利灌溉系统，广泛种植水稻，形成了一套自成体系的稻作生态文化；哈尼族也根据云南亚热带山区气候垂直分布和植被立体分布特点，创造了堪称人工生态系统大创举的梯田农业，建构了一整套系统的生态文化思想。④

3. 和谐共生性

西南地区少数民族从总体上看，经济社会及科技人文都不发达，但是，这些民族在长期形成过程中，形成了一种天然的自然哲学，认为人与自然本质上是内在的、一体的，人类要依靠自然，也要顺应和保护自然，他们往往把这种美好的期望寄托于神灵的庇佑，在哲理上则坚信人与自然本是和谐的，形成了一种天然生成的和谐共生的自然观。人与自然的和谐共生是中国古代生态伦理文明的基本特征之一。这一思想源于中国古代哲学关

---

① 曾易：《和谐社会建设中民族伦理的价值意蕴》，《广西社会科学》，2008 年第 5 期。

② 苏日娜：《论民族生态伦理与民族生存环境的关系》，《云南民族大学学报》（哲社版），2007 年第 3 期。

③ 安颖：《论少数民族生态文化与自然资源保护的关系》，《学术交流》，2011 年第 2 期。

④ 林庆：《云南少数民族生态文化与生态文明建设》，《云南民族大学学报》（哲社版），2008 年第 5 期。

于人类与天地万物同源、生命本质统一、人类与生存环境一体的直觉意识的基础。如前所述，在中国古代三大思想流派儒、道、佛中都有关于生态伦理的充分表达与论证。儒家以人与"天地万物一体"为说，道家以"天地与我并生，而万物与我为一"为宗，佛家以"法界缘起""无碍"为旨，都是把天地万物人类看作一个整体的。这种中国古代的"天人合一"思想也影响和渗透到少数民族的生态伦理观之中，当然，许多民族在自身生存发展中也积累起了这种认识。因此，就各少数民族而言，在外来影响和自身内在认识基础上，人与自然和谐共生的伦理观念十分明显。

4. 消费适度性

少数民族在长期的生存和发展过程中，认识到自然的先在性和对人的行为的制约性。他们认为人在强大的自然面前应该敬畏，这种敬畏本质上是对自然的顺从。但是，人类自身要生存和发展，又必须从自然界索取。在他们看来，人类生存发展所需与自然界天然提供的条件和物质之间并没有根本的矛盾和冲突，只要人们怀揣敬畏自然之心，把消费和索取控制在自然允许的限度内，人们就能够顺应自然，长期发展，反之亦然。这样的过程实质体现为适度消费生态观①或消费适度性。长期以来，少数民族主要从事采集、捕鱼、狩猎等生产活动，对自然的依赖性很大，这就决定了他们对待自然的态度——感谢自然、崇拜自然。因为对自然不断索取而感受到自然对人的活动的制约和报复，各少数民族逐渐形成了敬畏自然的适度消费生态观。"敬"体现的是一种人生态度和价值追求，促使人们自强不息，有所作为；"畏"显示的是一种警示的界限和自省的智慧，告诫人类应厚德载物，有所不为。② 各少数民族在长期实践中认识到，当人类对资源利用超过一定的限度时，就会遭到大自然的报复，因而他们在利用自然的同时，根据自然资源的数量与季节，有选择性地控制对动物资源的使用，适度地消费动植物，适时利用自然资源，适度人口繁殖，使自然能保持自我

---

① 王景、刘英：《少数民族生态伦理研究述评》，《民族论坛》，2013年第11期。
② 曾易：《民族伦理的和谐价值》，《贵州民族学院学报》（哲社版），2008年第2期。

循环，即适度消费的生态观。这尤其表现在他们对自然资源的适度攫取方面："他们从不把植物的果实摘光，也不把地下的薯类掘尽，不是无节制地猎杀动物，是自然资源保护论者。"① 这种从民族生存与发展中认识自然并调整自身行为而形成的生态观，有效防止了人们过度猎杀或采集动植物，从而避免了动植物资源的迅速灭绝，保护了民族地区人与自然的平衡。②

5. 历史继承性

少数民族在长期的生存发展中，与自然相处所形成的道理虽然通过自然崇拜等形式体现，但是，它本质上是一种生存哲学、人生哲学、生态哲学。因此，这种蕴含丰富智慧的思想意识和价值观念并不是一时之需，而是各民族长期形成发展和现实生存、生产和生活所需。这决定了这种生态伦理必然一代一代传下来，并且不断得到发展，融入新的内容和智慧。

四、少数民族生态伦理与生态文明建设

西方学者有句名言："人类保护自然是出于保护自己的目的。"③ 少数民族生态伦理思想是各民族在自身生存发展中积累起来的智慧，是处理人与自然关系的哲学，是中国传统思想文化系统之中不可忽视的重要内容，是保障中华民族生生不息、繁衍发展的重要道德标准和道德原则，是中国建设社会主义生态文明不可或缺的重要精神力量和智慧源泉。"生态文明是21世纪人类社会文明的主导文明形态，它是人与自然、人与人、人与社会、人自身四大和谐发展的现代文明。"④ 进入21世纪以来，全球性的环境污染和破坏有增无减，中国的环境问题也日益突出。2007年党的十六大报告明确提出了生态文明建设的目标。党的十八大报告则更加明确地将生态文明建设列入并形成"五位一体"的中国特色社会主义建设总布局。从宏观和深远意义上看，"建设生态文明、构建和谐社会，是对工业文明社会的人与

---

① 安颖：《论少数民族生态文化与自然资源保护的关系》，《学术交流》，2011年第2期。
② 李良品：《论古代西南地区少数民族的生态伦理观念与生态环境》，《黑龙江民族丛刊》，2008年第3期。
③ 转引自许崇正等：《生态文明与人的发展》总序，中国财政经济出版社2011年版，第4页。
④ 许崇正等：《生态文明与人的发展》总序，中国财政经济出版社2011年版，第8页。

自然相分裂、个人与社会相脱离、自然与社会互损而付出双重代价的基本特征的否定，是要真正实现人与自然双盛、个人与社会双强、社会与自然双赢，达到人、社会、自然和谐共生，共同繁荣与可持续发展的至高境界，最终创造一个自然生态和社会经济有机整体和谐协同可持续发展的社会"①。因此，建设生态文明，既要着眼长远和未来，又要在历史的深处，在文化的传统中汲取营养，要将包括少数民族生态伦理思想在内的优秀生态思想理论吸收、提炼，形成中国特色社会主义生态文明建设的重要理论支持和文化基础，提供生态文明建设的不竭动力。

（一）少数民族生态伦理对社会主义生态文明建设的重要价值

如前所述，少数民族生态伦理本身体现了各民族在生存和发展中积累起来的处理人与自然关系的经验和智慧。它内涵丰富，意蕴深刻。在生态危机日益严重的今天，少数民族生态伦理逐渐显示出它处理人与自然关系的独特价值和优势，对生态文明建设具有重要价值。

1. 是克服当前日益严重的生态问题，建设社会主义生态文明的重要思想资源②

人类当前面临的生态危机，表面上是现代科学技术发展和经济繁荣的后果，但实质是狭隘人类中心主义所致。狭隘人类中心主义"把人的利益看成是唯一的、绝对的，把自然看成人类获取自身利益的工具可以任意使用，这导致'人类沙文主义'"③，导致人们在传统物本论发展观影响下，对自然肆无忌惮地索取和掠夺，造成全球性环境污染和生态破坏，严重威胁人类生存。为了克服人的自我神话化和对自然的轻视，走向科学可持续发展，建设生态文明，我们必然要以人与自然平等的道德原则建构和谐生态伦理观。而少数民族生态伦理就为我们克服人类中心主义，重新认识和正确处理人与自然关系，建立和谐生态伦理观提供了思想借鉴，即人与自

---

① 许崇正等：《生态文明与人的发展》总序，中国财政经济出版社 2011 年版，第 7—8 页。
② 王景、刘英：《少数民族生态伦理思想研究述评》，《民族论坛》，2013 年第 11 期。
③ 李本书：《善待自然：少数民族伦理的生态意蕴》，《北京师范大学学报》（社科版），2005 年第 4 期。

然物具有同等地位和价值，都是自然环境的有机组成部分，人与自然只有和谐相处、协同发展，才能建设美好家园。不仅如此，少数民族生态伦理作为各少数民族适应当地自然环境的独特方式和文化机制，还是当地生态文明建设的历史基础。少数民族地区建设生态文明只有在扬弃他们的生态伦理传统并在价值理念层面与之相融合，才能获得本民族理解和认同，贯彻和落实到经济社会发展中。因此，要建设少数民族地区生态文明，必然要充分挖掘和利用他们的生态伦理传统，使其引导他们保护当地生态环境，合理开发自然资源，实现人与自然协调发展。

2. 为发展社会主义生态文化提供价值依循

生态文化是生态文明建设的重要基础，是以人类处理人与自然关系为中心的各种关系的价值标准、道德规范和行为准则为核心的思想文化观念和价值规范体系，是生态文明建设不可或缺的重要基础和努力方向。少数民族生态伦理思想集中体现了各少数民族在认识自然、处理与自然的关系中的基本价值标准、道德规范和行为准则，是该民族历史实践经验和智慧的凝结，体现为思想观念体系和价值规范体系，外化为一定的文化形态和形式。显然，生态文明建设需要将生态文化建设作为重要的内容，为生态文明的制度建设等提供思想基础和价值规范的标准和依循。值得注意的是，少数民族生态伦理关于人与自然相和谐的基本标准，既与中国传统生态伦理的整体价值取向和观念一致，也与作为当代中国生态文明建设指导思想的马克思主义的生态文明观具有根本一致性。因此，在生态文明建设进程中，少数民族生态伦理思想能为生态文明建设发展提供重要的价值依循。

（二）生态文明建设为少数民族生态伦理的提炼、整理和发展提供了重要契机

生态文明是人类文明发展理念、道路和模式的重大进步。生态文明的兴起涉及生产方式、生活方式和价值观念的多方面变革，是人类社会的全新选择。"从广义角度看，生态文明是人类社会继原始文明、农业文明、工业文明后的新型文明形态。它以人与自然协同发展为基本准则，建立新型的生态、技术、经济、社会、法制和文化制度机制，实现经济、社会、自然环境的可持续发展，强调从技术、经济、社会、法制和文化各方面对传统工业文明和整个社会进行调整和变革。从狭义角度看，生态文明是与物质文明、政治文明和精神文明并列的文明形式之一，着重强调人类在处理与自然关系时所要遵循的基本行为准则以及所达到的文明程度。"① 事实上，无论是从广义上看，还是从狭义上理解，生态文明都包含物质技术、制度机制、思想理念三个层面的内容，都离不开人与自然的和谐共生。从思想理念层面看，生态文明的思想理念应该体现为处理人与自然之间的关系为核心内容，包含价值标准、道德原则和行为规范等为核心要素的思想意识和观念体系。在生态环境受到严重破坏、生态危机日益严峻的今天，"人与自然和谐共生"成为生态文明内蕴的共识性的理念，"不仅人有价值，自然也有价值；不仅人依靠自然，所有生命都依靠自然"②。事实上，这样的理念是基于"人类生存于自然生态系统之内，人类社会经济系统是自然生态系统的子系统"这一基本常识。工业革命后，人们过度地向大自然索取，人为破坏生态系统，导致人类自身陷于可能被毁灭的危险境地。这样的状况警示人们要尊重生命，尊重自然界的先在性，要求人们认识到共有一个地球，共有一片蓝天。因此，人们应该树立和坚持可持续发展的基本理念，注重人性与生态性的全面统一。生态文明强调人与自然协同发展，强调以人为本和以生态为本的统一，强调"天人合一"，强调人类发展要服从生态规律，最终实现人与自然和谐共生。

由上可见，生态文明所倡导的可持续发展、科学发展、人与自然协同发展、绿色共享等理念都与中国传统生态伦理的"天人合一"等生态伦理观念具有内在的一致性。生态文明建设的推进，要求生态文明观念要不断更新和丰富其内容，要不断挖掘、整理和提炼中国传统生态伦理思想之中的合理之处，在生态文明建设的背景下审视传统生态伦理观的意义和价值。

---

① 曲格平：《生态文明理念和发展方略》，《中国环境报》，2010年3月2日。
② 曲格平：《生态文明理念和发展方略》，《中国环境报》，2010年3月2日。

少数民族生态伦理思想是中国传统生态伦理思想的重要组成部分，体现和反映了各民族在自身生存发展中积累和总结出来的宝贵经验和智慧，具有丰富的内涵和宽广的外延，需要我们更加重视对这些思想和伦理观念的挖掘、开发、整理和提炼，取其精华，去其糟粕，对接当代生态文明建设，服务当代生态文明特别是生态文化的建设发展。客观上，我们都知道少数民族生态伦理思想之中有许多值得发掘和转化的有价值的思想道德因素，但是，由于历史和自然地理等因素导致的交通不便、经济社会文化发展相对滞后，尤其是缺乏长期有效的经费和精力投入，使得少数民族生态伦理思想文化这个宝库未能被有效地开发。生态文明建设目标的提出，无疑将重视少数民族生态伦理思想的发掘和发展提上了议事日程，使我们有条件和能力更好地发掘和发展少数民族生态伦理文化中的积极因素和有用价值，将其整理、提炼和转化为当代生态文明建设的重要思想源泉和动力基础，从而促进生态文明发展，推动生态文明建设。

|第一章|
西南地区少数民族生态伦理的形成与表现形式

"生态伦理就是人类处理自身和周围的生物、环境和大自然等生态环境关系遵循的道德规范，也就是指在人类的生产生活过程中形成的伦理关系和调节的原则范围。"[①] 西南地区长期居住着藏族、羌族、彝族、白族、纳西族、哈尼族、苗族、侗族、土家族等几十个民族，是我国重要的民族聚居区，大杂居、小聚居的特征十分明显。各民族在自身认识自然、利用自然的过程中形成了诸多伦理观念和道德规范，而且各民族的这种伦理观念和道德规范又相互影响。

第一节　西南地区少数民族的基本情况

西南地区少数民族众多，我们重点选取川藏、云南、贵州、渝东南几个片区的羌族、彝族、藏族、白族、纳西族、哈尼族、傣族、拉祜族、佤族、景颇族、独龙族、布依族、侗族、水族、土家族、苗族共16个民族做简要分析。

一、西南地区少数民族概况

我国以云贵高原为中心的西南地区的民族种类最为众多。据有关资料，这片面积不大的国土上集中分布了30多个民族。其中云南省就有汉族、彝

---

① 刘艳：《马克思恩格斯生态伦理的当代价值研究》，山西农业大学硕士论文，2013年，第8页。

族、白族、壮族、傣族、苗族、回族、藏族、傈僳族、哈尼族、拉祜族、佤族、纳西族、瑶族、景颇族、布朗族、普米族、怒族、阿昌族、独龙族、基诺族、蒙古族等民族聚居，成为我国民族种类最多的一个省。贵州省少数民族个数仅次于云南，居全国第二位。世居少数民族有土家族、苗族、布依族、侗族、彝族、仡佬族、水族、回族、白族、瑶族、壮族、毛南族、蒙古族、仫佬族、羌族、满族、畲族等 17 个。四川省也是一个多民族的大省，世居的 14 个少数民族依据在省内人口的多少依次为彝族、藏族、羌族、苗族、回族、蒙古族、土家族、傈僳族、满族、纳西族、布依族、白族、壮族、傣族。重庆东南部则主要有土家族、苗族等。西藏除了藏族以外也还有世居的回族、纳西族、怒族、门巴族、珞巴族以及尚未识别的僜人、夏尔巴人。

二、西南地区少数民族众多的成因

若以单位面积上拥有的民族数作为民族密度来衡量，那么西南地区的民族密度之高，不仅在我国是首屈一指的，即使在世界上也是绝无仅有的。那么，西南地区为什么会分布如此众多的民族种类呢？客观上说，这是与西南地区错综复杂的地理环境密切相关的。

崎岖险峻的地形阻挡了外部民族对其兼并与融合。这里高山环绕，地势相差悬殊，峡谷深切曲折，河水湍急。自古以来四川就以"蜀道之难，难于上青天"而著称，而云贵高原上更有"地无三里平"之说。如此险要复杂的地形，对西南地区及当地居民来说，犹如一道坚固的天然屏障，既隔绝了该地区内的人们与外界经济文化等方面的交流，同时，在历史上生产力水平还不高的情况下，也有力地阻挡了外部民族对该地区的兼并与对区内民族的同化与融合。由此，该地区的居民在漫长的历史时期能自由地向前发展，并形成各具特征的众多民族。

崎岖复杂的地形把西南地区分隔成众多相互隔绝、互不连通、封闭性极强的地域单元，区内民族分化易、融合同化难，众多民族在这里得以安居乐业。西南地区被崎岖复杂的地形所分隔成的地域单元，其空间尺度是狭小的，数量是众多的。如云贵高原上不仅因构造作用形成的小盆地多，外力流水作用形成的深切峡谷、深邃的圆形洼地也很多；滇南帚状山脉区则多宽广的山间谷地和盆地；横断山区则是高山峡谷相间排列，"仰望山接天，俯瞰江成线"。在如此众多的地域单元内，或因本来就居住着分属于不同民族的部落，或因地域间互不连通、相互间无法正常交流，久而久之，出现了民族分化。所以，在历史上该地区形成具有不同语言、不同文化和风俗习惯的众多民族种类是很自然的。如居住在怒江谷地的怒族、独龙江畔的独龙族，以及滇南宽谷中的拉祜族、基诺族、佤族、哈尼族、景颇族等都是在较狭小闭塞的地域单元内形成的少数民族。

复杂多样的自然条件使得不同地域单元内的不同民族形成了不同的经济活动、生活方式以及各自独特的语言和风俗习惯。总之，客观上自然条件的差异，为不同地域单元内的人们因地制宜，发展农、林、牧、副、渔等不同类型的经济以及狩猎、采集、种植等不同的生产活动奠定了基础。这又将对不同自然环境下的不同地域单元内的人们形成经济活动、生活方式以及风俗习惯等方面的差异产生进一步的深远影响。

崎岖的山地不利于传统农业的发展，阻碍了生产力水平的提高，从而进一步延缓了该地区民族间的相互融合与同化的进程。西南地区岩溶地貌发育典型、山高坡陡、土层瘠薄、耕地缺乏，加之地层保水性差，地面常感缺水而具有干旱特征等原因，在历史上不利于传统农业生产的发展，从而也制约了本地区整个经济的发展和科技、文化的进步，以及生产力水平的提高。因而长期以来西南地区众多民族一直处于生产力水平较低、相对落后的境地。这就深刻地影响了本地区内众多民族间的融合与统一的进程。这是该地区众多民族长期共存至今的又一个重要原因。总之，自然环境因素在西南地区形成众多民族种类的过程中所产生的影响是重大的、多方面的。此外，历史上漫长的封建社会统治时期，曾多次有"客民"大量移入，更有众多"犯人"流放于此，民族歧视和民族压迫等人为因素造成民族隔离与分化的加深，也阻碍了民族间的融合和同化，成为该地区少数民族众多的重要原因。

第二节　西南地区少数民族生态伦理的形成

如上所示，西南地区少数民族众多，生产生活既有明显的差别，也有相似之处，尤其在如何处理自身与自然的关系的认识上，一般都敬畏自然，强调自然的先在性和人对自然的适应性。总体而言，这种认识是"在农耕活动中，人类必须顺从自然、感谢自然的恩赐（如肥沃的土地、风调雨顺等），形成了敬畏自然、顺从自然的'天人合一'的传统思想"①。以此为基础，各民族形成了风格各异的生态伦理。

从人类社会发展的客观历史进程来看，伦理规范总是越来越内蕴于一定的思想文化之中。换句话说，伦理不能凭空产生，也不能凭空实现，而要以一定的思想文化为依托。生态伦理无论从理论内容发展还是从体系结构的构建上，都离不开一定的思想文化和价值观念。西南地区少数民族生态伦理的形成有两个主要方面的思想理论来源：一是中国传统生态伦理思想文化，尤其是其中蕴含的生态哲学思想；二是各少数民族自身认识、经验和文化之基。

一、中国传统思想文化的生态伦理之维

中华文化源远流长，中国的传统生态伦理思想很早就体现在对生态问题的认识和理解上。其中，儒家思想和道家思想是最为杰出的代表，它们不仅对人伦关系有深刻的认识，而且对人与自然的关系形成理论独到的见解。这些思想文化成为我们发展中国特色社会主义生态文化的重要源泉，也成为西南地区少数民族生态伦理形成的重要源泉。"在对'天人关系'阐释中，中国古代一些思想家以生命的直觉精神提出了一系列有关尊重生命

---

① 陈家宽、李琴：《生态文明：人类历史发展的必然选择》，重庆出版社 2014 年版，第 115 页。

和保护环境的思想，这些思想尽管带有某种朴素的直观或顿悟性质，但都是人类生态文明智慧的一部分，具有'奇迹般深刻'，并一再被人类文明的深化所认同，值得今天在深入探讨生态文明及其价值时认真分析和吸取。"①

1. 儒家的生态伦理观

儒家文化认为，人是自然界的一部分，人与自然万物同类，人对自然应采取顺从、友善的态度，以求人与自然的和谐为最终目标。在儒家思想中，"和谐"思想占有很重要的地位，成为以孔子为代表的儒家为人处世的重要行为准则，反对认识与解决问题绝对化，尽可能做到尊重客观事实，避免犯破坏自然、危害社会的错误。整体上看，儒家的伦理观集中体现在尊重自然、兼爱万物，爱惜生命、取用有节，遵循规律、保护自然。

2. 道家的生态伦理

道家思想在中国传统思想文化中，也是十分重要的组成部分。以老庄为代表的道家学派比较系统地论述了天人关系，提出了"天"与"人"合二为一，肯定人是自然界的一部分，高扬宇宙生命的统一，集中体现为"道法自然"的生态智慧，提出人与天地万物相统一的宇宙论，主张自然规律与道德法则具有一致性，从自然规律和人道规律的一致性中引发出处理人与万物关系的道德准则。

3. 佛家的生态伦理主张

众所周知，佛教作为世界最著名的宗教之一，源远流长，博大精深。早在汉代，佛教就已传入中国。佛教从印度传入中国之后，大批的佛教徒结合印度佛教理论的精华与中国传统哲学的理论对其进行了重新阐发，创造出新的哲学思想。在佛教思想的丰富内容体系之中，对人与自然关系的认识和思考是一个重要的方面，形成了包含"众生平等"等基本观念的生态伦理，而这种伦理价值主张成为传统思想文化联结生态学的重要支点。事实上，佛家"众生平等"思想体现的是一种自然正义，也是人们出世入

---

① 王春益：《生态文明与美丽中国梦》，社会科学文献出版社 2014 年版，第 255—256 页。

世的伦理原则。当然，我们要一分为二看待佛教这种伦理原则，因为它在主张平等和保护万物的同时，无视人类社会发展的自然进程和规律，其宗教教义中的神秘主义色彩和主观色彩不可取。我们应该批判吸收这些主张，消除荒诞迷信的元素，建立起科学的生态伦理价值观。

二、西南地区少数民族自身认识、经验和文化之基

各少数民族在自身形成发展过程中、在生产生活中逐渐形成了以如何处理好人与自然之间关系为核心内涵的生态认识、经验和文化积累，成为生态伦理的重要理论来源。

1. 对自然认识的生态伦理观念

西南地区少数民族对自然认识的生态伦理观主要包括关于人类和万物起源的认识、万物有灵论的世界观、万物之间相互联系的世界观等。西南地区少数民族在具体的生产生活实践中发现了事物之间相互联系的法则。先民的认识多来源于对大自然的认识以及自我实践的界定，所以他们对事物间相互联系的认识是直观的，往往直接用具体事物来说明他们的认识。比如傣族认为，没有森林就没有水，没有水就没有田，没有田就没有粮食，没有粮食就没有人。但这种直观的表述并不妨碍他们思想的表达，反而他们能充分认识到万物间的相互关联和人对自然的依赖性。在这种认识的基础上，他们懂得自然的仁慈与适度原则，他们明白了只有维持好自然的生态才能维持好人的生存，所以在遵循自然法则时必须把自然的利益与人的利益统一起来，保护森林、水源，维护农作农业，进而维持本地区良好的生态环境，实现人民一代又一代的生存发展；在与自然的相处中，把握好一个适度原则，懂得尊重规律，感恩自然，实现共生共荣的生存发展模式。

2. 生产领域中的生态伦理认识

少数民族通常将山林、田野等自然资源和条件置于人与自然关系的首位，因为这是生产的前提和基础。他们在人与生态的和谐共生中成长和完善，从来不与生态为敌，从来没有征服自然的杂念，产生了一系列体现本民族生产的法规和村规民约，有的民族还有一套完整的制度机制。比如傣

族，他们最懂得和谐天人的道理，最懂得水干人枯的道理。① 对水珍爱有加，并形成一套完整的水资源管理制度。在进行生产实践时，以水为贵，充分利用水资源进行生产劳作，却不允许有任何破坏水环境、浪费水资源的行为发生。又比如，从哈尼族生产生活方式来看，"哈尼人充分利用、保护和发展了滇南哀牢山的森林植被、地理气候和水利资源，加以人工的整合，形成了独具特色的梯田生态系统，具有鲜明的人与自然相融互补的特性。哀牢山地形复杂悬殊，立体气候明显，光热条件好，雨量充足，森林覆盖率高，形成'一山有四季，十里不同天''山有多高，水有多高'的状况，为梯田的形成提供了可能。在长期顺应自然的过程中，哈尼人不仅懂得利用自然，而且懂得保护自然，凭据自己的智慧和勤劳的双手，奏出一曲'森林—村寨—梯田—红河'四位一体、人与自然和谐相处的乐章，体现了人与自然和谐相处的内在要求"②。

3. 生活领域中的生态伦理认识

受地理环境和社会生产力水平的影响，少数民族的先民们的生产和生活在很大程度上都依赖于自然界。自然界在为万物提供养料，给他们带来丰厚收获的同时，又不时有洪水泛滥、森林火灾、山崩地裂、电闪雷鸣等自然现象，给他们带来很大的灾难。正因为如此，先民既感谢大自然无私恩赐的一切，同时又对大自然偶尔的"暴力"行为感到深深的恐惧，从而形成了敬畏自然、感恩自然的生态伦理情怀。先民们对自然物、自然力、自然现象所造成的灾害无力摆脱，误认其为"精灵"或为"精灵"所支配，从而产生恐惧，对之崇拜，以求消灾免祸得福。与宗教紧密相连的禁忌文化，在客观上约束着人们对自然的行为。长期以来，禁忌文化已经内化为一种心理上的坚定信念和行为，使人们意识到在日常生活中什么该做，什么不该做。信奉林神和水神的哈尼人认为，村头寨神树林里，禁止放牧、

---

① 黄惠焜：《人类的文化遗产——记西双版纳的传统水利与文化》，转引自高立士著《西双版纳傣族传统灌溉与环保研究》序言，云南民族出版社1999年版，第10页。

② 白葆莉、冯昆思：《哈尼族生态伦理思想及其现代价值》，《红河学院学报》，2007年第1期。

砍柴伐木；禁止捉捕逃入或栖息此林中的飞禽走兽；甚至连寨神林里掉落
的枝叶都不能捡回家使用，否则这些都会被认为是对护寨神的不尊重而使
村民遭到厄运。比如，哈尼族平时教导族人到井边、泉边、潭边喝水时，
不能在出水口洗手，不能把脏水弄到井中、泉水里、龙潭里，不能在里面
洗脚，教诲人们要保护好水源，水神才会保护人类，否则必遭厄运。

　　4. 制度文化中的生态伦理观念

　　大自然通过向人类提供生存物资显示它的仁慈，又通过各种自然灾害
显示它的强大与恐怖。因为自然界无法被把握，所以少数民族先民往往把
自然界的一切看作是和人一样有生命、意识、灵性、感情的存在，认为自
然界的一切行为都是有意识的行为，这样人们就可以同他进行对话沟通，
祈求自然保护的同时减少自然灾害。受万物有灵观念的影响，先民认为自
然有其灵魂，即自然神。他们认为自然与自然神灵成为一体。人民为了维
持生存，就要从事农耕，获取自然资源，建造房子，捕获猎物等，他们认
为自己获取自然资源的过程中难免或触犯心中的"神"，从而会引起自然神
的愤怒与报复，进而灾难会降临到人们的头上。因此，人们通常以"事前
请示（祈祷），事后赎罪"的方式来逃避大自然的责备与惩罚。自然神是掌
管一切资源的存在，一切活动都应给予"请示"。比如傣族，即使是由于建
盖"竹楼"需要砍伐大树时，也要先祭树神，即以蜡条两对、槟榔一串、
酒一盅相祭，以求树神的见谅，使被砍伐的大树不致作祟。事后，他们还
会通过种植竹子或不在原来的地点砍伐竹子的方式，以求得自我的救赎与
安慰。通过族群规定、训条以及民族内部自我意识的明确，人民在制度文
化中自觉相约，相互监督，用实际行动做到人性与生态性的统一，在与自
然相处中寻得一份共生、和谐的局面。比如，大理白族民间历来盛行"祖
训十戒十务言"和"族中兄弟子侄公约"等族规祖训，其内容涉及"家
常""喜事""急难""赌博""夜行""抢妇""争讼""山林""守望"等
等；这些族规祖训涉及社会公德、环境保护等广泛内容，有的还刻写在木
板上，悬挂在村中祠堂、庙宇内，成为有章可循的"公约"。有的白族村寨

对凡有两人以上屡做坏事且不思悔改的人家，罚其自行在家门口种上一棵棕树，予以惩罚。

5. 宗教中的生态伦理观念

从生态文化的角度来看，民族宗教也极大地影响着民族的生态观念和生态行为。许多习惯法与禁忌密不可分。在许多少数民族的原始宗教中产生万物平等的世界观。在万物有灵论的理解中，他们认为人和动植物、无生命的山河大地都是有灵魂的，灵魂在本质上同一、价值上平等，甚至可以说，当自然不只是有灵魂，而且是有神灵时，人的地位就低于自然的地位，处于从属的位置。比如，在西南边疆氐羌民族的后裔中，傈僳族属于传统宗教观念保留得较为完整的族群。傈僳族信仰万物有灵的传统宗教，他们的生态观念一定程度上说就是他们的生态伦理意识，后者主要源于其原始宗教的灵魂不死的思想。在傈僳人的观念中，大自然并不是一个纯粹的物质世界，而是充满神灵的日、月、山、川、河、流、树木等等，都是人们崇拜的对象，山有山灵，树有树鬼，水有水神。[①] 他们还把自然神灵总称为"米司尼"。"米"意为"大自然""万物"，"司"意为"主人""主宰"，"尼"意为"神""鬼"。简言之，"米司尼"就是"大自然的主宰者"；并且认为人的吉凶祸福都由诸神主宰。这就是傈僳族的万物有灵观。在万物有灵观的崇拜下，傈僳族人民对于自然是敬畏的心态，不会人为地肆意破坏大自然，而且在其行为中也表现为主动维护生态系统的平稳发展。

第三节　西南地区少数民族生态伦理的主要表现形式

少数民族生态伦理是一个显在认识与潜在自觉的高度整合，融入他们的生存、生产、生活和社会发展各方面、各环节、全过程的一种道德认知、道德自律与道德规范。因此，其表现往往是多方面的，很难精确和全面把

[①] 李月英：《云南怒江傈僳族的宗教信仰》，《中央民族大学学报》（社科版），1997 年第 5 期。

握。但为了研究方便，我们简要提炼三种比较有代表性的少数民族生态伦理的表现形式。

一、原始宗教信仰和图腾崇拜的生态伦理

在西南地区的少数民族之中，原始宗教信仰和图腾崇拜普遍存在，集中体现了原始先民对自然的敬畏，对人与自然关系的认识智慧，对自身如何适应和改善环境，以更好地生产和生活的思考。许多原始宗教是吸收外来文化、结合自身认识进行复合型思考的结果。比如苗族，很早就有自己的宗教信仰。经过长期的历史发展，不同地区苗族的宗教信仰有所不同。有些地区由于交通闭塞，苗族群众信仰原始宗教；有些地区苗族群众与汉族群众长期相处，受汉族的宗教信仰的影响，特别是道教和佛教（苗族群众通称为"客教"）的影响，兼信仰汉族的宗教；还有少数苗族地区，如威宁、石门坎和湘西沅陵等地在近代由于受外国传教士的影响，有改信天主教和基督教的。但总的来看，多数苗族群众信仰的仍是本民族长期形成的原始宗教，包括自然崇拜、图腾崇拜、祖先崇拜、鬼神崇拜等。

1. 自然崇拜

"自然崇拜是各民族中最为普遍流行的原始崇拜。人们崇拜大自然中一切有力量的、对生产有积极作用的自然物和自然力。在人们心目中，水、火、土山、太阳、月亮、雷、雨等都有神，因而将其当作神圣的东西来崇拜。"① 比如，拉祜族的自然崇拜主要体现于植物崇拜、动物崇拜、水火崇拜、天地崇拜中。"在拉祜族传统宗教信仰中还有突出的山林崇拜的特点，长期在森林中的游猎生活，使他们熟悉森林、热爱森林，也保护森林，他们把水看作生命之源，把树看作万物之源，熟悉森林中的植物和动物，拉祜族靠动植物为生，也与动植物为伴，他们利用森林，但也保护森林、崇拜森林。"② 事实上，自然崇拜就是敬畏自然的典型表现，其崇拜对象一般

---

① 杨春：《中国拉祜族》，宁夏人民出版社 2012 年版，第 217 页。
② 朱力平：《拉祜族传统宗教生活中的生态利用》，《怀化学院学报》，2011 年第 10 期。

有天、地、日、月、巨石、大树、竹、山岩、桥等。自然崇拜是少数民族
先民在不能够全面、正确认识自然界的情况下，对一些自然现象，或生活
现象无法做出解释时产生的崇拜，甚至是盲目崇拜，但也正因为这样的崇
拜使得拉祜族对自然有敬畏之情，也因此保护了生态环境。

2. 图腾崇拜

图腾崇拜是一种宗教信仰，发生于氏族公社时期。崇拜的图腾有多种，
如枫木、蝴蝶、神犬（盘瓠）、龙、鸟、鹰、竹等。黔东南地区的苗族先民
把枫木作为图腾进行崇拜，认为自己的祖先源于枫木；他们还把蝴蝶作为
图腾，认为其祖先姜央是"蝴蝶妈妈"所生。在傈僳族传统宗教信仰要素
中，保留今天的图腾很有特色。傈僳族每个氏族、部落都有自己的图腾，
图腾既是傈僳族人崇拜的对象，又被当作氏族、部落的标记、名称。据民
族研究者调查，傈僳族的氏族图腾曾多达 49 种，如虎、熊、羊、鱼、蛇、
蜂、鼠、鸟、猴、荞、竹、柚木、麻、菌、菜、火、霜、犁、船、黍、麦、
猪、薏米、黑鼠、松鼠、李子、谷子、狼、鹰、獐子、雉子、姜樟树、羊
角树等。

3. 祖先崇拜

傈僳族认为人死了灵魂不会消亡，被远远送往祖先发祥地与祖辈的灵
魂居住在一起，信奉祖先神灵，久而久之，既信奉自然神灵，又信奉祖先
神灵的氏族及后人，集体默认了该自然物，把自己及后代归结为该自然物
的子民，氏族由此物正式命名，如"别扒"（蜂氏族），"鸟（音 nia）扒"
（鸟氏族）等。比如虎自古是山林之王，由于其威猛，既吃其他动物也吃
人，一部分傈僳族既怕又崇拜，就将它作为自己氏族的标记、标志，自认
为"腊扒"。至于有一部分傈僳族姓胡，那是因为胡与虎谐音，从而在傈僳
族的观念中，绝不捕杀虎类、猫类等动物，将其视为祖先转世的存在，奉
为尊贵的地位。傈僳族的祖先崇拜的传统，往往表现为宗族林崇拜的形
式。这些宗族林，傈僳语称为"离碑阶"，是同一家族共同祭祀祖先的场
所，其宗教意义与汉族供奉的宗族祠堂大致相当。傈僳族祖先依赖于大自

然的恩赐，多住在高山密林中，习惯于过狩猎、采集生活，这样一代代生存下来。因而相应地，傈僳族的生计方式中很大程度体现出了人与自然和谐相处的理念，实际上这也是傈僳人创造出的切实可行与科学有效的生存发展模式。

4. 鬼神崇拜

"原始宗教随着社会的发展而演变，但随着原始社会发展成为阶级社会而完全消失。它的许多因素和表现形式都经过而沉积在后代的宗教之中。"[①]少数民族社会发展比较缓慢，后进民族历史发展去古不远，原始宗教信仰一直得以大量保存，并与后来传入的外来宗教相融合，成为其宗教信仰最主要的特征。比如，傈僳族信仰万物有灵的传统宗教，属传统宗教观念保留较为完整的族群。傈僳族认为宇宙山川、风雪雷电等万物都有神灵主宰。他们坚定地认为天地、日月、山川、河流、星辰、植物、动物，都有精灵以决定人之生死祸福。人生了病是鬼神作祟，必须杀牲献祭，因此森林、河水等自然物都成为他们的膜拜和保护的对象。傈僳族认为人的吉凶祸福都由神主宰，在与自然的相处中，人对万物之灵只能祈求。在傈僳族先民的生存条件下，他们为了抵御精灵，应对严峻的环境，乞求超自然的精灵，由此产生傈僳族传统宗教的信仰体系，在傈僳人的宗教观念中，认为有山神、树灵，自然崇拜也成为傈僳人宗教信仰的显著特征。[②]

二、生活习俗和节庆文化的生态伦理

在西南地区的一些少数民族中，经常有这样的说法：能说话就会唱歌，能吃饭就能喝酒。比如在傣族，喝酒时候会以唱歌的形式说"水、水、水"，事实上体现的是对水的崇拜。事实上，这都体现了少数民族独特的生活习俗。在大多数少数民族之中，生活习俗和节庆文化都能够体现鲜明的生态伦理。

---

① 吕大吉、何耀华总主编：《中国各民族原始宗教资料集成》，中国社会科学出版社1998年版，第7页。

② 李珊珊编著：《傈僳族》，吉林文史出版社2010年版，第36页。

（一）生活习俗中的生态伦理

生活习俗涵盖方方面面，体现少数民族如何将对自然的认识融入生活的点点滴滴，体现的是生态伦理的无形影响力。

比如，布朗族建寨选址时，水和阳光是必须考虑的重要条件之一。布朗族对于大量野生动植物的利用也十分普遍，松木与栎木是他们建房的主要原材料，大量的生产生活工具也是取自这两种木材。布朗族的居住房为"干栏式竹木结构房"，建筑分上下两层，上层住人，下层关养猪、鸡、牛、马等牲畜，堆放杂物、柴草，反映出布朗族人民与自然和谐相处的生动场景。布朗族的外房筑有火塘，火塘上置一三脚铁架，火塘上端吊着一个方形篾笆编成的烘台，可烘谷子、茶叶、烟草和熏肉等。火塘左右两边为卧室，家长常坐于火塘的正上方，靠火塘里边的一根中柱是存放家神灵物的地方。室内无窗户，光线暗，全靠火塘里的火光照明，火塘成为布朗族生活中不可缺少的东西。房屋建筑和火塘所包含的文化充分体现了人与自然环境、人与动物、人与人之间的和谐关系，是布朗族传统文化的生态伦理思想因素在居住环境中的集中体现。

又比如，拉祜族的丧葬习俗体现生态伦理观念。拉祜族一直实行火葬且火化仪式简单朴实，不立碑、不起坟、不举行扫墓祭拜活动，体现了拉祜族人自觉协调人与自然环境的意识和能力，以确保一个和谐的生存环境。公共火葬地周围的山林被视为神圣的地方，除了火化外，树不能随便砍、土不能随便动，不能把不干净的东西带入其中，更不准牛等牲畜进入，违者将受到严厉惩罚。拉祜族以火葬为唯一形式的葬俗既保护了树林又净化了水源，不仅占地极少，还大大节约了丧葬的成本。拉祜族传统的火葬可以最大限度减少细菌的传播，净化生存环境。拉祜族的丧葬习俗坚持不乱砍伐森林、决不污染水源、极少占地等行为规则，蕴含了卓越的生态环保意识。相对于强调入土为安的土葬占地情形来说，拉祜族人的火葬习俗在直接安抚好死者的同时，又间接地为生者提供了广阔的生存空间。不难看出，拉祜族的丧葬习俗拥有与自然环境产生平衡的能力，客观上起到了维持生态平衡的作用。目前，拉祜族山区的生态环境还处于良性循环之中，除了拉祜族人根深蒂固热爱山林、保护山林的生态环保意识外，也与拉祜族的传统火葬习俗有很大关系。

（二）节庆文化的生态伦理

许多少数民族会通过一定的节庆文化来表达对自然的崇敬和感恩。比如火把节体现人对自然的敬畏和对自然给予更多财富的希望。彝族的火崇拜，最突出的表现就是对火塘的重视和有关火的节日庆典。有学者认为，彝族的火崇拜来源于彝族先民对光明的崇拜和敬畏，火是生命的延续、家庭兴旺的象征。彝族民间传说，"火"最先教人类开口说话，人类文明是从火开始的。不仅彝族，拉祜族的火把节也很有特点。"拉祜族节日之火把节是每年农历六月二十四日。当日，人们要点着火把到田间地里举行叫谷魂仪式。路遇拉祜族人家叫谷魂，切记不能与他们讲话，否则被认为会惊动神灵，也不能随意触摸治鬼器具。火把节之日，禁止外人入寨。传说，从前有个恶人，专吃人的眼睛。一位善人知道后，每天找田螺给他吃，使他不再吃人的眼睛。六月二十四日这一天，善人没找到田螺，便买了一只羊，给它安上一对蜂蜡做的角，点燃以后，让它去山上喂恶人。羊在山上跑，两只蜡角把山上照得亮堂堂的，恶人以为到处是火，忙躲进一个岩洞，并用一块石板把洞口堵好。日子一久，恶人无力搬掉石板，最后被岩洞里冒出的水淹死。从此每年的六月二十四日，人们高举火把，以示庆贺。"① 拉祜族在早期生活中没有掌握生火灭火的技术，对火的巨大能量充满了敬佩之情。拉祜族人掌握用火的技术以后，把火运用到生产生活中，抵御寒冷，做食物、照明、耕作等都能运用火，但火运用不好就会发生火灾，造成人员伤亡，植被破坏。拉祜族人掌握生火灭火的技术后，与火共存，既提高了生活生存的能力，又保护了自然，减少火对自然的破坏。又比如，拉祜族的新米节体现了人与自然的和谐和人对自然的感恩。"新米节时间一般在

---

① 罗承松：《拉祜族火把节及其文化内涵》，《怀化学院学报》，2014 年第 3 期。

拉祜年历的七八月间，具体时间各地无统一规定。通常是在谷子黄熟开镰收割时选择一天。新米节当天全寨停止生产，人们都要赶回寨内过节。节日全部用新鲜食品。节日前一天，人们到田里收一些谷子回来，用火烤干（或用锅炒干）然后舂成米，做成新米饭；同时摘些新鲜瓜菜，准备好新烤的酒和现宰的猪、牛、鸡肉。饭菜备好后，人们先盛一碗新米饭，一碗小菜豆腐汤，点燃香蜡敬献给天神厄莎和祖先神灵，节后给牲畜吃节日食品，在犁头等农具上放些节日食品，还要给狗分节日食品，以此来感谢它们为丰收所作的贡献。"① 拉祜族认为他们一年的收获来自大自然的馈赠。耕种的土地、植物成长需要的阳光和雨水，都来自自然。新米节既是对丰收的庆祝也是对自然的感恩。

三、制度规范和村规民约的生态伦理

制度规范和村规民约几乎每一个少数民族都有，涵盖内容很广泛，其内容完善和成熟程度有别，但一般都包含生态伦理的元素，在一定程度上体现出少数民族先民如何处理好人与自然的关系。

（一）制度规范的生态伦理

对少数民族来说，制度规范不一定是上升到国家立法层面的法律条文，往往是一种习惯法，比如，白族就有碑刻记载关于山林保护的要求。大理州洱源县凤羽坝子北部的铁甲村，是白族聚居的村庄，村中有一块清道光十五年（1835年）的《乡规碑记》，明文规定："铁甲村虽僻处僻隅，男人非不良也。总由在外日多，乡规在议，屡行不义。河边柳茨，绿御水灾，不得口行砍伐；山地栽松，以期成材，连根拔取……今众姓会议，同为盛世良民……不许仍蹈前辙……所有规条开列于后：……一遇有松菌，只得抓取松毛，倘盗砍枝叶，罚银五两；一查获盗砍河埂柳茨，罚银五两……"② 保护水源地周边的植被，不乱砍滥伐，禁止乱砍松枝，可见对山

---

① 晓根：《拉祜族文化论》，云南大学出版社1997年版，第126页。
② 杨士杰：《论云南少数民族的生产方式与生态保护》，《云南民族大学学报》（哲社版），2006年第5期。

林保护规范之细。

《护松碑》记述，大理市下关镇旧铺村村民于乾隆三十八年（1773年）种松于主山，并将主山定为公山，任何人不得侵占，不得乱砍滥伐，有擅自砍伐者，罚必不免。久而久之，自然形成了人们爱山护林的意识。① 再有，剑川沙溪乡蕨市坪村立有一块清道光二十一年（1841年）的《乡规碑》，规定"凡山场自古所护树处及水源不得乱砍，有不遵者，一棵罚钱一千"。② 剑川东岭乡新仁里村，在道光二十三年（1843年）立乡规："近有擅自入山滥伐童松，盗砍林木，危害田苗，实属昧良。此后，如有故犯者，定即从重公罚。"③

在保护山林的同时，人们也意识到山林对保持水土的重要性。乾隆年间的《保护公山碑记》记载："查老君山为阆州来脉，栽种水源所关，统宜共为保全，为自己受用之地，安容任意侵踏，以败万姓养命之源。"④《封闭双马槽厂永禁碑记》记载，大理市凤仪镇北汤天村东二公里的河谷中有沙金矿分布，此处为水之发源处，流灌田地四十余里，钱粮攸关，民生所系。乱开乱采，导致河沟淤阻，田地渐成沙洲，垅亩尽为荒壤，影响国计民生。于是州府下令永禁开采，并于康熙二十四年立石刻碑。⑤ 此外，白族先民每年都有封山育林的节日，如插柳节、祭山节等，在封山祭祀期间不能进山砍伐森林、放牧。

（二）村规民约中的生态伦理

村规民约是日常生产生活形成的，对本民族具有广泛约束性。如纳西族对保护好水资源就有明确的规约。纳西族人民对大自然的尊重体现在生产生活的具体行为中，一些约定俗成的乡规民约、丽江古城内镌刻的石碑、

---

① 李锡鹏：《大理白族生态环境观一瞥》，《中国民族》，2014年第12期。
② 《中国少数民族社会历史调查资料丛刊》修订编辑委员会：《白族社会历史调查》，民族出版社2009年版，第100页。
③ 詹承绪、张旭：《白族》，民族出版社1990年版，第130页。
④ 《中国少数民族社会历史调查资料丛刊》修订编辑委员会：《白族社会历史调查》，民族出版社2009年版，第98页。
⑤ 李锡鹏：《大理白族生态环境观一瞥》，《中国民族》，2014年第12期。

口口相传的谚语格言等都是纳西族人民生态思想在生活中的体现。纳西族在生产生活中对水的保护措施及一些习惯法是十分明显的。丽江古城呈北高南低的趋势，城区内坡坎起伏，顺着地势的变化，人们建起了"三眼井"，有效地利用和保护水资源。三眼井顾名思义，是利用地下涌出的泉水，按照地势差，修建三个三级水潭，这样第一个水潭里的水就顺势流入第二级水潭中，以此类推。丽江古城中共有大大小小的三眼井五口，即白马龙潭三眼井、义尚甘泽泉三眼井、光碧巷三眼井、格宝坞三眼井、寄宝坞三眼井。规模比较大的三眼井有三口，分别是马龙潭三眼井、石榴井和溢璨井。三眼井的三个水潭有明确的分工，第一潭为泉水源头，清冽洁净，为饮用之水；水从第一潭溢出后流入第二潭，第二潭水质洁净，为洗菜、洗刷炊具之用；水从第二潭溢出后流入第三潭，第三潭为漂洗衣物专用，最后水从第三潭排入排水沟中。三潭相串，各司其职。时至今日，"甘泽泉"泉边立有一石碑，清朝道光年间竖立，上题"永远遵守"。三眼井的设计轻巧、简单实用，三个潭的分工也是有理有序，更为重要的是"永远遵守"的箴言，体现了纳西族人民朴素真实的环保思想。

又如白族民间"族中公约"与"立树惩戒"[①] 体现了制度规范的约束。白族是一个历史文化传统比较深厚的民族，民间宗族组织较为广泛和紧密。大理白族民间历来盛行"祖训十戒十务言"和"族中兄弟子侄公约"等族规祖训，其内容涉及"家常""喜事""急难""赌博""夜行""抢妇""争讼""山林""守望"等等。这些族规祖训涉及社会公德、环境保护等广泛内容，有的还刻写在木板上，悬挂在村中祠堂、庙宇内，成为有章可循的"公约"。有的白族村寨对凡有两人以上屡做坏事且不思悔改的人家，罚其自行在家门口种上一棵棕树，予以惩罚。实施这种以羞辱为惩戒手段的民间规条，先要由村中最有威信的长老当众宣布错误事实，然后由被罚人家种上一棵独立无枝丫的棕树，象征该户人家名誉丧失、威仪扫地，犹

---

① 古开弼：《我国历代保护自然生态环境的民间规约及其文化传承》，中国生物学史暨农学史学术讨论会论文集，2003年，第26页。

如光棍一条。凡被罚在家门口种植棕树人家，会受到村民的普遍鄙视和唾弃，从而被彻底孤立起来，所以对村民具有特别强烈的教育和警示作用。

|第二章|
川滇藏地区主要少数民族生态伦理

　　川滇藏地区少数民族主要有羌族、彝族、藏族等。我国羌族主要分布在川西北地区。我国彝族主要居住在四川凉山彝族自治州、云南楚雄彝族自治州等地区（基于作者研究掌握的情况，本章彝族研究内容以云南大姚县为例）。我国藏族主要分布在西藏自治区、四川甘孜藏族自治州和阿坝藏族羌族自治州、云南迪庆藏族自治州。这些地区是我国重要的生态建设屏障，保护好这些地区的生态环境，建设好生态文明是西南民族地区经济社会发展的基础和重要条件。在这个过程中，挖掘和发挥好羌族、彝族、藏族等少数民族的生态伦理是十分重要的任务，是建设秀美山川和生态文明的重要条件。

第一节　藏族生态伦理

　　根据第七次人口普查数据，全国藏族人口总数为7060731人，主要分布在我国西藏自治区和青海、甘肃、四川、云南等省区。藏族是汉语的称谓，藏族自称为"博〔bod〕"。藏语对居住在不同地区的人又有不同的称谓：居住在西藏阿里地区的人自称为"兑巴"，后藏地区的人自称为"藏巴"，前藏地区的人自称为"卫巴"；居住在西藏东境和四川西部的人自称为"康巴"；居住在西藏北境和四川西北部、甘肃南部、青海地区的人自称为"安多娃"。藏族有自己的语言和文字。藏语属汉藏语系藏缅语族藏语支，分卫藏、康、安多三种方言。藏族普遍信仰藏传佛教。公元 7 世纪佛教从天竺传入吐蕃，已有 1400 多年的历史。藏族人民创造了属于本民族的民族文化，在文学、音乐、舞蹈、绘画、雕塑、建筑艺术等方面，都有丰富的文化遗产。藏族雕刻技艺高超，藏戏亦独具特色，藏医药学也是人类的文化遗产。

藏族居住地特殊的地理条件等决定了其生态环境保护的极端重要性。藏族聚居地区高山连绵，雪峰重叠，地势高峻。青藏高原平均海拔约 4000 米。祁连山、昆仑山和唐古拉山、冈底斯山、喜马拉雅山等山脉，由西向东，横亘青海和西藏全境；横断山系北高南低，纵贯四川和云南西部地区。耸立在我国和尼泊尔王国之间的珠穆朗玛峰，海拔 8844.43 米，是世界第一高峰。藏族地区江河纵横，湖泊星布。举世闻名的黄河和长江，都发源于青海境内，黄河源在巴颜喀拉山的雅拉达泽山麓，长江北源在可可西里山，南源在唐古拉山麓，蜿蜒而东，一泻千里，主要支流有洮河和通天河等，西藏西部有狮泉河、噶尔河、象泉河，东部有怒江、澜沧江、金沙江，雅鲁藏布江横贯西藏南部。青海湖是我国最大的咸水湖；藏北高原湖泊众多，有纳木措、奇林措等湖，喜马拉雅山北麓盆地玛法木措、羊卓雍措等湖闻名于世。

藏族地区草原辽阔、水草肥美，生产以牧业、农业为主。藏系绵羊、山羊和牦牛、犏牛，是青藏高原的特产。牦牛体大毛长，耐寒负重，除供肉用外，还是重要的交通运输畜力，俗称"高原之舟"；黄牛与牦牛的杂交品种犏牛，是最好的役畜和乳牛。河曲马、大通马、工布骡等都是本地区的良种。农业以种植生长期短、耐寒抗旱的青稞为主，也有小麦、豌豆、荞麦、蚕豆等农作物；在河谷温暖地区，还产油菜、土豆、萝卜、卷心菜、元根和苹果、核桃等。南部河谷温暖的部分地区也种植水稻和棉花。藏族地区森林茂密，盛产各种珍禽异兽和名贵药材。林业方面有杉、松、柏、白桦等品种。在西藏雅鲁藏布江中下游广阔地带、青海东南部、甘肃南部和四川、云南西部，有大面积原始森林，是我国著名的林业区。山谷林间，栖息着太阳鸟、鹫和熊猫、金丝猴、长尾叶猴、熊等珍贵动物，还产熊胆、麝香、鹿茸和冬虫夏草、雪莲、灵芝等贵重药材。藏族地区水力资源极为丰富，地下宝藏十分富饶。利用水力、地热发电有着很大潜力，天然气和铜、铁、煤、云母、硫黄等蕴藏量大，内陆湖泊还盛产硼砂、盐、芒硝和天然碱等。在青海柴达木盆地和藏北高原还富含铀矿。①

一、藏族生态伦理的形成与渊源

藏族生态伦理的起源可以追溯到远古神话传说时代，其中关于大自然形成的神话中对自然生态形成的故事，初步反映了藏族人民对大自然的认识。② 如在《斯巴形成歌》和《斯巴宰牛歌》中讲述了天、地、山、川的形成，并且讲述了以牛的各个部位"转化"而形成高山、平川等自然生态面貌。《西藏王统记》等史书也记载了西藏原为汪洋大海，后来水都流进"贡吉曲拉"山洞中，陆地才显现出来。这些"自然生成说"无疑是藏族原始的自然观和生态意识，这时的人们对生态的认识是模糊的。但是，它表现了一个重要的文化心态，即人们改造自然的欲望和冲动。当自然界的神话体系逐渐扩大的时候，远古先民的思维与想象逐渐丰富起来，各种神山、山神、神湖（河）的传说以及从对日月星辰、土地神、龙神、家神、灶神的崇拜到部落图腾崇拜、祖先崇拜，人们的自然空间概念日益丰富起来，对自然的许多现象给予了更多的关注和合理的解释，许多生产、生活方面的禁忌观念也随之产生。这对生态伦理意识的起源奠定了重要的思想基础，也是远古藏族先民对自然的敬畏情绪的流露。这种"敬畏情绪"无疑也是生态伦理意识的思想源泉之一。

远古部落时期，图腾崇拜的一条重要原则是：禁止捕杀图腾动物。③ 一方面，这条基本而又重要的生活禁忌，使对动物的保护欲望演变成为一条

---

① 藏族简介摘自《民族问题五种丛书》之《中国少数民族》卷，中华人民共和国国家民族事务委员会网站，http://www.seac.gov.cn/col/col277/index.html。
② 贾秀兰：《藏族生态伦理道德思想研究》，《西南民族大学学报》，2008 年第 4 期。
③ 贾秀兰：《藏族生态伦理道德思想研究》，《西南民族大学学报》，2008 年第 4 期。

重要的伦理生活原则，同时又是藏族生态伦理文化的构成要素之一；另一方面，图腾作为同一氏族部落的共同信仰，具有伦理制度的效应。从此，维护生态的伦理意识在藏民族思想中健康成长。当血缘性氏族部落向地缘性部落联盟过渡时，图腾类型在意识形态中发生了重要变化，多个图腾动物或变异的动物图腾崇拜增添了新的生态伦理意识。同样，祖先崇拜也受部落整体利益的驱使，尤其是对生存与发展权力的必然选择使各部落联盟间，对彼此的祖先及其神灵的属地产生敬畏情绪。这种情况下，原始宗教的"万物有灵"思想对人们的生活、生产方面的禁忌提供了共同认可的文化心理。就原始宗教而言，动物祭祀的巫术礼仪背后凝聚着对自然的严肃思考，其中以四大神山体系即卫藏地区的雅拉香波神山，北方羌塘的念青唐古拉神山，南方的库拉岗日神山和东方的沃德贡杰神山体系为核心的神话传说组成了一个强有力的生态伦理意识，自然主宰着藏民族的精神活动。大自然的"代言人"——山神的存在，在一定程度上限制着人们改造自然的欲望，联盟内的部落成员与这些神灵之间的复杂关系便是藏族生态伦理文化的奠基石和思想源泉。疆土、守护神、部落和祖先"四位一体"的精神联系，牵制着藏族先民的物质和精神两个境界。随着人与自然关系的不断密切，建立人与自身生活环境之间相互依赖的关系，以及怎样维护这种关系，成为藏族先民生态伦理的核心主题和部落生活秩序的主要内容，一旦成为秩序，就带有普遍的约束性。

二、藏族生态伦理的主要呈现

藏族主要分布的青藏高原，由于其地势高、面积广、气候寒冷、空气稀薄、土地珍贵而被称为"地球第三极"，这是在高寒地理气候条件下形成的独特的生态区域。这里的生态环境极为脆弱，水土资源极为有限，高原生物极为珍贵，尤其是生态战略地位极其重要，一旦被破坏后便难以恢复。更为严重的是，由于高原的持续隆起与天气干旱化的趋势，也由于人类的破坏活动，青藏高原生态环境一直趋于退化状态。如果说，人与自然、人与社会这两大问题是人类生存的基本问题，那么对高原藏族来说，首要的问题是要解决好人与自然这个问题，人在自然环境中处于怎样的地位，人应该如何处理与其他生物的关系，应该如何将人与人、人与社会的关系纳入尊重自然的轨道中。对这些问题的思考与解决，形成了藏族关于宇宙、自然、人生的伦理道德观念和生活方式。在千百年与自然和谐相处的过程中，形成了藏族生态伦理意识，并影响着人们对生态环境的行为规范。藏族生态伦理思想的基本内容包括：藏传佛教中的生态道德意识，如藏传佛教中的众生平等思想、放生护生思想等；藏族民间文化习俗中的生态道德意识，如藏族传统文化习俗中的生态法则、生活禁忌等。①

（一）藏传佛教中的生态伦理道德思想②

藏传佛教中的生态伦理道德思想主要包括众生平等思想和放生护生思想两方面。

1. 藏传佛教中的众生平等思想

在藏传佛教博大精深的文化系统中，有着浓厚的生态伦理价值观。藏传佛教的生态伦理，不仅有着较为系统的理论支撑，而且经过长期传承和历史积淀，牢牢地根植于藏族民众的头脑里，并且使其转变为藏族民众保护自然生态的实际行动。藏传佛教的生态伦理道德观，其核心是生命平等观，认为从生存的意义上讲，众生都是平等的。比如藏传佛教的"四生说"认为，六道众生有四种出生方式，即胎生、卵生、湿生、化生。但无论哪一种方式产生的众生，都是平等的。既然众生都是平等的，那么自然界的一切动物和植物同人一样，皆具有自己的生存权利，充分肯定了动植物的价值属性，这就为关爱动植物保护生态平衡奠定了坚实的理论基础。正如藏族著名学者多识教授所说："佛法认为众生的生存环境是众生共同的业力和愿力创造的，它对众生的生存和苦乐有极大的影响。人们应该像保护生命一样地去保护环境，优化环境，要爱护一草一木。环境的恶化、资源的

---

① 贾秀兰：《藏族生态伦理道德思想研究》，《西南民族大学学报》，2008 年第 4 期。
② 贾秀兰：《藏族生态伦理道德思想研究》，《西南民族大学学报》，2008 年第 4 期。

破坏意味着地球上生命的末日来临。因此，不但伤害动物、鸟兽、昆虫是犯罪，就连割草砍树，破坏自然生态，污染河流环境都被视为罪恶而属于佛教禁止之列。"① 藏传佛教的"因缘论"认为任何事物均处于相互作用和互为条件的关系中，无论任何事物的产生和发展都要靠因缘，就如藏传佛教宗喀巴大师所讲："一切事物皆待因缘而生，若离因缘则无所有"，"从来没有一样事物不是因缘存在之物"。② 因此，整个世界便处于一个永恒不断的因果链条中，形成一个相互联系的有机整体，无论是人类还是自然界的动植物都要有个优越的生态环境，否则，就会影响和危及生命的生存质量和存在。因而，关爱大自然、维持生态平衡对人类的生存和发展也就有着极其重要的意义。

2. 藏传佛教中的放生护生思想

藏传佛教认为有因即有果，通过一系列戒规戒律来保证人们关爱动物，保护生态平衡。宗教习俗尤其是苯教的习俗是构成藏族生态伦理的一个重要方面，就宗教而言，"万物有灵"把许多自然界的神秘力量人格化，以合乎情理的人性的姿态存在于人们的精神生活中，尤其佛教"十善"法（不杀生、不偷盗、不邪淫、不妄语、不离间、不恶语、不绮语、不贪、不嗔、不邪见）是随一切善心相应生起的诸心。其中"不杀生、不偷盗"等戒律性的道德伦理思想不断淡化了原始部落间集体性的杀戮，由此带来一个最具说服力的信念就是：善待有情生命，人与生态环境之间的关系在平衡中度过。随着"不杀生"概念的演进，"放生"意识也在藏族先民思想中延伸。"放生"实际上是对某些动物的特殊作用的重新思考，其隐含的一个伦理意义与要求是：善待动物就是善待自己。虽然它的原始含义并非如此，这种仪式本身对生态平衡也没有多大影响，但是"放生"意识与"杀生"的恶念在某种程度上是对立统一的。因为，在日常生活中人们并不否定禁

① 张济民：《青海藏族部落习惯法研究》，青海人民出版社1993年版，第20页。
② 张济民：《青海藏族部落习惯法研究》，青海人民出版社1993年版，第142页。

止"杀生"的相对性,这与人们的生存发展密切相关。一般对危害人们生产与发展的动物,首先在文化心理上不必承担内疚和负罪感,人们把这些动物看作是一种类似于邪恶的力量,如老鼠、狼等动物因直接危害草原与牲畜而在伦理道德中遭到人们的谴责,因而杀害它们成为一种全民共同认可的行为。佛教传入西藏后,"杀生"随之成为佛教的天戒,因为,生命的存在毕竟是平等的、合理的。因此,"不杀生"被定为"十善"法的首要内容就不足为怪,尤其有意思的是,"不杀生"这一佛教伦理思想对吐蕃时期宗教的杀生祭祀文化是一次沉重的打击,也是藏族生态伦理思想的一次解放。当"十善"法成为宗教伦理制度后,具备了法规的普遍性和权威性而被广大信徒所遵守,这对生态伦理文化的建设是一次较大的促进。另外,"杀生"后将要产生的后果(现实报应)以及对后果的畏惧心理,使藏民族一开始就反对随意猎杀动物,破坏自然环境。所以,有人认为佛教的"慈悲喜舍"四无量心,就是佛教中最早涉及的环保意识,佛教的"庄严国土,利乐有情"的宗旨,正是最早的环保理念。佛教的戒杀戒盗、放生、护生,就是尊重生命、关怀生命,就是为了保护与恢复自然生态系统的完整。佛教倡导的"慈悲""平等""不杀生"等思想曾经在很大程度上为人与自然、人与环境、人与万物生灵和谐相处与和谐发展作出过伟大的贡献,也成为藏族人民所尊崇的一种生态伦理道德思想。

(二)藏族民间文化习俗中的生态道德意识

藏族民间文化习俗的生态道德意识主要体现在他们的传统文化习俗和生活禁忌之中。

1. 藏族传统文化习俗中的生态法则

部落法规中的一部分规定对藏族生态伦理的建设起到了一种制度保障的作用,它的存在足以使人们的思想和言行沿着它的指向性向健康的伦理需要和伦理心态发展。比如"草原轮牧及迁居法""森林苗木保护法""狩猎采集禁许法""兴修水利和用水规矩""关于失火与防火的规定""资源开采与商品外运限制""草山管理法"等。其中,违反草山管理的处罚规定："引起草山失火者，罚其全部财产的三分之一。""失火烧着草场属大案件，罚款很重，按一马步罚1.5块银圆。"《番例》防火条例规定："纵火熏洞，有人看见者，其人即罚一九牲畜；若延烧致死牲畜，照数赔偿；致死人命，罚三九牲畜。若系无心失火，以致延烧，所见之人，罚失火之人牲畜五件；烧死牲畜，照数赔偿；烧死人命，罚一九牲畜。"又封山禁令规定："禁止狩猎，如发现随便狩猎者，没收猎物、枪支，然后鞭打，或罚款。"① 西藏部落土司制度规定："不能打猎，不准伤害有生命的东西，否则罚款。打死一只公鹿罚藏洋100元，母鹿罚50元，雪猪（或岩羊）罚10元，獐子（或狐狸）罚30元，水獭罚20元。"② 川康牧区还规定：任何人不能在神山狩猎，不能挖贝母、虫草等药物，各地在夏秋两季经常不定期搜山，其主要任务是侦察有无偷猎者、破坏封山令者或盗贼等。就连藏族民谚也说：国王山里不放火，大海之中不投毒。上述法规具有的普遍性和广泛性，更重要的是它的权威性迫使人们自觉遵守，最终使之上升为伦理习惯和伦理行为，从而对雪域生态环境的平衡发展产生了深远的影响。

2. 生活禁忌与生态伦理道德

生活禁忌的"不可为"在意识形态中转变为一种伦理需求，在一定条件下，这些禁忌观念构成了藏族生态伦理的最直接要件。它们主要表现在：一是从不杀生观念出发，藏民族禁止猎杀动物，尤其是罕见的奇异动物，认为那是某个山神的家畜，或是某个山神灵魂的寄托，绝不可猎杀，对百姓而言，这种文化心理对狩猎者有一种潜在的威慑力量。因此，随意捕杀动物对藏族来说是一种罪孽。二是忌讳在神山挖药材、打猎、放枪、开垦神山，以免山神降下灾祸。藏族的神山体系是极其庞大的，甚至每到一地，就有一座神山，山神主宰着那里的一切。因此，人们的生产和生活均受到这种伦理禁忌的限制，这对生态伦理的建设有着不可估量的作用。同时，

---

① 张济民：《青海藏族部落习惯法研究》，青海人民出版社1993年版，第69页。
② 陈庆英：《藏族部落制度研究》，青海人民出版社2001年版，第211页。

人们忌讳在神湖（河）、神泉及其附近地区进行洗涤活动，以免触怒"龙"神，因而围绕"龙"神所产生的一些生活禁忌最终也上升为一种生态伦理意识，而祭祀"龙"神的神秘文化氛围更增添了生态保护的严肃性。三是忌吃奇蹄类、爪类和鳞类动物肉。由此，这些动物无形中被保护下来。

第二节 羌族生态伦理

到 2021 年，羌族总人口为 312981 人，主要分布在四川省阿坝藏族羌族自治州的茂县、汶川、理县、松潘、黑水等县以及绵阳市的北川羌族自治县，其余散居于四川省甘孜藏族自治州的丹巴县、绵阳市的平武县以及贵州省铜仁地区的江口县和石阡县。大多数羌族聚居于高山或半山地带，少数分布在公路沿线各城镇附近，与藏、汉、回等族人民杂居，自称"尔玛"或"尔咩"，意为"本地人"。由于与汉族频繁交往，很多羌族能讲汉语、用汉文。1989 年 5 月，按照羌族人民的愿望，根据党的民族政策，"四川省羌族拼音文字方案创制领导小组"成立，经过多年的调查研究，创制组完成了以 26 个拉丁字母为形式的《羌族拼音文字方案》（草案）设计，该方案于 1993 年通过有关部门审定。随后，羌文在茂县、汶川县、理县和松潘县的羌语分布区推行。

羌族地区的地形西北高东南低，大部分为高山峡谷，其间层峦叠嶂，山高坡陡，河谷深邃。北部有岷山山脉，主峰雪宝顶海拔 5588 米；龙门山脉斜贯于东南，主峰九顶山海拔 4969 米；西部横亘着邛崃山脉，主峰四姑娘山海拔 6250 米；四姑娘山以北，有许多海拔在 5000 米以上、终年积雪覆盖的高山。只有茂县的土门区、北川县和平武县的锁江、徐塘、平南、豆叩、大印、平通六个羌族聚居乡镇属于中低山和深丘低山区。

岷江、湔江及其支流是羌族人民的母亲河。岷江源于阿坝州松潘县与九寨沟县交界的弓杠岭南，在都江堰市以上为岷江上游，从北向南纵贯羌区。岷江支流有黑水河、杂谷脑河、渔子溪河和寿溪河等。羌族地区处在高山峡谷之间，气候温和，冬干春旱，夏秋降雨充足，日照时间较长，昼夜温差大，气温垂直差异显著。在岷江河谷地带，年平均气温在 11 至 14 摄氏度，无霜期 210 至 235 天，年平均降水量 500 毫米左右。由于降水量较小，蒸发量大，这一地区又被称为岷江上游半干旱河谷。涪江水系河谷地带年平均气温 13.9 至 15.7 摄氏度，无霜期 235 至 270 天，降水量 700 到 1200 毫米。灾害性天气有冬干、春旱、夏旱、伏旱、冰雹、霜冻等。

羌族地区动植物资源十分丰富。位于汶川县境内的卧龙自然保护区，蜚声中外，被列为联合国国际生物圈保护区。2006 年，该区与四姑娘山、夹金山脉一起，作为"四川大熊猫栖息地"被列入《世界遗产名录》。这是一座天然的动植物园，总面积约 70 万公顷，峰峦重叠，云雾缭绕，分布着不同的植物群落，有树种 4000 多种，鸟类 300 多种，有大熊猫、金丝猴等珍稀哺乳动物 60 多种，还有红杉、金钱槭等珍稀树木。位于北川羌族自治县青片乡的小寨子沟自然保护区，也是植物种类繁多的地方，它和卧龙自然保护区被专家誉为"世界上罕有的生物基因宝库"。羌族地区的传统农作物以玉米为主，也有青稞、小麦、荞麦、各种豆类和蔬菜。被称为"雪山大豆"的一种白豆是著名特产。经济林木有花椒、核桃、苹果、鸡血李、樱桃、杏子、茶叶、生漆、油茶、花生、向日葵等。饲养黄牛、牦牛、犏牛、马、羊、猪等牲畜及各种家禽，养羊业较发达。近年来，随着农业产业化不断发展，羌族地区引进了大量名、特、新、优农产品。药材种类 200 种以上，其中名贵药材有虫草、贝母、鹿茸、天麻、麝香，大宗药材有羌活、党参、当归、大黄、黄芪等。在高山深处，有蕨苔、木耳等山珍，还有丰富的菌类资源。此外，还有铁、云母、石膏、磷、水晶石和大理石等数十种地下矿藏。

羌族作为现存的最古老的民族之一，从可记载的历史痕迹中最早可追溯到夏朝，没有自己文字，且在发展历程中同多个民族交流互动，但这些丝毫未影响其强大的民族独立性与创造性，同其他民族一起共同缔造着中华文化。羌族生态伦理文化有着其独特民族表现形式，神话、传说、民间

故事、民谣等经过一代代羌族释比口传身授，将这些璀璨的民族文化传承
下来，成为羌民族的标志。随着岁月的更替、社会的变迁，羌族生态伦理
文化的研究非常有价值。①

一、羌族生态伦理的形成与渊源

生态伦理是探索人与自然之间价值关系中价值主体之间的伦理。最终
的目的是通过人与人之间的关系来解决人与自然之间的矛盾问题。而羌族
的生态伦理观就是其自身生态文化的重要内容。当今的羌族主要聚居在岷
江上游地带，与汉族、藏族同胞是交错相融的生活格局，文化交流也是十
分频繁的。但是从其社会发展历程上来看，羌族的居住环境受地域辽阔性，
以及温度、生活环境的海拔高度差异性的影响，羌族人民多会选择高山台
地区域为生活居住地。而这样的生活环境造成了生活物资的匮乏。这种情
况下生活和经济生产物资需要循环利用。这样的生活环境也使得他们心中
时刻有着保护环境的理念，只有这样才会降低生活的风险。羌族同其他许
多少数民族一样，把自然当作神，膜拜它，在与自然的共生互利中逐渐形
成了具有"羌族味道"的维护"人与自然"和谐的生态伦理。总体上看，
羌族对于人与自然关系的认识来源于以下几个方面②：

（一）人与自然一体的观念

《羌族释比经典》有许多体现人与自然特殊情感的经文，并表达出人是
源于自然界的朴素唯物思想。在创世纪篇中，"造天地"这一小节里就提到
天神阿布曲格和地母红满西认为"苍宇混沌无形体，既无声来又无形"③。
于是便产生了"要造天来要造地，鸡蛋鹅蛋好材料"④ 的想法，最终用

① 关于羌族的介绍摘自《民族问题五种丛书》之《中国少数民族》卷，中华人民共和国国家民族事务委员会网站，http://www.seac.gov.cn/col/col481/index.html。
② 参见余欣奕：《〈羌族释比经典〉中的伦理思想研究》，西南民族大学硕士论文，2016年，第48—55页。
③ 四川省少数民族古籍整理办公室主编：《羌族释比经典》，四川民族出版社2008年版，第229页。
④ 四川省少数民族古籍整理办公室主编：《羌族释比经典》，四川民族出版社2008年版，第229页。

"鸡蛋和鹅蛋"开辟了天与地。接下来，"造人种"里描述了"羊角树"造人的传说，皆是表明了自然是人类之源的观念。其实有许多关于人与自然关系的经文，体现人崇拜自然、改造自然的理想。书中提到的内容又表明，羌民在根据自身生活的需要敬奉各种自然之神，"火神赐福人生存，取暖熟食靠神"①。这里对于"火"的歌颂，表明了羌民对于火神的感恩和崇拜。此外，还有"雷公闪电声霹雳，雷神斩除诸妖魔"②对雷神的崇敬等。羌族文化中对这一系列自然之物生动而形象的描写，都是为了让族民不要忘记自然之本。通过释比之口，传达自然对于人类的重要性。它作为人类生存的基础，是人的生命之源，人类对自然界的一切事物都要给予崇拜和保护。释比在祭祀等大型群众活动或者日常生活中对于崇敬自然的传颂，对自然界起到了积极保护的作用。

（二）羌族的各种禁忌习俗

羌族在一系列生产生活中形成了对天、地、人以及动植物特有的禁忌习俗。羌族没有特定禁止食用的东西，只是对孕妇饮食有些许禁忌。《羌族释比经典》写道："孕妇禁忌实在多，孕妇动物不能吃"③，特别认为马肉是绝对不能食用的，否则婴孩有过期不生的可能。此外，羌族崇拜猴子，认为猴子是物质丰富的象征，如"高山竹林有了猴子，竹笋翠竹都已有"，"沟槽之处猴来了，沟壑野果三斗有"④ 等，都表明猴子对于羌族来说是可以带来一切好的东西的象征，所以甚至会在祭祀的时候把猴子放在祭台上，作敬神之意。当然，羌族也在打猎方面有禁忌和规矩。羌人会在动物交配

---

① 四川省少数民族古籍整理办公室主编：《羌族释比经典》，四川民族出版社 2008 年版，第435 页。

② 四川省少数民族古籍整理办公室主编：《羌族释比经典》，四川民族出版社 2008 年版，第437 页。

③ 四川省少数民族古籍整理办公室主编：《羌族释比经典》，四川民族出版社 2008 年版，第1105 页。

④ 四川省少数民族古籍整理办公室主编：《羌族释比经典》，四川民族出版社 2008 年版，第1105 页。

时期禁忌打食动物，"惊蛰之日禁上山，这天正值鸟交配"①。还会在春季忌狩猎，因为春季是幼崽的出生高峰期，"春分之日禁下地，这天正值虫交配"②。这都是为了保护食物链的正常循环，遵循自然规律。在日常农耕生产中也有禁忌要求，例如"丁卯之日禁播种，此日播种不发芽"。羌族还禁止在羌寨附近的神林里伐木，"平常出门在劳动，禁忌砍伐神树林"③。他们认为这样砍伐神林是对山神的不敬，甚至会招来祸害。羌族认为大自然是人的生存之源，大自然赐予了羌人大山、泉水，让他们有地、有水源去种植青稞、小麦，然后羌人会用酿制的青稞酒敬奉山神、土地神。羌族的禁忌习俗是比较朴实的，其中包含羌族人与自然界中的植被、动物、大山、河流等的关系，从而教导羌民如何去认识自然、改造自然、顺应自然中的一切规律。羌族的禁忌习俗有利于更好地规范羌族人民与自然环境和谐相处，从而维护生态平衡。

（三）乡规民约的制定

为了更加严谨地保护大自然，羌族制定了一系列比起宗教信仰和禁忌习俗更加规范的、严苛的乡规民约来保护生态环境。这些规定对于自然环境的保护是非常有效的。羌族人民敬畏自然、爱护森林，把它视为神圣的地方，为了保护神林甚至为它列出了十条禁规。在《羌族释比经典》"乡规民约篇"中记载了"十忌"："神林是羌洁净地，神林生地有禁忌，一忌去神林割草，二忌去神林拾柴，三忌去神林采石，四忌去神林放牧，五忌去神林采药，六忌去神林狩猎，七忌去神林喧闹，八忌去神林乱踩，九忌去神林滥砍，十忌去神林窥视。释比我所唱禁例，是受天神神旨意，敬请老

---

① 四川省少数民族古籍整理办公室主编：《羌族释比经典》，四川民族出版社 2008 年版，第1102 页。

② 四川省少数民族古籍整理办公室主编：《羌族释比经典》，四川民族出版社 2008 年版，第1102 页。

③ 四川省少数民族古籍整理办公室主编：《羌族释比经典》，四川民族出版社 2008 年版，第1102 页。

少要遵从。"① 羌族人民按照释比唱词中规定的条约，严格规范着自己的行为，因为他们明白人的生存与自然是密切相关的。只有保护好自然，自然才会回馈你风调雨顺、五谷归仓、人畜兴旺。如果对自然生态任意破坏，就会造成生态环境的失衡，最终都会影响人自身的生存与发展。羌族人民对自然界的信仰，造就了他们更加自觉地去保护森林、植物、河流，这也成为羌族的一种社会规范，客观上也更好地保护了生态物种的丰富性和多样性。

（四）生产生活可持续发展思想

羌族靠山而居，临江而住，生产生活的大部分来源是自然界的恩赐，所以羌族人民自身在长期生产劳动中形成了与本民族生产生活相适应的生态系统和维持生态平衡的伦理准则。他们对自然界的依赖性，造就了他们懂得怎么更好地处理人与自然的关系。羌族人民深刻地认知到，森林是赖以生存的关键，在《羌族释比经典》里写道，"神林是羌吉祥地，羌人代代来敬奉"②，表明千百年来，羌族儿女像敬奉自己的祖先一样去保护这森林。所以自觉遵守着山神的禁忌，而这些禁忌也有利于羌族传统农业生态系统的平衡。另外，羌族在对五谷神和土地神的敬奉里，也表明了羌族对土地的敬畏，包含了他们认为土地对人生存的重要性。《羌族释比经典》"农牧篇"写道，"五谷种子是神给，十九山梁土肥沃……从此羌人有庄稼"③，表达他们对上天赐予的种子种植在孕育万物的土地里生长的崇敬。人与土地是一种相互的关系，就是这种人地关系形成了羌族独特的人地伦理意识。羌族人民的开荒种地是一种非常值得肯定的方式，而传统意识中很表面地把少数民族的开荒农耕看作野蛮的毁林伐荒的行为是有失公道的。《羌族释比经典》"农耕章"写道，"后山杉木荒地大，九个白天开了荒，九个夜晚

---

① 四川省少数民族古籍整理办公室主编：《羌族释比经典》，四川民族出版社2008年版，第2230页。
② 四川省少数民族古籍整理办公室主编：《羌族释比经典》，四川民族出版社2008年版，第2230页。
③ 四川省少数民族古籍整理办公室主编：《羌族释比经典》，四川民族出版社2008年版，第2160页。

开了荒，种植青稞挺适宜，那是适宜耕种地。寨子后山土地宽，七个白天开了荒，七个夜晚开了荒，种植麦子挺适宜"①。其实这正是羌族合理的生活方式的体现，折射出羌族人民的智慧，把原来的生活方式从以单一的狩猎为主转换为可持续发展的农耕生产，更有利于保护自然，这是一种有效的土地资源利用观，是进步的生态文化的体现。羌族在长期的保护植被、生态维护中形成了具有生态保护含义的生产生活行为，这样的方式不仅有利于本地农业生态系统的可循环发展，也保证了羌族地区农业生产的健康发展。

二、羌族生态伦理的主要呈现

万物有灵的思想丰富着羌族宗教信仰的内容，其主要作用也是用来强调人与人、人与自然的协调关系，核心思想是托思神灵。无论哪一种信仰，皆是与人们的善恶是非观念紧紧联系在一起的。当然，原始泛神崇拜仍然对羌族人民的伦理道德观念产生着更为深远的影响。

（一）自然崇拜

羌族的自然崇拜主要表现在对天神、地神、山神、山神娘娘、树神、火神等自然之神的崇拜。在《羌族释比经典》中有"敬神篇"，通篇讲述了羌族敬奉的各种神灵。比如"请神部"中"上天大帝是天神，管山管水是天神"②。还有"尔玛弟子拜天神，天神掌管宇宙事"③，指出羌民认为生活安稳的来源是天神的保佑。羌人对神灵的一切祈祷皆是羌人祈求上天的精神寄托，凸显一种"善"的道德。神灵在羌人心中是万能的，他们在感恩天神庇佑之时，并虔诚供奉着各位神灵。如"敬上柏香请你来，敬上炒荞和香枝，馨香供品敬奉你，刀头美酒敬奉你，千家万户都顺遂，万事顺

---

① 四川省少数民族古籍整理办公室主编：《羌族释比经典》，四川民族出版社 2008 年版，第 2190 页。

② 四川省少数民族古籍整理办公室主编：《羌族释比经典》，四川民族出版社 2008 年版，第 298 页。

③ 四川省少数民族古籍整理办公室主编：《羌族释比经典》，四川民族出版社 2008 年版，第 471 页。

利人平安"①，这种"请山神"的祭祀表现出羌人善良朴实、感恩戴德的道德情感，而这种"善"则是羌人在这种宗教信仰中养成的道德追求。

（二）动物崇拜

羌族原始宗教里的动物崇拜，最主要表现在对羊的崇拜上。羌族认为羊是具有灵魂的，守护着羌民族，并"视羊为祖先"，认为它为羌族人民的生活提供了大自然的一切恩赐。如《羌族释比经典》中写道，"羊神用于帮人们，开山凿路送水来"②。还有，羊全身上下都是宝，许多民族习俗中都会使用到羊，如用羊皮制鼓、用羊毛织线、用羊祭山等"羊图腾"民俗。这表明羌民认为"羊"是一种祥物，对于羌民的生存关系密切重要。所以羌族敬重羊神，有祈求羊神保佑生产生活顺利的宗教观念，而用羊祭山还愿也表达了羌人具有感恩意识的道德思想。

（三）生殖崇拜

羌族的传说故事里描述了许多羌族人民对万事万物起源的探索和理解，而有些起源则与羌族的生殖崇拜的思想不可分割。故事内容具有非常丰富的想象力，且蕴含了丰富的生态伦理思想，对羌族人民的孕育文化有着重要的影响作用。《羌族释比经典》"创世篇"讲述了一个"取火种"的神话故事，它是一个文化起源的故事，记载着羌族幸福生活开启的坎坷，也表达出对生命的敬意。羌民本在凡间自由自在地生活着，因幸福欢愉的生活景象遭天上多神嫉妒。天神就产生了整治凡人的想法，"回到天庭禀木比，硬说凡人真无理，又说凡人不安分，不敬神山扰神灵，糟蹋神山和神林"③，于是木比大怒，惩治凡间，从此人间"大雪纷飞盖大地，凡民惊恐四处窜，

---

① 四川省少数民族古籍整理办公室主编：《羌族释比经典》，四川民族出版社 2008 年版，第329 页。

② 四川省少数民族古籍整理办公室主编：《羌族释比经典》，四川民族出版社 2008 年版，第681 页。

③ 四川省少数民族古籍整理办公室主编：《羌族释比经典》，四川民族出版社 2008 年版，第285 页。

蜷缩身子躲山洞，冻死老弱与病残，圣山变成死亡谷"①，自此凡间变得天寒地冻，草木不生。绝望之际，火神蒙格西与羌族首领阿勿巴吉相恋，木比许诺如二人之子长大，便可上神山寻他取得火种救赎苍生。转眼二人之子热比娃成人，便上神山寻父求取火种。在天城盗取火种之时，多翻遭受恶煞神刁难都不得果。思考良久，火神终于想到一个办法拯救凡人。他告诉儿子："这是天界神白石，神火就藏在其间，两个白石相碰撞，旺盛火种便出现。"② 最终热比娃带白石回到村寨，在众人面前生了火，"用力互相来撞击，火星四溅即点火，干草树枝被点燃，熊熊烈火点燃了"③，就这样凡间有了火。除了"取火"的表面寓意之外，这则传说中还隐含着更深入的含义，父亲火神蒙格西是"火"的象征，母亲阿勿巴吉是"石头"的象征，他们的"碰撞"才产生了儿子热比娃。而这就好比羌族家庭中极具家庭地位的火塘，火塘中的三脚铁架的三个脚及其上面的三块白石分别代表着三位神灵，即为火神、男宗神以及女宗神。火塘的组成结构也就表达了火与白石在孕育生命中所蕴含的关键性纽带作用。

（四）白石图腾崇拜

羌族是一个原始泛神崇拜的民族，他们所信仰的天神、地神、家神等一切自然之神都是没有铜像实身的，皆是用一种白色的石英石作为神灵的替身；敬奉白石象征着敬仰神灵，正是如此白石则成为羌族诸多崇拜里最早、最高的图腾崇拜。羌族使用白石作为神灵崇拜的习俗始于远古社会时期，当时羌族存在着西羌、东夷两个原始羌族分支，他们主要在中国西南、西北以及中原地区一带活动。当时的社会生活条件极为落后，羌族人民主要以狩猎、食生肉得以生存，然而聪明勤劳的羌族人民在制造狩猎工具的

---

① 四川省少数民族古籍整理办公室主编：《羌族释比经典》，四川民族出版社 2008 年版，第286 页。

② 四川省少数民族古籍整理办公室主编：《羌族释比经典》，四川民族出版社 2008 年版，第286 页。

③ 四川省少数民族古籍整理办公室主编：《羌族释比经典》，四川民族出版社 2008 年版，第293 页。

过程中（此时期工具为石头制作），无意间发现了用坚硬的白色石头相互摩擦可产生火花，从而因为白石的作用产生火为人们带来了光明、温暖以及熟食。朴实的羌族人民认为白石是上天所赐的恩惠，便伏谢苍天，白石也逐渐演变为羌族的圣物，成为众神的化身。任何一种思想意识的产生，都是与物质生活有密切关联的。恶劣的生活环境和有限的物质条件决定了古代羌族人民的群居生活，依靠集体生活降低生存的风险，而白石的出现为古代羌族人民的群体生活提升了生活品质的同时也赋予了其新的文化意义。这就是羌族朴素的集体意识道德观念，它开始在羌族人群体化生活的趋势中衍生开来。

第三节　彝族生态伦理

根据第七次人口普查，全国彝族人口为 9830327 万人，主要分布在滇、川、黔、桂四省（区）。其中云南以楚雄彝族自治州、红河哈尼族彝族自治州及峨山、宁蒗、路南等县较为集中。四川的凉山彝族自治州是全国最大的彝族聚居区，还有马边、峨边两个彝族自治县。贵州彝族主要聚居于毕节地区、六盘水市和安顺地区。广西壮族自治区彝族主要聚居在隆林、那坡两县。其余分散在全国各地。

彝族分布在我国西南高原与东南沿海丘陵之间，境内地貌主要为高山与深谷，地形和气候条件十分复杂。既有海拔 3000 米以上的高寒山区，如滇东、黔西乌蒙山两麓和四川大凉山的部分地区，气候寒冷，宜于放牧和兼营高山农业；也有海拔 1000 米至 2500 米左右的山区和半山区，如小凉山、哀牢山、无量山一带，是亚热带季风气候区；还有海拔 1000 米以下的丘陵和河谷地区，如金沙江、元江谷地等，气候炎热，干旱少雨。西南彝族地区有着丰富的林业资源，生长着大量的马尾松、云南松、飞松、桦木、桉树、樟树、油桐等，生物多样性丰富。楚雄州境内森林面积达 1000 多万亩，森林蓄积量为 4562 万立方米。红河州、凉山州与贵州毕节、威宁彝区亦是著名的"绿色宝库"。在深山密林中栖息着虎、叶猴、金丝猴、熊猫、长臂猿等国家一类保护动物，还有熊、岩羊、孔雀等异兽珍禽。

中华人民共和国成立前，由于地区和方言不同，彝族支系繁多，有许多不同的他称和自称，主要的他称有"夷""黑彝""白彝""红彝""甘彝""花腰""密岔"等。对于自称，云南昭通、武定、禄劝、弥勒、石屏，四川大、小凉山的彝族自称"诺苏""纳苏""聂苏"，这部分彝族约占总人口的1/2；云南哀牢山、无量山及开远、文山、马关一带的彝族自称"密撒（泼）""腊苏（泼）""濮拉泼""尼濮"等；贵州的彝族自称"糯苏""纳""诺""聂"等。中华人民共和国成立后，经过民族识别，按照广大彝族人民的共同意愿，以鼎彝之"彝"作为统一的民族名称。

一、彝族生态伦理的形成与渊源

彝族生态伦理的形成受到自身文化和各种外来文化的影响，主要受到以下两类来源的影响。

（一）彝族生态伦理的宗教信仰来源

彝族的宗教信仰集中体现为"毕摩"信仰。自然崇拜、图腾崇拜、祖先崇拜和万物有灵的观念普遍存在于彝族社会当中。本民族的祭司"毕摩"、巫师"苏尼"在彝族地区有较大的影响。彝族对自然的崇拜来源于万物有灵的观念。在生产力低下的时期，人们对大自然缺乏驾驭能力，因而将万事万物皆视为有灵之物，与人一样具有生命与意志。这种自然崇拜是和人类灵魂崇拜同时发展起来的。彝族人认为，人出生时灵魂附于肉体，死后灵魂离开肉体而存在。由这一灵魂观念推想到世界上万事万物都有灵魂，并把它们的活动或自然现象都视为灵魂支配的结果，从而形成对大自然的崇拜。它以民间信仰的形式普遍存在于彝族社会中，主要有天崇拜、地崇拜、水崇拜、石崇拜、火崇拜、山崇拜等。根据彝文典籍记载，在原始时代彝族曾有过图腾崇拜，相信人类与动物、植物有着血缘关系。史诗《勒俄特衣》中的"雪子十二支"、《雪族·子史篇》就有这方面的记载。目前彝族社会还存在大量的图腾崇拜遗迹，主要有竹崇拜、葫芦崇拜、松树崇拜、栗树崇拜、动物崇拜等。如云南澄江县松子园一带的彝族将"金竹"视为祖神。云南哀牢山区彝族一直流传有供奉"祖灵葫芦"的习俗。云南、贵州、四川彝族地区许多村寨都有自己的"神树""神林"。云南哀牢山自称为"罗罗"的一支彝族就把虎作为自己的祖先,"罗罗"即其语言中"虎虎"的意思。每家都供奉一幅祖先画像,称为"涅罗摩",意为"母虎祖先"。彝族认为祖先去世后灵魂照样存在,可给活人以祸福,祈求其给子孙降福。彝族认为人死后有三个灵魂,其中一灵魂守火葬场和坟墓,一灵魂归祖界与先祖灵魂相聚,一灵魂居家中供奉祖先的灵牌处。但无论哪一个灵魂,其是否安适都关系到子孙后代的兴衰祸福,因此需要祈求祖先的护佑。安灵与送灵仪式是彝族盛行的两个重要祭祖活动。安灵仪式在丧葬数日或数月后择吉日举行,由毕摩主持。仪式包括选灵竹、招灵附竹、制作灵牌、献药除病、祭灵供奉几个程序。安灵仪式结束后,灵牌供奉在家中。送灵是将家中供奉的祖先灵牌集中送到野外同宗的祖灵箐洞。送灵仪式最隆重。送灵时间确定后,要通知亲友,亲友闻讯后,需带牛、羊、猪、酒等礼品盛装参加。送灵中最重要的活动是在毕摩主持下举行的一系列宗教仪式,每场仪式都具有一定的意义。毕摩是彝族传统宗教中的祭司。在彝语中"毕"为举行宗教活动时祝赞诵经之意,"摩"意为长老或老师。毕摩产生的年代久远,据彝族传说,最早出现的毕摩家族是"施子史德"家,后来又有"两林""射舌"等家族相继成为毕摩。传说中著名的毕摩有阿都尔普、毕阿诗拉则两人,他们因法力高深而声名远扬。相传毕摩原由彝族最高统治等级的兹莫担任,后由诺合等级担任,然后又传给被统治阶级的曲诺等级担任。至中华人民共和国成立前,兹莫等级中的毕摩已属凤毛麟角。诺合等级中也只有几个家族从事此业。大量的毕摩都由曲诺担任,著名的曲诺毕摩家族有"吉克""沙马""曲比""阿育"等,这些家族都是传承久远的世袭毕摩家族。毕摩的宗教活动主要有:玛都迪(做灵牌)、撮毕(送灵牌)、孜摩毕(念平安经)、卓尼硕(念净宅经)、消布(念消咒经)、撮那固(念治病经)、里次日(念咒鬼经)、撮日(念咒仇敌

经）等等。此外，毕摩还主持结盟仪式和在纠纷中主持神判仪式。苏尼是
彝族社会中的巫师，"苏"在彝语中意为"人"，"尼"意为作法时的情景。
苏尼一般由曲诺或阿加等级中的成员担任。苏尼并非世袭，男女均可担任，
法器主要为羊皮鼓和木槌。苏尼不懂经文，也不诵经和主持重大祭祀活动，
其主要社会职能是施行巫术，驱鬼治病。在彝族生态伦理形成过程中，以
下几种原始宗教崇拜产生了重要影响。

1. 火崇拜

彝族的火崇拜，最突出的表现就是对火塘的重视和有关火的节日庆典。
有学者认为，彝族的火崇拜来源于彝族先民对光明的崇拜和敬畏，火是生
命的延续、家庭兴旺的象征。彝族民间传说，"火"最先教人类开口说话，
人类文明是从火开始的。凉山彝族创世史诗《勒俄特依》这样描述：洪水
泛滥后，人类始祖居木武吾娶了天神恩梯古兹之女兹俄尼托为妻，生下三
个儿子都是哑巴，后来聪明的天雀在天庭中找到医治哑巴的秘方，即将竹
子拿来放在火塘里烧，然后用烧过的竹子烫他们。居木武吾用这个方法，
终于让三个儿子开口说话了，并成了彝族、汉族、藏族三个民族的始祖。[1]
楚雄彝族也有类似的传说。在这些朴素的神话中，虽然不乏非现实的想象
成分，但是作为一种解释性的叙事系统，几乎都是从实际生活出发，通过
对各种超自然存在的事迹的记载，对宗教信仰和实践予以合理化的阐释，
强化了人们对于这些超自然存在的信仰。从彝族的火崇拜可以看出，火是
由具体的自然物逐渐上升为抽象的神灵的，火即神，神即火。在彝族人心
目中，有形的火塘、铁三角及火把等均是火神的外在物化形象。火塘既是
家庭烹饪的重要场所，更是社交及传统文化代际传承的重要场所。火塘上
的铁三脚架或锅庄石，用于煮饭、取暖、照明等，而火塘神则专司人间
温饱。

---

① 四川省民间文艺研究会：《大凉山彝族民间长诗选·勒俄特依》，四川人民出版社1960年版，
第70页。

在彝族传统习俗中，火塘有各种禁忌，如不能在火塘的铁三角上烘鞋，不得用脚踩火塘上的铁三角或锅庄石，不许从火塘上跨过，不能向火塘吐口水等。这表面上看是对火塘的敬畏，其实质上是对火的崇拜。彝族的各种生命礼俗中始终贯穿着对火的崇拜，如结婚仪式上，新郎、新娘入大门前须经跨火盆的仪式；在葬礼上须将死者的衣物及生产、生活用具烧毁等。此外，火崇拜还反映在彝族的各种节日活动中，如彝族阿细人独特的祭火仪式和滇川黔桂四省区彝族的火把节。每年的农历六月二十四这一天，人们在房前屋后、田边地角燃起火把认为这样就可以驱走疾病、虫害和邪祟，给家庭和人畜带来丰收、健康和兴旺。

2. 水崇拜

水是生命之源，是人类生存之根本，因而彝族对水的感激和崇敬也极为典型。滇中、滇南彝族认为，"人从水中出"。彝文古籍《六祖史诗》说"人祖水中来，我祖水中生"，"凡人是水儿，生成在水中"；《滇彝古史》说"气生雾，雾生水，水生万物"；《查姆》说"水中姑娘儿依得罗娃，造出人类第一代祖先"。这是水生型创世神话在彝族水崇拜中最直观的体现，即水是原生自然物质，它形成天地，生成人类。彝族人多居山区，水关系到人畜的生存和庄稼的丰歉。彝族人将干净的水源视为福禄水、圣水、吉祥水、祖源水，在彝族众多的祭祀仪式中将祭水作为重要的仪式，并赋予了极为神圣的含义。如红河州彝族阿哲人在农历二月初二进行的祭龙仪式，祈求风调雨顺、人畜安康。阿哲人将村寨中供饮用的水塘称为"龙潭"，阿哲土语叫作"日笃嫫"，意为"出水的地方""龙的地盘"。他们认为龙神就居住在龙潭中，每年的农历二月初二，阿哲人都要举行盛大的祭龙仪式，全村的青壮年男性在龙潭边设置祭坛，为龙神"洗澡"，"修葺"新的"宫殿"，供上牺牲，用一整套繁缛的仪式祈求龙神保佑村落全年风调雨顺、六畜兴旺。据田野调查，由于2009年以来西南地区持续大旱，阿哲人认为是村落中的母龙神被人偷走，公龙神因失去配偶而发怒，不再降雨。为了平息龙神的愤怒，当地村民为公龙神举行结婚仪式，迎娶新的母龙神。龙崇拜实系水崇拜，阿哲人的祭龙即祈雨，有了雨水便能够获得好收成。通过娱神的祭龙仪式，人们希望获得超自然力的庇护和支持，带来生活上的实际好处，同时通过强制性手段驱逐危害"水"及人类的鬼怪。

3. 图腾崇拜

在彝族先民的观念中，许多特殊的动植物是一种神，某些动植物甚至与本民族有直接的血缘关系，或在危难之时庇护过本民族而被奉为祖先，受到氏族成员的共同尊崇和保护，此即为图腾崇拜。彝族的图腾基本来自"食物致生"或"食物致孕"说，如彝族将"葫芦"视为自己的祖先。阿哲创世史诗《爱佐与爱莎》中，葫芦还是拯救人祖"阿普笃慕"的重要工具，而"阿普"在彝语中本意即为"葫芦"。在《梅葛》中也有类似的葫芦生人传说，兄妹二人躲在葫芦中躲过了滔天洪水，随后兄妹成婚后生下一个"怪葫芦"，天神格兹用金锥和银锥打开葫芦，葫芦共有九层，每打开一层就形成一个民族，后来形成了汉、彝、傈僳、苗、藏、白、回、傣、拉祜九个民族。在云南祥云县彝族毕摩吟诵口传的《祖先造天地》中，认为在祖先造成天地以后，祖先舍身变成了一只老虎，并用身上的各个器官变出了日月星辰、植物、江海、人类。俄罗布（祖先的名字）造天地，天地造好了，空空荡荡不成景。俄罗布变成虎，舍身献给天和地，左眼变太阳……虎筋作道路，汗垢变人类。[1]

此传说和彝族口传创世史诗《梅葛》中的记载一样，皆以虎化生为宇宙，在四川凉山地区也有彝族由老虎的骨骼、血所造的传说。彝族不仅认为自己是虎的后裔，同时将虎视为保护神。在举行祭祖仪式时门楣上要悬挂虎头画像，彝族小孩要戴虎头帽，穿虎头鞋，以此保佑孩童不受邪祟侵犯。彝族先民将本民族同这些动植物视为同源共祖，并根据自己的精神特征来选择图腾动植物，同时也以图腾动植物的特征来塑造自己的精神，由此追寻本民族的由来，实际上是认同人类来源于自然，是自然界的一分子。

---

[1] 王丽珠：《彝族祖先崇拜研究》，云南人民出版社1995年版，第10—11页。

他们认为万事万物都和人一样都有思想感情，进而赋予某种动植物与人同等的"人格"，把动植物和人放在平等的地位，这是彝族先民认识人与自然关系的一大进步。

（二）彝族生态伦理的观念文化来源

彝族生态伦理的观念文化来源于天人一体观念、同源共祖观念、和谐共生观念。

1. 天人一体观念①

彝族的"天人一体"观念强调人与自然的依存性，即自然是人类生存的基础，即人与万物是相互依存、共生共融的。彝族先民认为，人与自然物都是天地产生的，为同根所生。在对具体自然环境要素的认识上，彝族把水看作生命之源，土是万物之本，所以在彝族传统哲学观念里，"水宙天地和万物及人类起源时大同小异，都遵循着先天地而后人类的顺序，都把最初的宇宙遐想为天地混沌一片、浑然一体，以一种含糊不清的方式道出了世界的"原始物质性"——水。在彝族传统哲学观念中，"雾露""混沌""雾""瘴"作为"水"的不同形态化生成了宇宙天地。在《爱佐与爱莎》中，人类始祖——"盘古"，则直接孕育于"水"中，是"水之子"，说明人是自然的产物并存在于自然之中的观念，即"天人一体"的自然生态伦理。对于彝族来说，自然与人类社会是一个不可分割的整体，人与自然物同根而生，而且自然物与人一样都具有灵性，从而构建起了一种人与自然和谐相处的道德关系。

2. 同源共生观念

"同源共生"观念建立于"天人一体"的观念之上，彝族人认为，天地万物和人类同源共生。彝族创世史诗《梅葛》记载，格兹天神派他的五子四女造好天地后，万物即是由虎身各个部位所化生的，"虎眼莫要分，左

---

① 本部分参考杨甫旺、张玫：《彝族"同源共生"的生态伦理观念与传统精神家园建构》，《学术探索》，2017 年第 8 期。

眼作太阳，右眼作月亮。……虎肚作大海……虎肺变成铜……"① 大地的四角置于四条大鱼背上。但虎化万物只造就了人类赖以生存的自然环境而没有人类，于是格兹天神又从"天上撒下三把雪，落地变成三代人"。人类经过三代的演化才真正进化成人的祖先。"撒下第一把是第一代，撒下第二把是第二代，撒下第三把是第三代。"② 彝族史诗《勒俄特依》也认为人和其他动植物都是由"雪族"演变而来的。所谓"雪族"，即彝族对一切动植物和非生物的总称，也就是所谓的"雪子十二支"：无血的六种是草、宽叶树、针叶树、水筋草、铁灯草、藤蔓，有血的六种分别是蛙类、蛇类、鹰类、熊类、猴类、人类。在此，"雪""冰""雨"作为"水"的不同形态，化生而成世间有生命的万物，水成为万物之源。这种"人由雪生"的观念，其实质上反映的是人与自然万物同源共生的观念，即天地间万物都是由某一最初的本原演化而成的结果，属同源同质，表现了彝族传统观念中"水"原生型自然物质直接形成天地、生成人类的思想观念，并赋予了"雪"一种神秘的生殖意义。通过各种创世史诗、神话传说中所蕴含的人类与自然万物"同源共生"的观念以及这些史诗、神话传说被彝族人代代传承，逐步积淀为彝族传统哲学中的"集体无意识"和"天人合一"观念，形塑为一种"自然万物皆亲人"的基本价值取向。正是在这种人类与自然万物"同源共祖"的世界观支配下，彝族从未将自然万物视为对立之物，而是视为自己的亲人和伙伴。如弥勒等地彝族阿哲人将瓜、葫芦及曾祖父、外公都称为"阿普"，称舅舅为"阿乌"③，从而使"瓜"成为人类血缘祖先的统称。彝族认为，自然界和人类社会一样也是一个有生命的社会，自然界中万物的生命与人类的生命一样是平等的。这不仅在于人与自然物的同根共生，而且自然物与人一样都具有某些灵性。彝族先民还进一步认识到，人是从自然界最后演变而来的，人与自然界中的其他成员同源共祖，自然

① 楚雄州文联：《彝族史诗选》，云南人民出版社2001年版，第14—15页。
② 楚雄州文联：《彝族史诗选》，云南人民出版社2001年版，第20页。
③ 在彝语东南部方言阿哲土语中，阿乌还有黄瓜之意。

万物都是人的亲密朋友。这反映了彝族对人类与自然同生共存的认知观念，即没有自然就没有人类。

3. 和谐共生观念

彝族认为，神、人和万物共同生存于一个时空维度中，他（它）们之间是共生共存、相互依存的关系。彝族先民是将自己视为自然界中的一分子来平等观察与探索世界的；他们认为动植物都是人类的朋友，它们和人类共同生存于世界，彼此是亲密的伙伴。在彝族创世史诗《梅葛》中，人与自然和谐共生的生态伦理观有极为深刻的展现，各种民族和动物都有各自的生存环境。如"树林当中盖了九间房。白樱桃树盖了三间房，人间九种族，傣族来住房。……刺树盖起三间房，兔子来住房。高山梁子上，盖起三间石头房，什么来住房？老虎来住房。坝区山腰上，盖起三间平房，什么来住房？豹子来住房"。这虽然是彝族先民虚幻出来的神话，但体现了彝族朴素的生态观念，世间万物都是相互依赖、相互制约的，一切生物都是自然界的有机组成部分，缺一不可，反映了彝族人与自然和谐共存的美好愿望。可以说，彝族先民这种视自然万物为朋友和伙伴的观念，客观上规范协调了人与自然的关系，对于保护生态平衡和物种多样性，具有重大的现实意义。同时，彝族这种朴素的生态观告诫人们要善待自然、珍惜自然，与自然界生命和谐相处。

二、彝族生态伦理的主要呈现——以云南大姚县彝族为例①

文化作为工具在人类生存中被普遍运用，逐渐地人类模糊了自身的自然属性，把自己和自然剥离开来。人类社会生产力越是低下，对自然的感悟就越是深刻和真切。大姚县彝族的原始宗教是大姚彝族先民在历史发展过程中对自然的质朴感知和认识，这种原始宗教所蕴含的内容极为丰富，包括哲学、教育、医药、天文历法、音乐舞蹈、伦理法规等。原始宗教文

———
① 这部分参考了王俊：《彝族原始宗教信仰中的生态伦理观研究——以楚雄州大姚县彝族原始宗教信仰田野调查为例》，《毕节学院学报》，2009年第11期。

化是彝族传统文化中最为重要的组成部分，它融进了彝族人民生活的方方面面，直接塑造和影响了彝族人民的道德观和价值观。大姚县的地形地貌以山高谷深、沟壑纵横为主要特征，这反映在大姚彝族生态伦理观中就是对山和水的无限敬畏。大姚县的森林资源丰富，林地面积在可用地面积中占了绝大多数，还有为数不少的牧地，这反映在人们的生态伦理观中就是对动物和植物的崇拜。大姚县的文化囊括了儒家文化、佛教文化和彝族文化。彝族文化是大姚县的本土文化，这种本土文化的主要表现形式是农耕文化、森林文化和游牧文化。

（一）万物有灵，尊敬自然

彝族人民的生态伦理观主要表现为万物有灵，尊敬自然。"灵"的实质是自然，在原始先民对自然现象作科学的解释之前，便把自己无法解释的自然现象神秘化。为发生在现实生活中无法解释的具体的自然事物或自然现象找一个代表，这便是所谓的"灵"。凡是与彝族人民生活息息相关的自然的方方面面他们都心存感激，都要对它们表示应有的尊重。人们不愿意得罪自然的代表——神灵。希望能得到自然的理解、尊重和帮助，希望能和自然和睦相处。彝族人民用自己特有的方式和大自然进行沟通，具体的表现就是原始宗教活动中的各种仪式。一方面是对大自然的无比尊重，另一方面也表现为对人类自身的尊重。人类与自然之间是一种相互依赖的共存关系。

万物有灵，尊重自然，敬天、敬地。对苍天产生的敬畏感首先来自对天气或气候等自然现象及天体运行规律的模糊认识。生活的实践让人们直观感觉到天与人们所依赖的花草树木、稻米蔬菜之间有着某种紧密的关联，但又无法作出准确的判断和表达。于是便很自然地将人类社会的影子投射到浩瀚的天空中，观念中自然就积累和创造了一个和人类差不多但一定要比人类强大得多的东西，这种东西不能归入人类，于是在认知系统中就专门为这种新的看不见摸不着，但好像又实实在在存在的东西取了个名字——天神。

　　彝族先民认为苍天掌管着万物的生长，为了使天下万物生机勃勃，就要和天神搞好关系，大姚县的部分彝族逢年过节都要举行祭天的仪式。祭天时，他们会在村寨附近的山林中建造祭天棚，内供天神。所供奉的天神像是一尺多长的竹筒，竹筒的上端被削尖，竹筒里装着米粒、羊毛、草根。意思是祈求天神不要忘记人间的人、畜、草木，要对它们施以阳光和雨露，使人、畜、草木生机益然。彝族先民还把天空中的日月星辰、风雨雷电等自然物和自然现象奉为崇拜的对象，彝族先民认为日月星辰像人一样是有感情的。"大姚县的部分彝族中还保留着每年农历的冬月二十九日杀一只白公鸡祭祀太阳的风俗，在祭祀过程中，毕摩要念诵《太阳经》，祈求太阳神保佑人间永远光明。"① 对电闪雷鸣、暴风骤雨等自然现象则认为是天神在发怒，要举行仪式对他们进行安抚，祈求这些神灵能理解人们的要求和愿望，能顺应人们的生存要求。彝族人民对大地也怀着虔诚的敬仰，认为大地是一切生物的母亲，为了祈求大地能赐予人们丰富的食物，有各种祭拜大地的仪式。有些地方也将土地神称为社神，一些彝族聚居区的土主神就是土地神，从而将土地神具体化。许多彝族村寨建有祭祀土地神的土地庙，村民每逢春播或秋收季节，都到土地庙烧香祈福，感谢土地神的关爱和帮助，将自己在土地中的收获和土地神一起分享。敬山、敬水的山神信仰在云南是比较普遍的。楚雄彝族自治州的彝族，则把山神看作人畜安宁、管农林牧渔的大神，兼有天、地、父、母之共同神性。

（二）原始宗教

　　大姚地处高原，山多石头多，山石与彝族人民的生产生活有着十分密切的联系。山神信仰在大姚彝族人民的生活中也是比较普遍的。在部分彝族的原始宗教观念中，山或山石是山神的化身；在自然诸神中，山神的力量最大，它能降服一切鬼魅，彝族人民经常把山神作为地方保护神。在彝族聚居区通常都建有山神庙，将挑选的石头和树枝作为山神像供于庙内，

---

① 白惠能：《大姚彝族文化》（内部资料），2007 年，第 37—45 页。

每年农历的四月初一宰鸡祭祀。有的人还以石头作为孩子的名字，拜石头为孩子的"干爹"，间接地将山神具体化为孩子的保护神。神山、禁地是彝族人民举行原始宗教活动的场所，这些神山、禁地在彝族人民的生活中占有重要地位。按照部分彝族的山神崇拜观，神山、禁地一般后边要有坚实的"靠山"，"靠山"的山脉走向要延伸很长，中间不能够有河流把山脉截断，认为这样的地方出生的孩子头脑灵活、聪明。坟地的两边最好也要有山梁环抱。这样一来，无论生死，彝族先民都已经很自然地将自己融入自然中，把自己看作是大自然不可分割的一部分。水给人们生活带来帮助的同时也会带来危害。由于水与彝族人民的生产生活关系密切，所以人们对水也怀着深深的敬意和感激之情。

（三）水崇拜、动植物崇拜

由于彝族多居住在山高谷深之地，这里的水多为山泉水，所以彝族聚居区的水崇拜就主要表现为泉水崇拜。对水的崇拜，集中反映在各村各社对与人们生活密切相关的水井、水槽、水沟、水塘的祭祀上。彝族举行祭祖仪式时，要同时祭祀水神。"作法是在斋期的最后一天举行驮水仪式，由巫师念经，把一只带角的绵羊赶到水源地，并在水边祈祷水神供给族人圣洁的水，而后把水驮回来进行供祭。平时，他们视此水源为'神泉'或'神井'，严禁人畜进行糟蹋。"彝族人民相信水是由龙神主管的，因而盛行龙神崇拜，龙神崇拜的实质就是水崇拜。在彝族居住区，几乎每个村寨都有出水的水塘，人们认为水塘是龙踩下的脚印，所以把村中供人饮水的水塘都称作龙潭，彝语叫作"绿字唤"，意为"龙的地方"；人们认为龙神就住在龙潭里，所以普遍有祭祀龙潭的习俗。平时，要对龙潭进行精心的修茸和保护。到天旱时，村民就集中到龙潭边举行祭祀活动。祭祀时，人们在龙潭边设坛，坛上燃香，供上猪头、酒，往龙潭里丢铜钱硬币，念一些和龙神进行交流的祈求祷告的话语。人们经过龙潭时必须严肃恭敬，不能大声喧哗，不能在龙潭边谈情说爱，不能抛物于潭中，不能砍伐潭周围的树木，唯恐触犯龙神而招致村寨人畜遭殃。为了取悦龙神，除了在天旱时祭祀外，在平时也要定期祭祀龙潭。除了与水有关的直接祭祀水神仪式外，楚雄彝族以巨树喻龙，龙主水，每年正月初二祭祀。是时，主祭者"龙头"攀上"龙树"，向树下跪拜的人撒米、豆，学布谷鸟叫后向树下洒水。敬动物、敬植物。彝族人民常把动物当作人们生活中的良师益友或各种保护神。许多人崇敬狗，在尝新粮时要首先喂给狗吃，待狗食过新粮后，人们才能食新粮。过年除夕用餐也是这样，要首先给狗喂了过年的食物后，大家才能吃饭。彝族因为世居高寒山区，所以对能适应冷气候的牦牛极为崇拜。彝族还崇拜虎、熊、狼、豹、鹰等。彝族崇拜虎，尤其崇拜黑虎。彝族举行祭祖仪式时门楣上要悬挂虎头画像。彝族小孩要戴虎头帽，穿虎头鞋，认为能辟邪，把虎奉为保护神。部分彝族崇拜鹰，认为鹰是他们的保护神，并自认为是鹰的亲族，他们天生就具有鹰的机警凶悍的习性。毕摩在为人驱邪治病时，常要模仿鹰的姿势，跳鹰的舞蹈，并把绘有鹰的图符贴在患者的屋里，以示得到鹰的保护，病魔不敢缠身。

关于动物崇拜，在云南省昭通市民委主译的《乌蒙彝族指路书》"芒布卷"之"追病根死由"中有形象记载，在天际云边，鸟不作主张，由鹰作主张，灰鹰作主张，在大地之上，兽没有主张，由虎来把握"仁"。彝族人民崇拜植物，主要表现为崇拜宗教植物和宗教礼仪植物，信仰植物神树、神灵植物、神林及图腾植物，还有就是民俗植物等。大姚彝族的植物崇拜，最突出而又内容最丰富的是树木崇拜。彝族有崇拜神林、神树的风俗。他们把神林和神树当作村寨保护神，对之倍加崇拜，有一套祭祀神林和神树的繁复仪式。其祭祀仪式一般都以猪、鸡、牛、羊作为祭献牺牲，甚至对祭物的性别、颜色都有严格规定。在彝族原始宗教观念中，神林、神树是村寨的守护神和许多自然神的居住场所，所以神林、神树自然成为神圣不可侵犯之物。村民不得任意砍伐神树，不得闯入神林狩猎、鸣枪，更不得在神林大小便。因为这些行为会亵渎神树，从而导致人畜患病。人们还认为神林、神树支配着刮风下雨，砍伐神树会使天气反常，会危害人们生存和影响农作物生长。家住大姚县偏僻山区的彝族，现在还保留着通过占卜、择吉播种的古老习俗。当地农民经过象征性的播种仪式以后才开始播种。部分彝族认为所种植的稻谷、苞谷、荞子、芋头等都有灵魂,他们对农作物的祭奠很隆重。大姚彝族的植物崇拜中,农业祭祀占有重要地位。这是因为大姚山区彝族在中华人民共和国成立前,大多数都实行刀耕火种的粗放耕作方式,很大程度上依赖于自然条件,所以农业祭祀在他们的生产活动中占有突出地位。农业祭祀实质就是农耕文化的具体表现。

第三章
云南地区主要少数民族生态伦理

云南是中国民族种类最多的省份，除汉族外，世居少数民族有25个，15个民族为云南特有：白族、哈尼族、傣族、傈僳族、拉祜族、佤族、纳西族、景颇族、布朗族、普米族、阿昌族、怒族、基诺族、德昂族、独龙族。这15个世居少数民族不仅交错分布、大杂居、小聚居，而且呈立体分布，与云南立体地形、立体气候相联系。傣族主要居住在河谷地区，白族、纳西族等民族主要聚居在坝区，哈尼族、拉祜族、佤族、景颇族、基诺族等民族居住在半山区，傈僳族、怒族、独龙族、普米族等民族主要聚居在高山区。各少数民族在长期的生存和发展中非常重视处理人与自然的关系，也形成了独具特色的生态伦理。

《中共中央国务院关于加快推进生态文明建设的意见》明确强调："积极培育生态文化、生态道德，使生态文明成为社会主流价值观，成为社会主义核心价值观的重要内容。"[1] 云南生态文明建设既具有现实的后发优势，也具有深刻的文化底蕴等方面的优势。本章重点从云南15个独有的世居少数民族中遴选白族、纳西族、哈尼族这3个代表性民族的生态伦理进行梳理与研究，联系云南争当生态文明建设排头兵等现实背景，研究这3个民族基于原始宗教信仰、生活习俗、习惯法以及其他文化元素中蕴藏的生态伦理思想，分析其产生和形成的背景与条件、提炼核心内容和表现形式，

---

[1] 《中共中央国务院关于加快推进生态文明建设的意见》，人民出版社2015年版，第24页。

阐明其与生态文明、生态文化、绿色发展等的内在关联，进而审视其时代
意义和当代价值。

第一节　白族生态伦理

白族是一个具有悠久历史和鲜明民族文化的少数民族。白族自称"白
子""白尼""白伙"，汉族则称其为"民家"。90%的白族分布在云南省，
除此之外，在湖南的湘西地区桑植县、贵州省威宁县、四川凉山州也分布
着一部分白族聚居区。云南的白族主要分布在云南省大理白族自治州境内，
这里也是白族的发源地，在云南维西、兰坪一带的白族称为"那马"，碧
江、泸水一带的称为"勒墨"。云南白族分布在云贵高原中西部，西有澜沧
江怒江、横断山脉，东有金沙江流经，这里山清水秀，河流纵横，动植物
资源丰富，景色宜人。巍巍苍山下，清澈的洱海周边良田广布，世世代代
的白族人民就居住在这里。

白族有丰富的民族文化。白族人有自己的语言——白语，属于汉藏语
系藏缅语族。白族是否有自己的文字，比较认同的一种解释是白族有自己
的文字，但在历史发展中没有得到有效的推广和群众认可。大理是著名的
"南方丝绸之路"——茶马古道的必经之处，地处交通要冲，白族经济以农
业为主，兼有手工业、商业。白族人民信仰本主，白语读"武增"，意为
"本境福主"，可以理解为保护本村发展的人或者是其他事物，本主没有一
个明确的对象，但它一定为本村的发展作出过重大贡献；不同的村有不同
的本主，凡白族人家有重大活动都要来祭祀本主，祭祀本主的庙会活动非
常热闹，人们祈求风调雨顺、生活幸福。在宗教方面，南诏国、大理国以
来，白族人民主要信仰佛教，同时道教、伊斯兰教、基督教也在大理地区
流传。白族尚白，服饰以白为贵，白族妇女的服饰具有鲜明的民族特色，
基本装束为衬衫（以白色为多）、领褂（又称坎肩，圆领或红色）和围裙
（稍短），色调明快大方。发辫盘于头顶，缠以鲜红头绳（为未婚标志），前
有绣花或彩色毛巾包裹，一侧垂下雪白缨穗，领褂右衽处挂一串银制的

"三须""五须"，山区地区的白族妇女还有披白羊皮的习惯。① 白族民居建筑精美，注重照壁和门楼的建筑，常有"一方一廊""三方一照壁""四合五天井"等组合形式，四合院小巧精致，白墙青瓦配合飞檐翘角，小院里兰花错落有致，颇有特色。白族文化和汉文化结合较早，古碑文献、书法图画、瓷器石雕等都有很高的历史文化价值和艺术价值。

白族有灿烂的历史文化。云南少数民族众多，各民族在发展过程中相互交流、相互渗透，这也就增加了对一个民族发展历史考究的难度。关于白族起源的问题，经过学者们的长期研究，比较统一的意见是：白族属于氐羌系统的一支，其族源是多元的。② 白族是西南地区民族和多民族之间融合发展产生的，秦朝时人们已经发现巴蜀之外还有"西南夷"，他们生产生活十分原始。汉初封锁了巴蜀通往西南夷的道路，公元前 2 世纪汉武帝重开西南夷道，人们才开始更加全面地了解"西南夷"，发现了古滇国。这时期，史书中已经出现了"滇僰""邛僰"，史学家考证"僰"被汉人归于氐类，"滇僰"即古滇国的人。"邛僰"则是异地同族。由于秦汉时期巴蜀地区战乱，蜀人进入西南地区被称为"叟"，他们逐渐融入滇国的生活。南中的"叟"是滇王国即"滇僰"的继承者和发展者，也是今天白族的先民。汉唐时期南中大姓中，唯有爨氏族经历了历史更迭仍然继续发展，在云南民族形成过程中有着深远的影响。公元 8 世纪南诏统一南中，南中大姓家族不论汉人还是夷人，都统一为南诏的臣民。爨氏是南迁的中原人，蜀汉时期，爨氏就是南中大姓，爨分为东爨乌蛮、西爨白蛮，是两个不同的种族。西爨白蛮源于滇僰，"庄蹻之余种"，并且西爨与洱海地区的白族有着密切的渊源。所以滇僰、叟、爨三者是同一氏族在不同时代的称谓，也是汉唐时期白族的先民，特别是晋唐时期，南诏统一东西两爨，让白蛮迁于今洱海边，而后不断发展，白族共同体也不断形成。此外，也有大量的汉族与白族融合。所以各民族交融发展成了白族，与此同时，白族先民始终

① 云南省政协文史委员会编：《云南特有民族百年实录》，中国文史出版社 2010 年版，第 5 页。
② 中华人民共和国国家民族事务委员会网站，"白族风俗习惯"，https：//www. neac. gov. cn/seac/ztzl/bz/fsxg. shtml。

在西南地区居于一个很有实力的位置。在历史上，白族先民不论在经济、政治、文化等方面，都是西南地区有力的影响者，他们的先民较早建立了统一体，建立了古滇政权，臣服于汉朝统治的同时主管云南，他们积极加强同周边民族交流，特别是在文化方面，积极吸取各族优秀文化传统，文明程度较高。在云南的少数民族中，白族可谓是"先进的"民族，他们在生产力水平和经济发展上都要比其他少数民族要好。

勤劳智慧的白族人民在创造悠久民族文化历史的同时，也在探求人与自然和谐共生的生态伦理关系。这些思想值得我们作为"现代文明人"去反思，重新定位自然生态的价值，重新选择与自然相处的方式，让人类可持续发展，创造更辉煌的文明。

一、白族生态伦理的形成与渊源

展现一个民族发展变迁最好的形式就是这个民族的文化，民族文化根源于一个民族生产生活，经历了长期的历史积淀，最终被继承和发展下来，流传至今，并展现在我们面前。我们所探究的白族生态伦理是白族民族文化的一部分，它具有历史性，也具有时代性。因此，我们要研究白族的生态伦理就要弄清它的时代背景和文化渊源。

（一）白族生态伦理形成的时代背景

白族生态伦理体现的是白族人民在长期生存和发展中与自然相处的智慧，体现了在当时的时代条件下人们认识自然和改变自然的能力和水平，在敬畏自然中利用自然。

1. 原始时代白族先民探索自然的努力体现了当时的认知能力和水平

从人类产生开始，人的思想就是混沌、迷茫的，人和自然之间有什么关系，人从哪里来，人和自然何者先出现等，这些问题困扰着原始的人类。同时，人类的生产力原始，在变幻莫测的自然界面前人类显得很被动，但人会劳动、会思考，并且能够能动地改造自然界。在原始社会，由于生产能力有限、抵御自然灾害的能力低下，白族先民为了生存，同险恶的自然做斗争，开始对纷繁复杂的大自然进行探索。

　　白族先民思考天地、万物以及人的形成，构成了他们的原始世界观。《白族民间故事选》记录了许多白族的神话传说，这当中就有关于天地万物起源的神话故事。白族先民认为，盘古变成天，盘生化为地；天地形成之后盘古盘生变成巨人"木十伟"，"木十伟"的身体各部分变为不同的事物，从此天地万物便产生了。关于人的产生，白族先民认为，天地形成后没有人类，观音留下两兄妹，兄妹藏在大金鼓中，经过多番磨难，兄妹成婚，生出子孙万代。神话故事体现了白族人民原始的自然观——用一种直观、具体的思维方式认识世界。万物的形成被拟人化就是很好的证明，因为原始社会，人最熟悉的应该是人自身，神话故事中大量用人自身比拟万物的形成，表明了人渴望拥有和自然力般强大的力量，这可能也是后来白族形成"本主"崇拜的一个文化渊源。其实，在人类初期，任何民族都有战胜自然和改造自然与崇拜自然并存的思想，因为人要生存发展，而生存发展必须通过向大自然索取生存发展的资料，但同时受限于人的生产力水平，人无法把握自然发展的规律，解释自然万物的变化，所以也产生了对自然的敬畏和崇拜。

　　2. 南诏奴隶社会到大理国封建社会的变迁促进了生产力的发展

　　公元 7 世纪，在大理地区，"蒙舍诏"统一"六诏"，依靠强大的势力和唐王朝的支持，进一步灭东西两爨，统一云南，建立南诏奴隶政权。隋唐之际，大理地区在各个方面都有了很大的发展，农业生产技术水平已接近当时中原的水平，种植稻、麦、粟、豆等粮食作物，从事葱、韭、蒜等蔬菜及桃、李、梅、苹果园艺经营。纺织手工业比较发达，养蚕、纺织丝绢已成为妇女的家庭副业。家畜家禽饲养有牛、马、猪、狗、鸡等。[①] 到了大理国封建社会时期，洱海地区的生产力得到进一步发展。公元 9 世纪的30 年代，大理地区修筑了"横渠道"。该渠起自磨用江，引江水灌至大理城灌溉东郊和城南的田地，然后与龙尾江合流入洱海……将点苍山之水汇成池，然后流下平原，引导十八溪的水"灌溉树万顷"田地……明清时期

---

① 《白族简史》编写组：《白族简史》，云南人民出版社 1988 年版，第 86 页

白族地区出现了"地龙"水利工程。① 随着历史的变迁，生产力得到较大的发展。例如在农业种植方面，洱海地区主要种植水稻，而洱海地区干旱也是常事，引江灌溉、引泉灌溉，到"地龙"的出现反映了人们生产力的巨大进步和对自然规律的把握，利用自然造福人类，成为这一时期人们的生态观。

3. 明清时期过度开垦导致一定程度上出现破坏生态的现象

大理是西南地区最早被中央政权开发的地方。大理位于云南西部，地处云贵高原与横断山脉接合部位，地势西北高，属高原低纬度气候，境内山脉纵横，河谷交错，山与山之间的平坦河谷地带多聚居区，适合水稻等农作物种植。元朝蒙古军灭大理国，元代云南被纳入行省体制内，自此之后，云南与中央王朝的交流越来越多，大理地区和中央在政治、经济、文化等方面的交流达到一个新阶段。到了明清时代，中原人口已超过环境承载，结合国家边疆统治需要，大量中原腹地人民迁入云南，来到大理地区。

基于南诏国、大理国时期和中原交流的基础，汉族的先进生产技术、儒家文化等中原文化在大理地区有广泛的影响，元代云南行省的确立使得中央对大理的控制和影响更加深入，到了明清时代，中央对大理地区有绝对的控制力。明代在大理地区以军屯为主，洪武二十年朱元璋令沐英"自永宁至大理，每六十里设一堡，置军屯田"，"诏景川侯曹振及四川都指挥使司选精兵二万五千人，给军器农具，即云南品甸（大理）之地屯种"。② 这样做的直接结果就是耕地和人口剧增，挑战着大理地区的环境承载能力。清代统治者继续扩大在大理地区的耕地面积，新修水利。"大规模的开垦山地，植被遭到砍伐，山区涵养水源的能力被破坏，一场暴雨降临，容易引起山洪，并裹挟大量的泥沙进入河流、湖泊、水塘等，这样就容易使水利工程设施快速荒废。再而，在大理地区大规模地修建水利工程，不同于地势平坦的江南水乡，它河流落差大，这样容易引起水资源分配不均，改变

---

① 伍雄武、杨国才主编：《白族哲学思想史论集》，民族出版社 1992 年版，第 28 页。

② 刘黎：《民族地区生态环境变迁的历史考察——以云南大理白族自治州为例》，《湖北师范学院学报》，2014 年第 19 期。

径流、湖泊等的自然补偿形式，导致一些地区供水困难，是一种变相的水资源浪费。"① 明清以来大理地区的环境问题日益突出，实际的人口压力已经超出了环境的承载范围，土地资源、水资源、森林资源遭到破坏，这促使人们必须改变与自然相处的方式，寻求与自然之间的平衡。

（二）白族生态伦理形成的文化渊源

文化体现人类在认识和改造自然过程中的能力水平，而文化一旦形成又能起到"教化"的作用。白族生态伦理的形成离不开白族人民在长期生产劳动中的实践，更离不开白族地区悠久的历史文化。古代白族先民对自然和人类起源的认识，体现了白族先民对人和自然关系的最初看法。随着六诏统一，南诏国、大理国的封建统治政权建立，汉文化对白族人民的生产生活产生了较大的影响，也就是在这一时期，从印度传来的佛教、从中原大地传来的道教，交织着白族对本民族本主的崇拜，使得大理地区具有丰富的宗教文化氛围；其宗教文化虽有其局限性，但在一定程度上也促进了白族人民思想文化的发展，同样对其生态思想产生了影响。

1. 白族关于自然起源的思想

原始社会，人们在积极适应和改造自然以求生存的过程中，也在思考天地万物是如何形成的。流传于民间的神话故事，可以让我们找到天地起源的最初答案。《开天辟地》里讲述了这样一个神话故事：从前有两兄弟叫盘古、盘生。他们每天都去山里砍柴，一日盘古遇一算命先生，让他钓鱼，钓到一条红鱼后拿到街上去卖，谁出价最高就卖给谁。那红鱼便是龙三太子，龙王不见太子，便派人去找，高价买回红鱼。龙王备感羞辱，下了七年大雨，天崩地裂，没有日月。这时盘古、盘生想出了一个办法，一个变成天，一个变成地，盘古在鼠年变成天，盘生在牛年变成地，但天在西南方不圆，地在东北方有缺，他们十分焦虑。后来他们想出一个法子，天不满用云来补，地不满用水来填，可问题又来了，盘生的地比盘古的天大，

---

① 刘黎：《民族地区生态环境变迁的历史考察——以云南大理白族自治州为例》，《湖北师范学院学报》，2014 年第 19 期。

二者不协调，于是盘生就把地缩小，出现褶皱，化成山脉，从此，天地就有了。① 从此，便形成了"东到汉阳口，西边到胡三国，南到普陀岛，北到吕英寺，四座大山做顶天柱，四个鳌鱼做立地柱"②。

远古传说有其不切合实际的部分，但我们更多的是要透过故事琢磨古人的思想，从中探究古人对自然的认识。白族关于天地起源的神话传说与中原文化中盘古开天辟地的传说相似，把自然天地形成的过程拟人化，突出了一种常人无法达"神"的形象和"神力"。盘古开天辟地的神话故事，一方面体现了人对大自然的敬畏、对自然力强大的崇拜，另一方面也体现了人渴望拥有同大自然一样强大的力量。

天地形成之后，万物是怎样形成的呢？白族先民在《天地万物》中是这样描述的："天地成后，盘古盘生就死去了，他们死后变成巨人'木十伟'，'木十伟'变天地万物。他的左眼变太阳，右眼变月亮，睁眼是白天，闭眼是黑夜。小牙变星辰，大牙变石头，眉毛变竹子，头发变树林，嘴巴变城市和村庄，汗毛变成草，小肠变小河，大肠变大河，肺变成大海，肝变成湖泊，肚脐变作洱海，鼻子变笔架山。心变启明星，气变风，脂油变云彩，肉变成了土，骨头变大岩石，手指脚趾变飞禽走兽，筋脉变道路，两手两脚变四座大山，左手变鸡足山，右手变武当山，左脚变点苍山，右脚变老君山，也就是变成东南西北四个方向。"③ 通过这个神话故事，我们可以发现，白族先民把万物的产生和自己熟悉的事物联系在一起，从身旁熟悉的事物去拟人化自然万物。结合落后的生产状况，这种解释万物起源的思考体现了白族先民思考的直观观察，加以总结后通过想象便得出对万物产生的理解和认识。

2. 汉族文化对白族的影响

在历史上，白族聚居的洱海地区及其周边是西南地区较早被中央统治王朝管辖和开发的地区。洱海北上巴蜀，西进吐蕃、印度，南下中南半岛，

① 参见伍雄武、杨国才主编：《白族哲学思想史论集》，民族出版社1992年版，第2页。
② 中国科学院文学研究所民间文学组：《白族民歌集》，人民文学出版社1958年版，第270页。
③ 大理白族自治州文化局编：《白族民间故事选》，上海文艺出版社1984年版，第3页。

地理位置十分优越，是南方丝绸之路的重要节点。特别是在南诏国、大理国政权建立以后，在政治、文化、商业贸易等方面，加强了同外界的沟通，这使得大理地区的白族接受了很多文化和先进的技术。

"蒙舍诏"灭六诏，统一洱海地区，后灭两爨，建立南诏国。南诏政权建立后，积极加强同中原地区的交流，统一的政权也促进了大理地区生产力的发展。公元7世纪，洱海地区的农业种植、冶炼技术、畜牧业、采矿业等得到了很大的发展。终唐之世，南诏和唐皇朝保持密切的臣属关系，使传往来不绝。① 内地先进的经济文化对南诏经济文化的发展，有着深远的影响。大量汉族人民来到云南，带来了许多精巧技术，他们多是能工巧匠，被南诏统治者降为奴隶，直接参与生产活动，使大理的生产力得到巨大发展。唐王朝还主动帮南诏学习汉族文化，识汉字，授礼乐，很多文学经传从内地传入大理。在与内地的交流中，南诏的态度十分积极，主动学习汉族优秀文化，加之汉族融入白族人民的生产生活，先进的技术得到了有效的传播和使用，这为其后大理地区的繁荣和发展奠定了坚实的基础。到了大理国时期，洱海地区在经济、政治、文化方面都比较发达，大理国时期，派人去内地学习先进技术和文化知识，向中央王朝进贡特产等，双方的交流甚广，民族文化也相互融合，这也是社会历史发展的必然趋势。

3. 大理地区丰富的宗教文化，特别是"本主"崇拜文化

政治和经济的发展，必然产生文化繁荣，加之大理处于茶马古道的重要交通要冲，与各方的交流较为频繁，在文化上最为突出的一个特点便是宗教文化十分丰富。公元8世纪左右，佛教、道教就开始传入白族地区，佛教曾一度成为大理统治阶级的重要手段。"本主"崇拜是大理地区的原生宗教，它源于原始崇拜。"本主"意为"本境之主"，是对当地生产生活作出过巨大贡献或产生过较大影响的人物或神，不同的地区村落有不同的"本主"，"本主"崇拜是一种多神崇拜。蒙古军南下进攻大理国，随军而

---

① 转引自《白族简史》编写组：《白族简史》，云南人民出版社1988年版，第98页。

来了一些"畏兀儿"等"色目"人，这就是现在云南境内回族的前身。这些人带来了伊斯兰教文化，之后便在大理地区传播。清朝光绪元年，英国基督教内地传教士张承慧等人将基督教传入大理地区，光绪三十年大理建盖了基督教堂、福音教堂。三大宗教在大理地区都有分布，同时，还有土生土长的"本主崇拜"。如果没有经济和生产的大发展，以及丰富文化交流作为基础，就不会有这样丰富的宗教文化。宗教文化的丰富只是大理地区文化繁荣的一个缩影，透过宗教的繁荣，我们可以深刻地体会到大理地区历史文化韵味的深厚、各种思想之间的包容和融合，以及纷繁多样的文化形态，这也是大理地区生态文化中不可忽视的文化背景。

（1）佛教在大理地区的传播

白族地区的佛教主要是"阿吒力教"（白语音译），它属于大乘佛教的密宗。真正推动密宗在大理地区传播的是印度摩迦陀国啊吒力僧赞陀崛多，南诏王劝丰佑对他极其信任，封他为国师，又把妹妹越莫嫁给他。[①] 大理三塔的主塔就是在这一时期建的，自此之后大理地区的佛教文化和对佛教的信仰得到了很大发展，到了大理国属于鼎盛时期，三塔也建设完成。从段思平到段智兴，二十二主中共有七人为僧，上层如此，在民间对佛教的崇拜更是广泛。到了元朝，佛教势力有所削弱，被视为"土教"，明代以后禅宗取代密宗，但二者还有所交融，佛教文化就这样在大理地区传播和发展。

（2）道教有重要影响

道教是中国的固有宗教，道法讲究自然，主张阴阳平衡，万物和谐共生。道教是在东汉（公元 25 年—220 年）末年传入大理地区的，当时传入大理地区的道教主要是张道陵开创的五斗米道。南诏时期，道教得到了进一步发展。南诏初期盛行的道教属于天师道，且分为清虚和火居两派。

（3）伊斯兰教在大理地区的传播

大理地区的伊斯兰教主要是随蒙古军队进入大理的。他们中很多人通

---

① 方国瑜主编：《云南史料丛刊》第 1 集，云南大学出版社 1998 年版，第 167 页。

过生产生活和当地人融合在一起，带来了先进的技术，一些白族也在这个过程中信仰了伊斯兰教。

(4)"本主"崇拜文化浓郁

在大理地区的宗教文化中，经久不衰的是"本主"崇拜，它源于白族人民的日常生产生活，带有原始崇拜的基因，是白族文化中不可缺少的组成部分。同时"本主"文化中蕴含着丰富的白族社会风俗、哲学思想、伦理道德、生态思想等，值得我们探究。"本主"，简意为"本境之主"，其含义是"本境最高贵的保护神"，白语称为"老公尼"（男本主）、"阿太尼"（女本主）、"本任尼"（本主的总称）。"本主"崇拜是一种多神崇拜，它不仅集自然崇拜、图腾崇拜、祖先崇拜的原始宗教观念于一身，"本主"中既有自然物、神灵，又有动物、人物，一般都富于现实性和人情味。每个白族村寨中几乎都有自己的"本主"，而且设有本主庙，每年还要定期举行祭祀本主的盛大节日——本主庙会，这也是村中重大的宗教活动之一。[①] 本主教倡导"心有他人"的价值观，"他人"在这里可以拓展为"他者"，即心里要有天、地、神灵、自然，要心存敬畏，要正确认识人和自然的关系，只有顺应自然、保护自然，按照自然的规律来安排自己的生产和生活，才能生存、繁衍下来。[②] 总之，白族"本主"崇拜贯穿于白族的生产生活中，探究白族生态伦理绕不开白族的"本主"崇拜。

二、白族生态伦理的主要呈现

大理洱海地区的人居历史已有 3000 多年的历史，同时大理也是国家级历史文化名城，"风花雪月"是对大理最好的概括。上关花、下关风、苍山雪、洱海月，白族人民世世代代都生活在这样如诗如画的世界中，即便经历千年历史，生态环境依然如此美丽，这和生活在这里的白族同胞热爱大自然、保护生态环境、在生产生活中与大自然和谐相处的生态观念是分不开的。

---

① 李艳君：《浅析宗教文化与环境保护法律制度——以云南大理白族自治州为例》，中国法律史学会 2012 年学术年会论文集，第 241 页。

② 李艳君：《浅析宗教文化与环境保护法律制度——以云南大理白族自治州为例》，中国法律史学会 2012 年学术年会论文集，第 241 页。

（一）白族生态伦理的主要内容

白族生态伦理融合于民族的文化元素和生活方式之中，具有丰富的内涵。

1. 人源于自然、崇尚自然、友善万物的自然伦理

这一思想一方面源于白族人民在长期生产生活中的总结，另一方面源于白族地区宗教文化的影响。白族人民认为，自然万物和人一样，是有生命的，人的生命有始终，大自然也亦如此，善待自然，友善万物，和大自然一起生生不息。佛教中优秀的生态观对广大白族先民自然观、道德观、价值观的形成均具有极大的影响力。在佛教自然观基本精神的指导下，洱海周边的白族居民具备了万物有灵的观念，他们历来懂得热爱万物、珍爱自然，认为大自然的一山一水、一草一木、一砖一瓦都是佛性的体现，都有其存在的价值。① 白族人民崇拜自然，自然曾孕育了人的生命。在剑川白族地区，流传着这样一个神话：在剑川坝子东西两山上，结出两个大瓜，两个大瓜成熟后走出一男一女，结为夫妻，这就是人最早的祖先。白族的勒墨支系则流传着这样的传说：白族祖先是兄妹成婚，生下四个女儿，分别与熊、虎、蛇、鼠变的男子婚配，成婚，然后繁衍后代，形成熊氏族、虎氏族、蛇氏族、鼠氏族。这些神话故事都反映了人对自然的崇拜和对自然界的依赖。随着时代的发展，大理成为西南地区的政治、经济、文化重镇，宗教思想，特别是佛家的思想对大理地区产生了深刻的影响，加上传统的原始自然崇拜思想，白族人民的自然观内容就更加丰富，但崇尚自然、友善万物依旧是不变的主题。

2. 保护自然、与自然和谐相处的关系伦理

《白族民间故事》，收集整理了这样一个故事：从前，大理东门洱海边的一个村子里，有个渔夫叫阿和，父母双亡，因为贫苦，三十多岁还没有娶妻。一天，他出海撒网，打着一尾十来斤的金色鲤鱼，阿和看鱼儿可怜，

---

① 牛坤：《洱海周边白族居民的传统生态观及其现代价值》，《大理学院学报》，2015年第9期。

便将金色鲤鱼放回洱海。三年后，恰逢大理一带遭遇旱灾，庄稼有种无收，阿和在睡梦中恍惚看到一位自称是来自东洱海龙母化身成人的老太婆，因阿和将其放生，故前来报答，并把女儿许配给阿和，并接阿和到龙宫享福。阿和心系旱情，不愿单独跟着老太婆前去享福，婉言拒谢了。老太婆十分感动，从嘴里吐出一颗水晶珠送给阿和，称把水晶珠放到地里，天上就会下雨。阿和醒来时，手中捧着水晶珠，龙母已经不见了。他急忙将水晶珠放到田埂上，马上乌云滚滚，下起了大雨，遭旱地区的百姓都得救了。后来阿和推却不过，便高高兴兴地娶了龙母的女儿，过上了幸福的日子。① 这个故事告诉我们，善待自然，必将得到自然的"好报"，这也是白族人民主张保护自然，与自然和谐相处的生态理念的体现。故事最后的幸福结局，其实也是白族人民与自然和谐相处的真实写照。

白族人民主要聚居地，有山、有水，有良田万顷。苍山上森林资源丰富，植被覆盖率高，洱海中有丰富的渔业资源，洱海边的苍山脚下是万顷良田。在农耕文明中，人们认识到了水的重要性，水不仅是人生存所必需的，也是农作物生长必不可少的条件；人们还发现了水与树的关系，茂密的森林有效地保护了水源地，保持水土平衡，对于减少旱涝灾害也有一定的作用。这启示了白族先民必须处理好和山水的关系。这个关系处理好了，生产才能持续发展。在大理地区，有很多保护山林、保护洱海的村规民约，主要体现在一些古碑刻、生产生活的习俗中。正是白族人民有了积极保护自然、与自然和谐相处的生态思想，才有现在大理的秀美风光。

3. 向自然的索取要有度的道义伦理

俗语说"靠山吃山，靠水吃水"，白族聚居的洱海周边有山有水，因此，洱海周边的白族居民在长期的农耕、捕鱼、打猎等各种生产劳动中形成了较为完整的农耕文明。随着生产的扩大，人与自然的关系就变得有些紧张，人与自然的矛盾突出。明清时期，中央政府开发大理洱海地区，并且有大量的移民进入大理，伴随着人口的增长，必然加大耕地的开垦，过

---

① 杨恒灿：《大理民间故事精选》，云南民族出版社 2000 年版，第 196—197 页。

度开垦导致了大理地区的旱涝灾害加剧，这使得白族人民认识到合理开垦土地和向自然索取要有度的重要性。同样，在洱海设立禁渔期，让渔业资源得到有序发展，不得将垃圾、废水等扔入洱海等生活习俗一直被世代遵守。下关吊草村《永卓水松牧养利序碑》说："居深山者，以树木为重，以牧养为专，自树木一不准以连皮坎（砍）抬还家，牧养马诸物自收获后准放十扫，其余猎物之类，通年永不准滥放。自议数项之后，各人谨守牧养。如有不遵者，一再齐公重罚勿得抗敖乡规也。"[①] 像这样的村规民约、生活习俗还有很多。总之，白族人民在农耕、畜牧、捕鱼等与生产生活密切联系方面都做出了一系列规范，就是为了有节有度地开发利用自然资源，使自然资源得到可持续发展。只有自然资源得到可持续发展，与自然和谐相处，人才能源源不断地从自然中获取生存和发展的资料。

（二）白族生态伦理的表现形式

白族生态伦理思想内容丰富，表现在白族人民的生产生活实践中。维护生态环境的生产习俗，村落里的乡规民约、碑刻，"本主"崇拜的宗教禁忌等都体现着白族生态伦理思想。保护苍山上的茂盛植被，保护洱海的生态环境，采用合理的灌溉方式，崇拜造福一方的"本主"，遵守禁忌等都是白族生态伦理思想的表现形式。

1. 民间的"族中公约"与"立树惩戒"

白族是一个历史文化传统比较深厚的民族，民间宗族组织较为广泛和紧密。大理白族民间历来盛行"祖训十戒十务言"和"族中兄弟侄公约"等族规祖训，其内容涉及"家常""喜事""急难""赌博""夜行""抢妇""争讼""山林""守望"等；这些族规祖训涉及社会公德、环境保护等广泛内容，有的还刻写在木板上，悬挂在村中祠堂、庙宇内，成为有章可循的"公约"。有的白族村寨对凡有二人以上屡做坏事且不思悔改的人家，罚其自行在家门口种上一棵棕树，予以惩罚。实施这种以羞辱为惩戒

① 孙菁亚、张锡禄：《从大理古代碑刻看白族传统的环境保护意识》，《环境科学导刊》，2005年第1期。

手段的民间规条，先要由村中最有威信的长老当众宣布错误事实，然后让犯错人家种上一棵独立无枝丫的棕树，象征该户人家名誉丧失、威仪扫地，犹如光棍一条。凡被罚在家门口种植棕树的人家，会受到村民的普遍鄙视和唾弃，从而被孤立，所以这对村民具有特别强烈的教育和警示作用。

　　2. 碑刻记载关于山林的保护要求

　　大理州洱源县凤羽坝子北部的铁甲村，是白族聚居的村庄，村中有一块清道光十五年（1835 年）的《乡规碑记》，明文规定："铁甲村虽僻处僻隅，男人非不良也。总由在外日多，乡规在议，屡行不义。河边柳茨，绿御水灾，不得□行砍伐；山地栽松，以期成材，连根拔取……今众姓会议，同为盛世良民……不许仍蹈前辙……所有规条开列于后：……一遇有松菌，只得抓取松毛，倘盗砍枝叶，罚银五两；一查获盗砍河埂柳枝，罚银五两……"① 保护水源地周边的植被，不乱砍滥伐，禁止乱砍松枝，可见对山林保护规范之细。

　　《护松碑》记述，大理市下关镇旧铺村村民于乾隆三十八年（1773 年）种松于主山，并将主山定为公山，任何人不得侵占，不得乱砍滥伐，有擅自砍伐者，罚必不免。久而久之，人们自然形成了爱山护林的意识。②

　　剑川东岭乡新仁里村，在乾隆二十三年（1758 年）立乡规："近有擅自入山滥伐童松，盗砍林木，危害田苗，实属昧良。此后，如有故犯者，定即从重公罚。"③ 在保护山林的同时，人们也意识到山林对保持水土的重要性。乾隆年间的《保护公山碑记》记载："查老君山为阖州来脉，栽种水源所关，统宜共为保全，为自己受用之地，安容任意侵踏，以败万姓养命之源。"④《封闭双马槽厂永禁碑记》记载，大理市凤仪镇北汤天村东二公里的河谷中有沙金矿分布，此处为水之发源处，流灌田地四十余里，钱粮

---

　　① 杨士杰：《论云南少数民族的生产方式与生态保护》，《云南民族大学学报》（哲社版），2006年第 5 期。
　　② 李锡鹏：《大理白族生态环境观一瞥》，《中国民族》，2014 年第 12 期。
　　③ 詹承绪、张旭：《白族》，民族出版社 1990 年版，第 130 页。
　　④ 《中国少数民族社会历史调查资料丛刊》修订编委会：《白族社会历史调查》，民族出版社2009 年版，第 98 页。

攸关，民生所系。由于乱开滥采，导致"河沟淤阻，田地渐成沙洲，垅亩尽为荒壤"，影响国计民生。于是州府下令永禁开采，并于康熙二十四年（1685 年）立石刻碑。① 此外，白族先民每年都有封山育林的节日，如插柳节、祭山节等，在封山祭祀期间不能进山砍伐森林、放牧。

3. 乡规民约关于水保护的要求

洱海是白族人民的"母亲湖"，滋养着世世代代的白族人民，并且水在白族文化中有重要的寓意。白族先民重视水在农业生产中的重要作用，修建了许多有特色的水利工程，同时也形成了对水保护的乡规民约。

有学者对大理的水利工程研究发现，"古代的大理国地处亚热带，雨水丰沛，湖泊众多，水患频发。经过白族先民治水排涝、筑田修渠，大理成了宜居之地。大理苍山发现了新石器时代的人工水利设施，这些人工水道除了提供饮水之外，还供灌溉用水。到了唐代，南诏大兴水利，开发'殊为精好'的山田，做到'水旱无损'；元代时，白族地区水利灌溉工程已很常见，'雷霆砰轰，烟霞掩霭，功利布散，皆可灌溉'；明清时期，白族地区出了'地龙'、渠、堤、坝、塘等水利工程"②。因地制宜地利用水利资源，服务农业生产，既体现了白族人民的智慧，也体现了白族人民对水的珍视。

白族先民制定了一系列世代传承的乡规民约，禁止污染水源和水井，禁止浪费水资源。保存至今的《六禁碑》（藏于鹤庆县文化馆）碑文为："禁卖鳅鳝，禁毒鱼虾"；云龙县长新乡永香村公共水池旁的石碑，碑文为"严禁污染水源地"。大理白族禁止对水源和水井进行污染，禁止浪费水资源的乡规民约内容非常多，例如人们在日常生产生活中，洗东西的时候必须用多少取多少，洗干净即可；禁止把牲口放到水源周围；不能在水源地清洗任何东西；不准在水井或水塘里大小便；不准把污物脏水倒入水井、水塘和河水里；不准直接用手伸进水井里舀水；甚至不准在龙潭旁边男女

① 李锡鹏：《大理白族生态环境观一瞥》，《中国民族》，2014 年第 12 期。
② 何光群：《生态伦理学视阈下的大理白族传统水文化》，《大理学院学报》，2014 年第 11 期。

野合交媾，淫乱放荡，唯恐玷污水之圣洁，从而村寨人畜遭灾。① 大理白族在每年的农历腊月二十六，要过净水节。净水节那天的清晨，村里各家各户一齐出动，把村里的河沟、水塘、水井进行一番彻底清理，以保证雨季来时水道的畅通，还对可能坍塌或已经出现渗漏的堤岸进行加固、修补。② 这体现了大理白族不仅思想上重视保护水资源，而且会付之于行动，形成一种自觉自愿的传统习惯。

白族人的图腾崇拜中有对龙的崇拜，敬仰龙王会带来雨水，带来风调雨顺，滋润万物。白族人认为龙生活在水的源头，例如水井、水潭等，到了水源地，人们不能说脏话，不能在其周围进行大小便，不能扔脏东西，否则就是对龙的不尊重，就会受到惩罚，比如天不下雨或有洪灾等，而且龙也会搬离此地，这个地方也不会再有水流出。

4. 关于保护洱海的自然崇拜

洱海哺育了一代又一代的白族人民。洱海既有"洱海月"的魅力风情，也为白族人民提供了丰富的渔业资源。白族人民的生产生活离不开洱海，世世代代的白族人民通过各种形式保护洱海的生态。洱海捕鱼已有近4000年的历史，古时渔民出海捕鱼，由于生产力低下，若遇事故常常无能为力，于是就产生对洱海的崇拜以及生产禁忌。在大理市双廊镇的北部海湾的红山本主庙是洱海周边较为有特色的本主庙。红山本主是蛇，每逢渔民出海捕鱼遇到蛇都要磕头祈求顺顺利利。长期出海捕鱼，渔民吃住都要在渔船上，但不能顺手将生活脏水倒入洱海，这是渔民祖祖辈辈传下来的规矩。渔民在船上的生活垃圾都是在船靠岸后移除到岸上，男人抽的烟、地上的灰尘、货船上的碎石或碎渣都要清扫上岸，那时候所有人都喝洱海里面的水，大家都很自觉，每个人、每个家庭都是这样。③ 白族人民受益于洱海，也没有理由不去保护大家共同拥有的洱海，"大家都在喝洱海的水"，保护

① 张佐邦：《美学人类学：原始人类审美心理的生成及其文化表现形态》，民族出版社2008年版，第79页。
② 何光群：《生态伦理学视阈下的大理白族传统水文化》，《大理学院学报》，2014年第11期。
③ 赵元梁：《洱海周边白族渔民生态环境观研究》，大理大学硕士论文，2016年，第26—27页。

洱海就是在保护人自己，这样简单而深刻的生态观深深印在白族人民的心中。

在白族渔民捕鱼的方式中，有一种叫鱼堆的特别捕鱼方式。简要来说就是将石头扔进水中，形成大小不一的石堆，鱼会躲在石堆里，到时在出口处用须笼围捕。苦葛是一种根茎植物，是鱼堆捕鱼的关键材料。开始鱼堆捕鱼前，渔民需先用木槌将苦葛置于大石板上敲打，直至汁液流淌出来；随后，将苦葛汁液与红土（最好使用生土）掺水搅拌混合后置于船中，再把苦葛红土水一瓢瓢通过大龙竹灌入鱼堆中，并用几十个甚至上百个须笼围在鱼堆旁呈半圆状。躲在鱼堆中的鳔鱼会被苦葛熏赶至提前放置好的须笼之中。[①] 值得注意的是，苦葛红泥水不会对湖水造成污染，也不会造成洱海微生物的死亡，加上洱海水流循环，第二天，水又恢复了清澈，渔民可以直接饮用。[②] 这种捕鱼方式是世世代代白族渔民智慧的结晶，在便捷捕鱼的同时又不破坏洱海本身的生态环境，又一次智慧地诠释了白族人民对洱海的保护和开发。

时至今日，洱海仍保持着每年6月到7月下海捕鱼的传统。开海节是伴随本主庙会产生的一个重要节日，开海节祭祀"本主"对世世代代渔民的保佑，也意味着休渔期结束，人们可以开始捕鱼了。在开海节的祭祀仪式上有祭海仪式分为迎南诏海神、进献祭品、海神巡海、洱海放生、划船比赛几个部分，求的是风调雨顺、鱼虾丰收、国泰民安。这当中，洱海放生等活动体现了人们在索取自然资源的过程中不忘保护自然资源，有取有舍，方能取之不尽。

5. "本主"崇拜中生态思想的表现

"本主"崇拜是白族民间特有的一种宗教文化，它产生于白族人民的生活实践，是白族文化的典型代表，具有丰富的文化内涵，充满世俗化倾向。"本主"是每个白族村落的"守护神"，对本村作出过巨大贡献，影响深远，且村民广为赞扬。本主没有固定的对象，即"一村一主"，即多神崇

---

① 赵元梁：《洱海周边白族渔民生态环境观研究》，大理大学硕士论文，2016年，第41页。
② 赵元梁：《洱海周边白族渔民生态环境观研究》，大理大学硕士论文，2016年，第41页。

拜。对没有本主崇拜的人被称为"木增"，就是没有主子的意思。白族人民认为"本主"能够保佑村民生产风调雨顺、生活幸福、人畜平安、财源滚滚、身体健康等。信奉和祭祀本主是白族地区影响最大、根植最深的民间信仰。① "本主"贴近人们的日常生活，和常人一样识"人间烟火"，富有人情味，接地气。每逢本主庙会，场面十分热闹，成为白族人民生活中一个很重要的组成部分。本主崇拜中蕴含的生态伦理观，更多的是一种伦理、道德的规定，影响着世世代代的白族人民。

"本主"崇拜在人与自然的关系上，表现为以宗教的名义礼敬自然；在人际关系上，淡化宗教而重于伦理，确立了一种神圣化的时空秩序和生态伦理价值体系；在人与社会的关系上，依靠道德和谐人伦关系，形成了朴素而约定俗成的生态伦理意识，强化了生态环境的保护意识，促进了生态的良性循环。这有助于唤醒人们的伦理自觉和道德情感，并且有益于遏制与消除道德衰退和生态破坏；不仅为生态伦理的现代建构提供了重要的精神资源，丰富了中国生态伦理文化的内涵，也为民间社会的良好风俗与民众的精神安顿提供了实践智慧和人文关怀。② 可以说，"本主"崇拜的生态思想是隐性的，通过"本主"崇拜人们寄托了对美好生活的渴望，而"本主"是人们过上美好生活的象征，"本主"通过宗教调整人与自然、人与人的关系，建立起伦理思想的同时也让人们对自然产生敬畏。

第二节　纳西族生态伦理

纳西族是我国少数民族中历史较为悠久的民族之一，纳西族主要居住在三江并流的横断山脉地区，在金沙江上游流域的藏、滇、川交界处。这里的平均海拔 2700 米，山体与峡谷并存，气候有寒、温、热三种。纳西族地区虽多山，交通不便，但地处藏、滇、川三省的交界，自古就是交通要道，著名的茶马古道从这里经过。现在的云南省丽江市境内就广泛分布着

---

① 陈继扬：《云南大理白族本主崇拜的教育功能研究》，西南大学博士论文，2007 年，第 14 页。
② 饶峻姝、李珍明：《试论白族本主信仰中的生态伦理》，《大理学院学报》，2014 年第 5 期。

纳西族聚居地区，一小部分纳西族还分布在四川省盐源、盐边、木里等县，在西藏芒康县也有少量的分布。纳西族有本民族语言，纳西族在艺术方面独树一帜，其诗文、绘画、雕塑、乐舞艺术名扬古今中外。纳西族中家族组织普遍存在，是一个聚居程度较高的民族，泸沽湖地区纳日人（摩梭人）的亲族组织保持着比较古老的特征，纳西族民族文化受汉文化影响较深。云南省是纳西族的主要聚居地。纳西族的生态伦理具有丰富的内涵和久远的历史渊源，发掘和提炼整理该民族的生态伦理意义重大而深远。

一、纳西族生态伦理的形成与渊源

根据现有文献及考古等方面的资料，可以初步推断出纳西族先民大致是由三部分组成的：一部分是源于甘肃省和青海省的黄河、湟水地带的古羌人，《说文·羊部》记载："羌，西戎牧羊人也，从人从羊，羊亦声。"这些游牧的羌人先是向南迁到岷江上游，又逐渐向西南迁徙至四川省西部的雅砻江流域，再继续西迁至云南境内的金沙江上游沿岸一带及丽江等地，最后便在这一带地区定居了下来。另一部分则是古代我国西南民族中称为"旄牛夷""白狼夷"的一支所谓"夷人"族系。由于这些人居住在笮都一带，又被称为"笮都夷"，经多年的发展演变而渐成为纳西族的先民。还有一部分据估计是今云南丽江一带的土著居民。这部分人世世代代居住在这一地区，当为纳西族先民中人口较多的部分。在漫长的历史发展进程中，以上述三部分人为主体的纳西族先民们，不断吸纳融合周边一些民族的先民，逐渐发展形成了今天的纳西民族。[①]

纳西族人民创造了属于自己的民族语言，创造了自己民族的文字，形成灿烂丰富的东巴文化。纳西族文化中最具有特点的是纳西族的文字，一种古老的象形文字——东巴文，产生于大约公元7世纪，在东巴文之后纳西族还创造过一种哥巴文，但哥巴文的应用较少。据研究考证，东巴文这种象形文字形态甚至要比甲骨文还要早，东巴文中纳西族人自称为"斯究鲁究"，意思是"木迹石迹"，纳西族的经典"东巴经"就是用这种文字写

---

① 云南少数民族网·纳西族历史，http://www.yn21st.com/show.php?contentid=23700。

成的，语言和文字的悠久充分证明了纳西族文化的历史厚重。

　　要了解纳西族的文化思想，必须从纳西族的经典"东巴经"入手。东巴意指智者，即东巴文化的传承者，东巴经是纳西族象形文字记载的宗教典籍，是纳西族历史的积淀，记录纳西族人民的宗教信仰、神话传说、生产生活等。东巴教是纳西族人民广泛崇拜的古老宗教，它源于纳西族远古比喳巫教。① 东巴教在进行宗教活动时要咏诵东巴经，一代又一代纳西族东巴通过口译校对整理成东巴经，研究纳西族的生态伦理离不开对纳西族东巴经中对纳西族人民生产生活的记录，对一些东巴文字的解读也能使我们发现蕴含在文字形成背后关于纳西族的生态伦理。此外，纳西族的古老神话故事、民族习惯法、生活风俗、宗教祭祀等也闪耀着纳西族人民对大自然的思量，这些都是我们研究纳西族生态伦理必须深入研究的东西。

（一）纳西族生态伦理形成的时代背景

　　纳西族是一个古老的民族，与其他根源于氐羌族南迁的民族一样，起源于远古时期居住在我国西北黄河、湟水地带的古羌人。在纳西族祭祀中，有咏诵亡灵、魂到祖宗归处的内容，要一直列举到"肉孜白勒卡"（青海和内蒙古之间）为止②，这反映了纳西族先民艰苦的南迁历史。在汉史文集中最早记载有纳西族的应该是晋朝常璩所著的《华阳国志》，书中称纳西族为"摩沙夷"；《徐霞客游记》等称之为"磨些"；《南诏野史》称之为"摩狄"。在汉晋时期，纳西族先民就开始同彝族、白族、傈僳族、普米族、藏族等兄弟民族加强交流。蒙古忽必烈大军南下征服大理国前，就是渡过金沙江从丽江一路南下至大理。元代开始，汉族军户、商人、匠人来到丽江，更加扩大了纳西族人民的交往范围。这些历史的发展对纳西族人民的思想文化产生了重要的影响。有学者认为，现存的《东巴经》就是11世纪中叶末纳西族的杰出东巴领袖阿明什罗等人"广采民间各种古老神话、历史传说、诗歌谣谚，同时大量吸收藏（密宗）和汉（禅宗）文化，改造和充实

---

① 伍雄武：《纳西族哲学思想史论集》，民族出版社 1990 年版，第 39 页。
② 伍雄武：《纳西族哲学思想史论集》，民族出版社 1990 年版，第 41 页。

原有的口诵经，逐步编写成系统的东巴经而流传下来的"①。

根据第七次全国人口普查，我国境内纳西族的人口数为 323767 人，主要分布在藏、滇、川三省交界的东经 98.5 至 102 度，北纬 26.5 至 30 度之间大约 8 万平方公里的地区内。② 丽江境内是纳西族的主要聚居区，这里背向青藏高原，面向云贵高原，西临金沙江，峡谷深邃，相对高差极大。这一地区地质构造比较复杂，地层发育较齐全，除侏罗系、白里系外，从震旦系至第四系均有分布；地貌具有横断山峡谷和滇西高原两种地貌特征，以山地高原为主，谷坝镶嵌其中；地势大致由北向南呈阶梯状递降。③ 世世代代居住在这里的广大纳西族祖先，面临着严峻的自然环境构成的天然障碍，同时也得到了丰富的自然资源。俗语说"靠山吃山"，从大自然中汲取生存发展需要，成为纳西族人民生产生活的主要遵循，这里有丰富的动植物资源，雪山上雪水融化后滋养着万物。随着生产力水平的发展变化，纳西族人民对自然的认识也在发生变化。

（二）纳西族生态伦理形成的文化渊源

纳西族的生态伦理，缘起于人对自然万物的思考，纳西族先民早就意识到人和自然的矛盾变化，开始追问天地人的起源问题。在原始的生产方式下人们对这些问题的思考难免缺乏科学性，但自然是实在的存在之物，从人能够识别记录事物开始，自然便已先于存在这是不争的事实。纳西族人民就是带着这样的问题来向"不会说话"的大自然获取生存发展的资料，但同时，大自然的灾害也使人的生活受到重创。就这样，人们带着疑惑考究这人与自然的关系。

东巴教是纳西民族信仰的原始宗教，信奉万物崇拜、原始崇拜、自然崇拜、祖先崇拜、万物有灵等等。东巴教一方面具有原始的宗教特质，从 11 世纪产生一直延续至今，他们有固定的宗教场所，没有严格的宗教教规，也不是阶级统治的工具；另一方面，在漫长的历史发展过程中，它又具有

---

① 和志武：《略伦纳西族的东巴经及东巴文化》，《玉龙雪山》，1983 年第 1 期。
② 和少英：《纳西族文化史》，云南民族出版社 2001 年版，第 14 页。
③ 李汝明主编：《丽江纳西族自治县志》，云南人民出版社 2001 年版，第 63 页。

人为宗教的某些性质，例如法器的出现。值得一提的是东巴教的继承发展
者东巴，本身就不具有统治者身份，他（东巴为男性）就是普通的劳动阶
级，是不脱产的农牧民，只是在受人约请时举行法事、念诵经咒。这就是
他们作为普通劳动者，在认识世界和改造世界的实践中，能够比较客观地
认识和理解与自己发生直接联系的自然界和人类社会。① 掌握劳动的阶级更
容易发现推动社会生产力发展的力量，同时对宇宙自然万物的变化也就有
更多的思考，这也是东巴教的经典《东巴经》具有丰富内容的前提。

　　纳西族的生态思想及其思想文化、民族精华蕴含在《东巴经》中。《东
巴经》是纳西族信奉的东巴教经书，这种经书用本地一种木本植物皮所制
的厚棉纸（俗称东巴纸）订成册，书写工具是用锅烟灰拌胆汁制成的墨及
自制的竹笔。《东巴经》内容极其丰富，哲学、历史、宗教、医学、天文、
民俗、文学、艺术等无所不包，被誉为纳西族的百科全书，它叙述了纳西
族人民从奴隶制过渡到封建制期间社会生活的各个方面，用万物有灵的思
想来图解天地、日月、风云、雨霁、动物、植物、战争、爱情这些客观事
物的来源，也写了众多的鬼神、魔怪等。根据《东巴经》所记叙的内容，
大致可分为三类：关于世界起源、神话故事、英雄人物史诗类，例如《创
世纪》《崇搬图》《懂述战争》《龙女和樵哥》等；关于宗教祭祀类，如
《病因卜》《迎接莫补精如神》等；关于生产生活、伦理道德类，如《盐铁
论》《崇仁潘迪找药》《蹉姆》《阿几夺落咪》等，这里就不一一列举。

　　纳西族人民对自然起源和人类起源有丰富的认识，蕴含着生态伦理思
想。纳西族人民认为自然地起源于"混沌"。《创世纪》一开头描述道：
"很古很古的时候，天地混沌未分，动神、色神在布置万物，人类还没有出
生。"② 在《人祖利恩》中也有相同的论述："洪荒时代，混沌未开，天地
不分，这时候没有日月，没有星辰，更没有山河和生物，宇宙间一团绿

---

① 伍雄武：《纳西族哲学思想史论集》，民族出版社 1990 年版，第 25 页。
② 云南民族民间文学丽江调查队搜集翻译：《创世纪（纳西族民间史诗）》，云南人民出版社
1978 年版，第 1 页。

气。"① 后来"绿气"生白光，白光成声音，声音成神，神变化之后，育出蛋，蛋生万物。《创世纪》中还描述了人的起源：好的声和好的气结合在一起合成三滴露水，三滴露水变为大海，产生人类的蛋是由天下的，这个蛋在大海中孵化出恨失恨忍来，传至九代就有了人祖从忍利恩，一场洪水之后，他的五个兄弟、六个姊妹都不在了，只有从忍利恩活下来了，这就是纳西族关于人的起源。这两个神话故事表现了纳西族人民崇尚自然的思想，也体现了纳西族人民朴素的唯物主义思想，如自然先于人而存在、人源于蛋。远古时期人们的生产力受到限制，大自然是不可战胜的神，通过自然事物的观察来推测人的起源，体现了人与自然的原始关系。

总之，纳西族人民的生态文化思想渊源久远，要想剖析其生态伦理必须结合纳西族人民的生产生活实际及其影响深远的东巴文化为突破口，仔细研究方能找到其生态思想的闪耀点。

二、纳西族生态伦理的主要呈现

纳西族人民生活的自然环境和社会文化环境是纳西族生态伦理形成的背景。长期以来，纳西族人生活在刀耕火种的小农经济时代，这种靠"天"吃饭的生产方式更多的是以自然条件变化为主，因此，任何自然之间的矛盾就显得更为重要。纳西族人在努力认识和改造自然中，也发现自然万物都有各自"署"，万物皆有命、万物皆有连，只有和万物和谐共生才是最理想的生活，也是东巴文化所倡导的生态思想。

（一）纳西族生态伦理的主要内容

由于纳西族本身有文字记载的历史和史料，因此，文献资料成为提炼和总结纳西族生态伦理的主要途径。从研究情况看，纳西族生态伦理内容非常丰富，值得提炼和总结。

1. 人和自然之间是互利共存的兄弟关系

纳西族人认为，人和整个自然界之间是如同手足的兄弟关系，在东巴教中有"大山父亲，江河母亲"这一说法。水在纳西族生产生活里面具有

---

① 何俞：《西南少数民族及其神话》，新世纪出版社1951年版，第49页。

重要意义，一方面水是"洪水猛兽"，人们的生产生活可能面临灾难；另一方面水又是农耕时代不可或缺的自然资源。与此同时，在纳西族关于人类起源里，有"三滴水变成海，蛋在水里变成人"的故事；也有米利董主在放羊时吐一口唾沫在水里，水中出现一个窈窕淑女的故事；还有东巴教中"祭天"求雨的仪式等，都可窥见水在纳西族人中的重要地位。《大鹏斗孽龙》相传在很古很古的时候，龙王和人祖本是同父异母的弟兄。由于同父但异母，俗话称作同山不同海，神话描述为"家畜和野兽，不会同吃一丛草，客人和主人，不兴同过一座桥"①。后来分家，把天地财产均分作两份，各占一半，只留下父亲所传的明珠帽作为共有财产。但龙将明珠帽藏入米利达吉海，据为己有。继而龙又霸占了九成天、九成地及所有的树木、溪泉、石头，龙建了九寨七村，人没有立锥之地。人类被逼无奈，诉之于大神丁巴什罗，神派出大鹏便将龙擒拿。之后经什罗调解评判：九成天地复归于人，并划定龙族居所；人则以麦面、酥油等祭献于龙，双方和解。龙说："我们龙族没同人类结冤仇，而是人类和我们过不去！我们龙族的山泉边呀，人类故意杀野兽来剥兽皮，血水腥味充满了洁净的山泉。人类天天上山来打猎，不让我家马鹿与山骡自由吃鲜草，射走马鹿还杀了山骡；阴坡黄猪掉进陷阱，阳坡红虎被弩毒死；雪山白胸黑熊已猎尽，高岩黄蜂甜蜜已取完；他们还到江里来捕鱼，去江滩淘沙金；树上白鹏不飞了，森林花蛇不爬了，石边青蛙不叫了，九座山头森林砍完了，七条等谷树木烧完了。不是我们龙族和人类相仇，而是人类不让龙族活下去呵！"② 大神丁巴什罗说道："人类龙族两家纠纷呀，就从今天调解过以后，除非白石变羊会走路的那一天，黑石变猪会踩踏的那一天，永远和好从此不相争！"③ 从这个纳西族的神话故事中我们可以发现这样几点：一是纳西族人民把龙和人看作是同父异母的兄弟，这是一种人和自然界同生同长的共生思想。和其他民族的有神论相比，纳西族的宗教神论中，有一种把神加以限定的思想，

---

①　和志武译：《东巴经典选译》，云南人民出版社 1994 年版，第 111 页。

②　和志武译：《东巴经典选译》，云南人民出版社 1994 年版，第 115 页。

③　和志武译：《东巴经典选译》，云南人民出版社 1994 年版，第 117 页。

这种思想会在下文加以论述。二是人和自然的矛盾冲突中，人的行为对这一矛盾的发展起着主要的影响。人的不当行为引起了龙代表的自然的不满，龙的控诉，也正是自然对人类破坏生态平衡的无情控诉。三是人有与自然协调和谐相处的愿望，与龙的和解也是由矛盾的一方人类先提出的，通过和龙签订契约，互惠互利。从这层面来讲，纳西族人是渴望与自然和谐相处的。

　　类似和自然相处的纳西族神话故事还很多，在纳西族祭署（纳西族神话中生活在水里的神，可以理解为龙王）仪式中，还形成了一些明确的社会规范，如不能乱砍水源地的树木、不能滥伐山里的树木、不能无限制地捕捉林中的野兽等，否则自然之精灵就会报复人类，或发大水，或干旱，或摄取人的灵魂。①　正是有了人与自然之间是互利共存的思想，至今纳西族同胞始终能保持人与自然之间的和谐相处、互利共生。自然与人的手足之情，虽是《东巴经》里的宗教神话传说，但这些故事是纳西族先民在生产生活中产生的，它来源于人类和大自然的相处过程，又以宗教神话的形式向人们传达保护"兄弟"、保护自然的朴素生态观；同时，纳西族先民也深刻地意识到，与自然和谐相处，这层意义在一定程度上比保护更加深刻。

　　纳西族对人类的起源有一种朴素的唯物主义观，认为不论是神、人还是动物，都是从蛋里生出来的。《创世纪》中提到，产生人的蛋是由老天生下来的，经过地的孵化，在海水里出来的。在远古时期，天地在人民心目中的地位是神一样的存在，天地是实实在在能被人所感知的，天之大，没有尽头，地之广，没有边界，但黑夜和白天的更替，冷热的季节变化、晴空万里和乌云密布，这一切又让人觉得了自己的渺小，无法真正感知天地。于是，天就具有了两层含义，一个是自然存在的天，另外一个是神话中能生"蛋"的天。根据《创世纪》中人的产生，我们便可以得出这样的推理——纳西族先民们认为人是"天生地养"的蛋，而且其他万物也是这样产生的，天地孕育出万物、演化出生命来。关于纳西族对生物起源的看法，

---

　　①　云南省政协文史委员会编：《云南特有民族百年实录·纳西族》，中国文史出版社 2010 年版，第 701 页。

还有其他的说法，蛋生思想是比较有特点的一种说法。东巴教里有"大山父亲，江河母亲"一说，把大山比作父亲，把水比作母亲，这和天生地养万物有异曲同工之处。

2. 万物有灵，敬畏自然

纳西族人崇拜的东巴教有一个很重要的特点，那就是万物都有灵性，这种对自然万物灵性的崇拜集中体现在纳西族对各式各样自然神的崇拜之中。东巴教崇拜的主要对象有：木戛拉（天神）、地戛拉（地神）、何戛拉（风神）、机戛拉（河神）、格木（狮子山女神）等①。在东巴教文化中，只要能看到的自然之物，都有神或鬼。在东巴教祭祀、招魂、驱鬼等宗教活动中，都与神鬼有关。通过对雨神的祈祷，求得了风调雨顺；通过对猎神的祈祷，希望得到好的收获；通过祭祀山神，求得平平安安；还有善神依格窝格、恶神依古丁那等。在纳西族先民里，万事万物都有其灵性的一面。

另一方面，从纳西族关于万物的起源上也可看出纳西族先民对万物灵性的认识，有"三生九，九生万物的说法"，在《创世纪》中《大祭风》一篇则描述了"九种变成母体"生万物：在天和地尚未形成的时候，先出现了天地的三种影子；在日和月尚未出现的时候，先出现了日和月的三种影子；在星宿尚未出现的时候，先出现了星宿的三种影子；在大山和山箐尚未出现的时候，先出现了大山和山箐的三种影子；在木和石尚未出现的时候，先出现了木和石的三种影子；在水和渠尚未出现的时候，先出现了水和渠的三种影子；由三种变成九种，由九种变成母体。② 九种母体后生成万物。再有，神和人是共同生存发展的，神也识"人间烟火"，天神子劳阿普既要吃粮，也要吃鸡鸭鱼羊。这同简单地把自然存在当作神的崇拜来看又有明显的进步，具有人神同源同发展的思想。

正是出于对自然的灵性尊重和敬畏，纳西族人民用一些宗教理念来规范人与自然的关系。《祭署·开坛经》中说："女子在沟渠边走，照着旧渠

① 伍雄武：《纳西族哲学思想史论集》，民族出版社1990年版，第42页。
② 全国哲学社会科学规划办公室：《纳西族哲学思想史》，http//www. npopss-cn. gov. cn/n/2015/0623/c355637-27195425. html。

走，不让塌沟梗，不使沟变形。住在村寨中没有作乱，住在寨中没有破坏附近的山林，住在大地上没有破坏草坪，住在水旁没有把水搅浑，住在树旁不折取一根树枝。不杀，更不会去杀酋帅。会打猎，更不会射杀红虎。不会捕飞禽，更不会捕杀白鹤。挖石，更不会去开大山石。会砍树，更不会砍古树，会理水，更不会去捕海底。"①

万物有灵在纳西族的生产生活和东巴文化中有着丰富的表现，在这里就不一一列举。对神的崇拜是原始的，也不仅仅是纳西族"一家独有"，很多民族都有自己崇拜的神，但纳西族对自然的崇拜基于万物有灵的思想，并且崇拜的神甚多，即崇拜的对象十分丰富。正因为意识到了万物的灵性，纳西族先民才去敬畏神灵，寻求与神灵的庇佑，保护万物，保护神灵。同时，这些神是人格化的神，神也和人一样，有所需求，需要"吃"，这透露出一些无神论的思想，因为人们在生产生活中发现了人有时也可办到神才能办到的事情，例如纳西族的一些民间谚语：去祭五谷神，不如去下功夫修田引水……求神拜佛任你多，不如三月一场雨。② 当然这个谚语的流传时间是没有得到考证的，但人神共生、万物有灵是纳西族生态思想的一个重要特点。

3. 积极适应自然

纳西族人民在敬畏自然的同时，也在积极探索自然万物的发展规律，并利用自然规律促进自身的发展。《崇搬图》大致讲述了天地形成以后，以从忍利恩为代表的人类祖先如何生存发展的故事。《崇搬图》中，从忍利恩与天神子劳阿普斗争，最终迎娶天女衬红褒白的故事就是纳西族人民勤劳勇敢战胜自然的写照。从忍利恩出生后，洪水带走了他的兄弟和姊妹，只留下他一人。从忍利恩和天神子劳阿普的女儿衬红褒白情投意合，为了繁衍后代，从忍利恩想要迎娶衬红褒白，而天神子劳阿普百般阻挠，设下重重难关。比如天神让从忍利恩把身体擦得滑滑的赤脚上刀梯，让从忍利恩

---

① 郭大烈、和志武：《纳西族史》，四川民族出版社 1994 年版，第 108 页。
② 伍雄武：《纳西族哲学思想史论集》，民族出版社 1990 年版，第 36 页。

赤脚爬九十九座山，一昼夜砍完九十九片森林，一昼夜烧完九十九座山，一昼夜种下九十九颗种子，打岩石羊，捕鱼等，从忍利恩全部办到，这当中当然也有天女衬红褒白的帮助，子劳阿普没辙，将女儿嫁给了从忍利恩，从忍利恩和衬红褒白从天上返回人间的时候，还同凶神可兴可洛发生战斗，最终两人在人间喜结连理，从子劳阿普手中获得了万物的种子、牲畜，勤劳奋斗，创建家园，繁衍子孙。《崇搬图》中，子劳阿普问从忍利恩："从忍利恩啊，你是什么种族呀，你是谁的子孙？"从忍利恩回答道："我是开九重天的九兄弟的后代……我把居那若俹山放在肚里也不会跑……是所有会杀的人来杀也杀不死的种族，是所有会敲的人来都敲不碎的种族。"[1]

《创世纪》中，人在学习耕地时触犯神灵，神灵便派野猪来捣乱。后来，人们想办法套住了野猪，结果招惹东、色二神一起下凡。夸古抬起犁架甩了过去，金古举起犁头打了过去……犁架打在东神的头上，几乎打破银斗笠；犁头打在色神的手上，几乎打断金拐杖。东神吼声惊天，色神叫声动地。这场斗争中，人受到了惩罚，但神也受了伤，人在神面前没有胆怯。

人和神之间斗争实质上是人与人格化的自然之间的斗争，积极适应自然并生存繁衍后代是刀耕火种时代人类的主题，纳西族先民在探索和改造自然时的曲折斗争反映在东巴文化的神话故事中。类似的故事还有，《东巴经》中《恩恒尼汝、高勒趣的故事》，文章记叙了从忍利恩有两个儿子，其中一个叫高勒趣，高勒趣为救父亲而勇闯山神家。俄英杜努为给死难的兄弟报仇而深入妖穴。[2] 在顺应自然法则以求生存的同时，积极改造适应自然、不惧困难，坚信辛勤的劳动必将战胜困难，创造美好生活。纳西族人民在续写人和神的斗争中，也肯定了人与自然之间人主观能动性和人的智慧。

4. 人对自然"偿还"的观念

东巴文化教化人们敬畏自然万物，但在宗教祭祀等活动中，体现出一

---

① 云南民族民间文学丽江调查队搜集翻译：《创世纪（纳西族民间史诗）》，云南人民出版社1978年版，第61—62页。

② 伍雄武：《纳西族哲学思想史论集》，民族出版社1990年版，第84页。

种向大自然生"偿还"的理念，即人生时向大自然索取，离开人世时向自然偿还。这种观念类似于生态学循环，人从自然中来，自然中生，又回到自然。

东巴教认为，人们为了自己的生存，使用大自然所拥有的物质，如伐木、割草、摘花、炸石头、淘金、打猎、捕鱼、汲水、取高岩上的野蜂蜜，甚至使用一些树枝和石头等用于祭祀礼仪，都是取自大自然，是欠了大自然的债。如东巴经《超度放牧牦牛、马和绵羊的人·燃灯和迎接畜神》中说："死者上去时，偿还曾抚育他（她）的树木、流水、山谷、道路、桥梁、田坝、沟渠等的欠债"，"你曾去放牧绵羊的牧场上，你曾骑着马跑的地方，用脚踩过的地方，用手折过青枝的地方，用锄挖过土块的地方，扛着利斧砍过柴的地方，用木桶提过水的山谷里，这些地方你都一一偿还木头和流水的欠债。除此之外，你曾走过的大路小路，跨过的大桥小桥，横穿过的大坝小坝，翻越过的高坡低谷，跨越过的大沟小沟，横穿过的大小森林地带，放牧过的大小牧场、横渡过的黄绿湖海，坐过的高崖低崖，也都一一去偿还他们的欠债"①。

对自然的过度索取，必将遭到自然的报复。东巴文化中对自然"偿还"的观念其实源于人们在生产活动中破坏了生态平衡，即便生命结束，也要为破坏自然生态平衡付出"偿还"。其实，基于生产力水平和对自然的认识进一步加深，生产生活中或是对自然的经验，或是对自然的疑惑，都体现在一个民族的思想文化之中。纳西族有鲜明的东巴民族文化，东巴文化中这种"偿还"的观念，是人们渴望生态平衡、复归自然的生态伦理。

（二）纳西族生态伦理的表现形式

纳西族生态伦理更多地涉及人与自然之间的关系，从宏观上来讲，可以从文化和生产生活两方面来阐述其生态伦理的表现形式。文化是一个民族的思想结晶，文化的内容是宽泛的，《东巴经》中的神话故事、东巴教的宗教祭祀、日常生活中的习惯法中都蕴含着纳西族生态伦理，这可谓纳西

---

①　和士成、李静生、王世英：《纳西东巴古籍译注全集》，云南人民出版社 1999 年版，第 199 页。

族生态伦理的文化表现。人们在日常生活中，遵循文化传统对生态自然的保护规范，在生产生活中不破坏生态环境、维持生态平衡的行为亦是纳西族生态伦理在生产生活中的表现。

1. 东巴文化中生态伦理的表现

纳西族悠久的民族历史铸造了灿烂的东巴文化，不同于大多数民族思想文化的多元性和表现形式的多样化，东巴文化和纳西族的思想文化一脉相承，是纳西族人民思想文化的集中反映。东巴教是东巴文化的经典，是纳西族人民宝贵的文化遗产。东巴教虽然有其局限性，但放在文化的角度去审视，东巴教创造的东巴文明是值得敬佩的。东巴教的宗教特点、神话故事中或多或少都体现了一些纳西族生态伦理。纳西族宗教是具有原始宗教的性质，信仰万物有灵、多神崇拜，但"神"都有具体的自然实物体现，所以，纳西族宗教一个鲜明的特点是自然崇拜，崇拜神化的自然对象和自然力，对自然的敬畏便油然而生，人们在生产生活中便因宗教的禁忌或是宗教的规范，形成对自然主观保护。在今天看来，这正是纳西族先民在处理人与自然关系的体现。纳西族有祭天、祭风、祭龙（署）、祭山神的传统，每逢祭祀的时候，活动场面宏大，都有一些禁忌，人们会自觉地遵守这些禁忌，祈求神灵保佑风调雨顺。

保护水的神话故事。东巴教中概括出一种自然精灵之物——"署"，形成了规模庞大的祭署仪式，传说"署"和人是同父异母、互利共存的兄弟关系，如果破坏这种相互依存的和谐关系，伤害自然，那人与自然的平衡就被打破，人就会受到署神的报复。有一天，人类把烧红的铜块丢进水里，顿时海水四溢，鱼蛙不宁，署大怒，发洪水惩罚人类。人类求助于大神丁巴什罗，大神派大鹏鸟把署抓住，人和署达成和解，最终人每年要祭拜署神，署神也不能危害人类。东巴教认为乱砍滥伐、污染水源、盲目开山劈石、乱捕野生动物，是惹怒署的几个原因，祭署仪式也为那些因上述行为遭致署精灵报复的人禳解灾祸，安抚署，向他们赎罪。[①] 祭署的时候，要咏

---

① 云南省政协文史委员会编：《云南特有民族百年实录·纳西族》，中国文史出版社 2010 年版，第 164—165 页。

念《迎净水》，其中记道："九个太阳烤得大地干裂，人们要去寻找水……祈求盘朱沙美赐谁，盘朱沙美从五个指头间挤出五滴水，落在五座山上，从五座山上淌下水流。人们从河水里迎来净水，兴旺发展了，幸福吉祥了，迎来净水可以除秽驱邪了。"① 在现实生活中产生了一系列对水的禁忌，不能向河里倒脏污，不能乱砍水源周围的树木，不能在河水里洗小孩尿布，不能堵塞水源等。时至今日，我们来到丽江古城依旧可以见到清澈的玉河水在城内街道静静地流淌，这也很好地展现了纳西族人与自然和谐相处的生态伦理。

保护动物的神话故事。《哥来秋的故事》描述：哥来秋父子俩上山打猎，战果颇丰，在无止境的贪欲下，滥杀野兽……他们还不满足一心要到深山打猪油有九背、猪肉有十背的大黄野猪。于是到更深的山里下套，终于套住了那头野猪。结果严重冒犯了署的利益。哥来秋滥杀野生动物的行径也受到村民的纷纷谴责。为了弥补过错，哥来秋的儿子高来秋上山向署神道歉谢罪，保证以后不再捕杀动物，在去向署道歉的路上，他帮助署家族调解蛇、鹿、獐子、虎豹等署族家畜之间的矛盾，终于得到署的原谅。② 在纳西族人眼中，野生动物是署的财产，不能无辜伤害自然生命。因此，人类为了生存，打猎要适度。打猎时，如果打幼兽、孕兽就是伤及无辜生命，就会遭到署的惩罚。

东巴文化，集成了很多保护生态环境、保护生态的神话故事，这些故事背后是纳西族人民与自然"做兄弟"、和谐相处、共长共生的生态伦理的体现。纳西族生态伦理有两个十分鲜明的特点：一是人和自然是兄弟，同生同长。自然界有生命轮回，人有生命周期。从生命的角度，无声无语的自然和人一样是有生命的，人和自然像兄弟一样，有着"手足之情"，这就蕴含着人与自然要相互关心、相互爱护的生态伦理。二是万物有署（神），人不能侵犯署，同时还要向署"偿还"，因为人"欠债"。东巴教认为自然

---

① 云南省政协文史委员会编：《云南特有民族百年实录·纳西族》，中国文史出版社 2010 年版，第 701—701 页。

② 和志武：《纳西东巴经选译》，云南省社会科学院东巴文化研究室 1983 年，第 53 页。

属于署神，同时，人的发展不可能离开自然，不可能不向自然索取生存发展的基本资源，人与自然的矛盾便产生。纳西族人民并不否认这种矛盾，并且还认识到人在这个矛盾中的重要作用，向神寻求和署的和解等神话故事就是很好的证明。在对待人和自然的矛盾时，纳西族明确知道向自然索取是有限度的，超过限度必将受到惩罚，认为人从生命开始到生命结束都在通过获取自然资源维持生命发展，人"亏欠"自然。我们常常说"人是地球的主人"，在纳西族人民的思想里，人在人世间生存，无不依附于自然，人的生命结束了，但自然还实实在在地存在。所以，自然才是这个地球的主人，我们向自然的索取还要"偿还"，我们的生生不息实则都在自然的眼里流逝。纳西族对生态思考局限于原始的生产力，难免有不足、矛盾之处。但在"刀耕火种"的时代下，有这样进步的生态观并影响至今，我们不禁为纳西族独特的生态伦理和悠久的民族文化历史点赞，并为拥有这样的兄弟民族而感到自豪。

2. 生产生活中生态伦理的表现

纳西族人民对大自然的尊重体现在生产生活的具体行为中，一些约定俗成的乡规民约、丽江古城内镌刻着岁月痕迹的石碑、口口相传的谚语格言等都是纳西族人民生态思想在生活中的体现。

丽江古城的地形呈北高南低的趋势，城区内坡坎起伏，顺着地势的变化，人们建起了"三眼井"，有效地利用和保护水资源。三眼井顾名思义，是利用地下涌出的泉水，按照地势差，修建三个三级水潭，这样第一个水潭里的水就顺势流入第二级水潭中，以此类推。丽江古城中共有大大小小的三眼井五口，即白马龙潭三眼井、义尚甘泽泉三眼井、光碧巷三眼井、格宝坞三眼井、寄宝坞三眼井。三眼井的三个水潭有明确的分工，第一潭为泉水源头，清冽洁净，为饮用之水；水从第一潭溢出后流入第二潭，第二潭水质洁净，为洗菜、洗刷炊具之用；水从第二潭溢出后流入第三潭，第三潭为漂洗衣物专用，最后水从第三潭排入排水沟中。三潭相串，各司其职。时至今日，"甘泽泉"泉边立有一石碑，清朝道光年间竖立，上题"永远遵守"。三眼井的设计轻巧、简单实用，三个潭的分工也是有理有序，更为重要的是"永远遵守"的箴言，体现了纳西族人民朴素真实的环保思想。

在丽江的乡村，我们同样可以寻找到水资源保护习惯法的踪迹。大具乡距离丽江城区85公里，位于虎跳峡畔，所辖头台村的水源为山泉水。在这里有许多不能污染水源的禁忌，水源处的森林和鱼都是神圣的，并且人们认为如果破坏水源会受到神灵报复和惩罚。泸沽湖镇木垮村的人们认为，如果在水源处做不干净的事，比如把水弄脏，或者在水源处砍树，会使眼睛得病。香格里拉市三坝乡白地行政村，此处被称为东巴文化的发祥地，传统纳西族文化在这里得到了很好的保留。白水台的水纯净得没有一丝杂质。在古树下的泉眼是人们祭署神求雨的场所，平常家里有人生病时也来此烧香。因此，水源泉眼被视为神圣不可侵犯，出于对署神的敬畏，在今天的白水台会看见泉水依旧清澈见底。①

3. 生产生活中对森林的保护及措施

在丽江束河古镇，至今还保留着刻有保护山林、水源的村规民约的石碑，具体规定了一年中何时能适当砍伐树木，何时禁止砍伐树木，以及对违规者和盗窃树木者的惩罚。丽江白沙雪崧村的民约规定：全村有共同的山林，皆在近村的四五里至二三十里以内，与风水关系密切，平时封山育林，除杂草、枯叶外，一律不准乱砍滥伐，由一名"山官"管理，违反规定者，"山官"可没收违规者的斧头和砍刀，被罚者须用钱来赎回，平时所用柴火须到村公山以外去砍伐，放火烧山者亦罚款。② 著名纳西族学者和万宝说，在他的家乡，在立夏之后绝不砍伐任何一棵树。全村有固定的时节集体砍伐树木的严格规定，砍伐之后要由村中长老验收，砍伐的树种和数量符合规定才能使用，否则将受到处罚。③

20世纪50年代前，丽江一些村寨还专门成立了保护山林的组织"老民

---

① 偶芳：《人与自然是兄弟——对云南丽江纳西族环境保护习惯法的文化解读》，西南政法大学硕士论文，2004年，第10页。

② 王承权、李近春、詹承绪：《云南四川纳西族文化习俗的几个专题调查（铅印本）》，中国社会科学院民族研究所民族学研究室1981年，第194页。

③ 杨福泉：《纳西文明：神奇的象形文王国》，四川人民出版社2002年版，第34页。

会"。"老民"必须是村中德高望重的老人，这些老人负责制定保护全村自然资源的村规民约，由他们选出管山员和看苗员看管好公山和田地。担任管山员和看苗员的人必须具有强烈的责任心以及耿直无私的品质，"老民会"有权依据村规民约进行惩罚。德高望重的老人组成"老民会"以及由这些富有责任心、有着良好道德品质的人看山护田，本身就意味着纳西族人对"署"生态的重视。①

关于保护山林的碑文。丽江黑龙潭内有一个关于保护山林的乡规民约的石碑，清朝道光二十八年（1848 年）季春，丽江合郡绅士普民同立《象山封山护林植树碑》，原文如下：

晓谕封护主山，永禁采挖放牧，以培风脉事案。

据丽江阁郡绅普公词呈称：缘丽江象山，风脉凝聚，所有文、武庙、府治、县治具自此山发脉。为因墉工食力之流，希图近便，任意扳石挖土，采樵放牧，年深日久，每遇水潦，时有倾圮，以至山骨暴露，形势枯槁。土民等窃思：四乡各村主山，尚知保护，况属城府主山，为本郡风脉所关，尤宜爱惜。兹当同公议：东至阿卢罗大阱上，西至黄山，南至大路止，北至此山顶，四至开明，周围五六里内，永禁扳石挖土以及樵牧等事，情愿设立看山二人，每日轮流查看，且各认地界种植松柏。庶几十年间，蔚然深秀，为一郡之观瞻。伏乞天恩出示晓谕，土民等谨遵勒石，以垂久远，则风脉凝聚，人物兹丰，沟为利益地方，培植将来之盛意，当顶祝鸿慈涯矣！等情。据此，象山为丽郡主山，自应保护，以培风脉。除公呈明晰批示扎伤丽江县知照外，合行出示晓谕。为此，示仰阁郡军民等人知悉：自示之后，尔等永遵公议，自东南西北四至阿卢罗大阱、黄山、大路、山顶等处五六里内，永禁挖石取土，采樵放牧。以免山骨暴露，山势凋残。又于各地界种植松柏，殊足培形势而壮观瞻。唯栽植之始尤当护惜培养，尔等居民牲畜各宜他处放牧，不许践踏禁山。倘敢不遵约束，妄于禁封界内攻凿土石，砍伐树木，纵放牧畜，任意践踏，确有证据者，许看山人役通

---

① 吉凯：《人与"署"是同父异母的兄弟——传统纳西族的生态道德观念及其现代意义》，《理论界》，2012 年第 2 期。

知绅者，指名赴地方官衙门禀报究治，决不姑贷。各宜凛遵勿违，特示。①

以上列举了纳西族人民日常生活中常见的一些保护生态的措施，还有很多这样的具体措施贯彻在纳西族人民的日常生活中，待进一步发掘研究。我们也可认识到，环境问题是生产力发展到一定阶段的产物，是人类必然要面临的问题。纳西族在发展历程中，同样出现了由于发展破坏生态的问题。通过石碑，我们看到，"解铃还须系铃人"，通过人的努力平衡人的需求和环境的承载，钟灵毓秀的生态环境还是能和人的发展之间达成平衡。站在新的发展时代，我们在谋求自身发展时，也要谋求生态的发展，用新技术革新人的生活方式的同时，融入对环境保护的考量，有效地平衡人和自然的关系，因为，给予我们生命的是大自然，如果我们不保护环境，终结环境的同时也在终结人类自己。

第三节　哈尼族生态伦理

根据第七次全国人口普查，中国境内哈尼族的人口数为1733166人。其中，云南哈尼族人口约160万，并集中分布于云南南部元江（红河）、澜沧江两江的中间地带，这一地带也就是哀牢山、无量山之间的广阔山区。哀牢山和无量山自滇西巍山南部，由云岭山脉分出，纵贯滇南全境。哈尼族分布区域，处于汉、彝、白、傣、拉祜等族分布地的中间地带，并有苗、瑶、回、壮等族分布其间。红河哈尼族彝族自治州的红河县、元阳县、绿春县、金平苗族瑶族傣族自治县四县是哈尼族人口最集中的地区；其次是思茅地区的墨江哈尼族自治县、江城哈尼族彝族自治县、普洱哈尼族彝族自治县、澜沧拉祜族自治县、镇沅彝族哈尼族拉祜族自治县；然后是西双版纳的勐海、景洪、勐腊，玉溪地区的元江哈尼族彝族傣族自治县、新平彝族傣族自治县。此外在峨山彝族自治县、建水县、景东彝族自治县、景

① 偶芳：《人与自然是兄弟——对云南丽江纳西族环境保护习惯法的文化解读》，西南政法大学硕士论文，2004年，第15—16页

谷傣族彝族自治县等县也有少量分布。①

哈尼族大部分聚居于海拔 800 米至 2500 米之间的半山区，与立体地貌中立体分布着的其他民族和睦相处。哈尼族居住的地区，山高谷深，自然条件优厚，地下蕴藏着锡、铜、铁、镍等各种丰富的矿产，闻名全国的"锡都"，就在原红河哈尼族彝族自治州首府个旧市（现首府已迁到蒙自）。在连绵起伏的哀牢山森林中，有云南松、滇柏、棕榈、油桐、樟树等优质林木和经济林木；有虎、豹、熊、鹿、麂子、风猴和孔雀、鹦鹉、雉鸡等珍禽异兽；出产三七、黄连等药材。这里是亚热带气候，雨量充足，土地肥沃，适宜稻谷、玉米、棉花、花生、蓝靛、茶叶等作物生长。

哈尼族内部支系繁多，有多种自称，其中哈尼、卡堕、雅尼、豪尼、碧约、白宏等六种自称人数较多，另还有哦怒、阿木、多泥、卡别、海尼等自称。本民族内部自称的互称和其他民族对哈尼族的称谓也不一致。如元阳的哈尼互称糯美、糯比、各和等；雅尼互称觉围、觉交，汉族又称其为爱尼，称豪尼为布都，称哦怒为西摩洛等。在汉文史籍中，哈尼族的历史名称有和夷、和蛮、和泥、禾泥、窝泥、倭泥、俄泥、阿泥、哈尼、斡泥、阿木、罗缅、糯比、路弼、卡惰、毕约、豪尼、惰塔等。其中大部分与目前的自称和互称相近或相同。而云南哈尼族人口约 160 万，占云南少数民族人口的 10.44%，主要分布在元江、墨江、红河、元阳、绿春、金平、江城七县，13% 居于澜沧县和西双版纳州，其余散居在红河以东的禄劝、屏边等十余县。

一、哈尼族生态伦理的形成与渊源

同其他民族一样，哈尼族生态伦理本身体现了该民族在与自然相处中认识和利用自然的能力、水平和智慧，它根植于时代背景和丰富深厚的文化渊源中。

---

① 参见教育部人文社会科学重点研究基地西南大学西南民族教育与心理研究中心关于"哈尼族"的介绍，http：//epc. swu. edu. cn/info/1078/4007. htm。

（一）哈尼族生态伦理形成的时代背景

哈尼族生态伦理的形成具有特定的时代背景。千百年来，哈尼族人民为了生存和发展，不断地与自然进行较量，从而形成了自己独特的生态伦理。

特殊的地理环境造就了独具特色的哈尼族生态伦理。中国是一个多民族国家，拥有 25 个少数民族的云南是中国的缩影。"哈尼族是云南第三大少数民族，是集中分布在云南省的中国少数民族之一。她在云南省内也具有地域分布相对集中的特点。绝大部分哈尼族分布在云南南部红河和澜沧江的中间地带，哀牢山和无量山的广阔山区。"① 该地区就是习称的"三江两山"（红河、澜沧江、把边江和哀牢山、无量山）地区。其中，哀牢山区的红河、金平、元江、墨江、元阳、绿春、江城等县是哈尼族最为集中的地区，占哈尼族总人口的 76%。这样独特的地理环境造就了哈尼族独具特色的生态伦理。

农耕经济背景下，形成了独具特色的哈尼族生态伦理。"哈尼"的意思是"山地之居民"，哈尼族是以农耕为主业的山地民族。"哈尼族为复合民族。根据考证，哈尼族其族源属于古代羌人，经历了几次从北到南的大迁徙。秦汉之际，哈尼族先民在逐渐南迁进入云南境内之后由原始的游荡狩猎生活转向较为稳定的农耕生活。至今，哈尼族仍是处于自给自足的自然经济状态下的农耕民族，主要从事农业生产。"② 中华人民共和国成立前，哈尼族生产力水平低下，社会经济发展很不平衡。"分布于墨江、元江等靠近内地的哈尼族，由于受到汉族经济文化的影响比较大，自明清以来已陆续进入封建地主经济的发展阶段。分布在西双版纳、澜沧江一带的哈尼族，在傣族封建领主的统治下，有些地方还残存着原始农村公社土地所有制的一些特点。红河南岸的红河、元阳、金平、绿春等县的哈尼族，则处于封

---

① 角媛梅：《哈尼梯田自然与文化景观生态研究》，中国环境科学出版社 2009 年版，第 1 页。
② 范元昌、何作庆主编：《红河哈尼族文化研究》，云南大学出版社 2008 年版，第 107 页。

建领主经济向地主经济过渡阶段。"① 在生产力低下和经济发展极不平衡的农耕经济条件下，形成了独具特色的哈尼族生态伦理。

哈尼族人民认为人与自然的关系不是矛盾对立的关系。"顺从自然就是顺从天神，人与自然和谐相处就是天神意志的完美体现，这种观念的产生与哈尼族所处的生态环境有着直接的联系。人们生活在山区，从事艰苦的农耕作业，山林、水源是他们最基本的生产资料，在利用自然、改造自然的同时，必须保护自然、善待自然，必须尊重自然而不是虐待自然。只有这样，一个民族才能在严峻的自然环境中不断绵延发展下来。"② 从民族学和历史学的角度出发，"在原始社会乃至经济文化较为落后的一些民族地区，由于生产力极端低下，自然处于人类的控制之外，在很大程度上，人类因此受制于自然力，人类的生存所系和生活所需，几乎无不依赖于自然的'恩赐'和偶然的机遇"③。哈尼族人民为了生存和本民族的发展，必须与自然和谐相处，在此过程中形成了独具特色的哈尼族生态伦理。

（二）哈尼族生态伦理形成的文化渊源

"哈尼族是一个'迁徙民族'。其祖先在遥远的北方。那时，文化落后，人口不多。因自然和社会两方面的原因，才逐渐向南方移动。随着文化的发展和自然条件的优越，人口渐渐多起来。进入哀牢山区后，由于有了优厚的物质条件和安宁的生活，人口迅速发展，并分出许多村寨，占据了红河流域和礼社江流域的广大地区。哈尼族的迁徙史和发展史说明，哈尼族不管有多少人口，如何分散而居，其文化都是一个源头。"④ 追溯哈尼族的文化渊源，对于弄明白哈尼族独特的生态伦理是十分重要的。

历史上，哈尼族属于无文字民族，民族文化依靠世世代代的口耳相传。在数千年的历史进程中，哈尼族人民不仅创造了丰富的物质财富，而且还

---

① 杨宏峰主编：《中国哈尼族》，宁夏人民出版社2012年版，第2页。
② 范元昌、何作庆主编：《红河哈尼族文化研究》，云南大学出版社2008年版，第42页。
③ 马居里、罗家云：《哈尼族文化概说》，云南民族出版社2000年版，第131页。
④ 李光荣：《从民间文学看哈尼族的传统生态观》，《民族学刊》，2016年第5期。

创造了富有民族特色的灿烂文化和丰富多彩的民间口传文学。其中民间的口传文学不仅内容丰富，体裁多样，形式全面，包括神话、故事、传说、歌谣、史诗、谚语等，而且极富文化内涵。尤其值得重视的是：这些文学中蕴含的生态意识、生态伦理和生态智慧与现代生态学的某些观点不谋而合，显示了传统民间文化中的现代生态伦理。

二、哈尼族生态伦理的主要呈现

哈尼族生态伦理并未形成成熟完整的体系，但是，其内容则非常丰富，蕴含于文化传统、生活习俗等各个方面。

（一）哈尼族生态伦理的主要内容

哈尼族生态伦理强调"天人合一"的自然观。受特定的自然地理环境的影响，哈尼族人民习惯把人类放在整个生态环境中加以考虑，强调人与自然环境息息相通，浑然一体，由此形成了"天人合一"的生态伦理观。在《天、地、人的传说》的创世故事中，"大鱼变成了天、地、神、人，牛的身体变成了宇宙万物。这个故事看起来和广为人知的盘古开天辟地的故事很像，但却有着本质的区别。在盘古开天辟地的故事中，是盘古，也即是人类的肉体变成自然界万物。而在哈尼族的创世故事中，是自然物（大鱼）变成了人类，是自然物（牛）变成了日月星辰。前者更多地彰显了人类对自然界的征服，人是万物的创造者和主宰，而后者则强调自然是人类的起源，自然化育人类。尽管两者都包含着'天人合一'的生态伦理，即大自然与人的和谐统一、紧密相连的关系，但哈尼族创世故事中体现的天人合一的理念，具有更鲜明的生态意识和生态寓意"①。同样，梯田文化也充分地体现了哈尼族在天人关系的和谐观，通过哈尼族的梯田文化，我们也可以看到其背后人与自然和谐相处的生态伦理。

哈尼族生态伦理提出了敬畏、感恩自然物的观念。万物有灵是哈尼族原始宗教中的一个基本观念。"哈尼族认为，宇宙是神创造的，万物是神养

---

① 于敏：《论哈尼族民间故事中的生态意识》，《红河学院学报》，2015 年第 2 期。

育的，神给予宇宙万物以灵魂，人不仅不能伤害他人，也不能轻易伤害其他生物，甚至不能轻易伤害无生命的东西，人与自然最恰当的相处就是和谐。和谐相处也就是服从神的意志，是对神崇敬的具体表现。"① 哈尼族敬奉日月星辰；敬奉山岳，红河县境内的阿姆山被哈尼族看作神山，每年有数十个村寨的人去祭拜；敬奉动物，哈尼族对狗、虎、蛇等动物尤其崇拜；敬奉山林，哈尼族每个村寨旁都有一片树林，称为"神树"，任何人不得砍伐，也不得对它有任何不敬之举。因对大自然的敬畏，人们不滥砍树木，不滥开垦荒地，客观上起到了保护自然、实现可持续发展的作用。哈尼族是一个善于与大自然和谐相处的民族，"哈尼族先民相信存在着众多的自然神灵，哈尼族生活于其间，就是对自然之神的眷顾。因此，他们在向自然索取的同时，努力追求一种与自然的和谐"②。

　　哈尼族生态伦理提倡对自然资源索取要适度。人类依赖于自然，依赖于自然提供的一切资源。"社会满足自身需要的可能性不但有赖于各种资源的可能性，而且依赖于极为重要的第二个因素——能源是怎样被利用的。如何利用和改造自然，利用、改造的好坏，都直接影响到人类赖以生存的生态环境，影响人类的生存与发展。"③ 哈尼族先民在长期的生产实践过程中认识到：当人类对资源的利用达到一定限度时，大自然就会报复人类。因而，他们在利用自然的同时，有选择地控制对自然资源的使用。根据自然资源的数量与季节合理发展生产满足人们的物质需求，形成了适量的消耗动植物、适时利用自然资源，使自然保持自我循环的生态观念。如不在动物繁衍和交配期捕猎，不做灭绝性的猎杀等都是不干扰动物的正常生长繁衍；视村寨边或村前寨后的古木大树为神圣之物，严禁砍伐修枝，任其生长。马克思主义经典作家认为，任何事物的发展都受规律的支配和制约，一旦违背了它的规律，就会遭到惩罚。尽管哈尼族是农耕民族，但哈尼族

　　① 李光荣：《从民间文学看哈尼族的传统生态观》，《民族学刊》，2016 年第 5 期。
　　② 范元昌、何作庆主编：《红河哈尼族文化研究》，云南大学出版社 2008 年版，第 50 页。
　　③ 肖雅锟：《云南少数民族传统生态伦理及其现代审视》，河北师范大学硕士论文，2009 年，第 26 页。

与动植物之间、与自然之间的关系从未出现失调，这跟哈尼族人民提倡向自然界索取有度的生产生活方式是分不开的。

（二）哈尼族生态伦理的表现形式

哈尼族的"分区育林"与"种子孙树"[①] 是非常突出的一种形式。哈尼族是一个崇林拜树、农林兼营的山地民族，历来注重山水田林路的综合治理，保持了良好的农业生态环境，举世闻名的"哈尼梯田"堪称传统生态农业的一个典范，亦成为世界一绝。历代哈尼人从实践中认识到有林才有水，他们根据森林的不同功能，将其划分为六大功能林区，即寨神、勐神林区，公墓坟山林区，村寨防风防火林区，传统经济植物林区，传统用材林区，边境防火林区等。其中，传统经济植物林区和传统用材林区可以适时封育，定期开放和开发；其他林区主要功能是祭祀、护寨和维护村寨环境等功能，一般不能进入上述四类林区内进行伐木和樵采等，违反者将受到严惩。特别是"寨神、勐神"林区和公墓坟山林区更是神圣不可侵犯，人畜未经许可一律不准进入，更不准伐树和垦殖。在哈尼族群众聚居地，这两类林区是历代保存最为完好的，至今仍处于原生状态的森林，几乎无人敢犯禁。历代哈尼族还严禁砍伐溪河两岸和山箐的森林，以保护水源。即使在历史上盛行刀耕火种的哈尼族聚居区，都要在村寨周围预留不少于千亩的风景林，其作用一是防止野火延烧村寨，二是将刀耕火种的轮歇地与村寨分隔开来。凡到过哈尼村寨的人们，无不为当地群众历来对山水田林路综合治理所形成的独特的梯田风光所陶醉和折服。同时，哈尼族群众在历史上就有"立寨植树""为子孙种树"的民谚和风习，凡栽植藤、茶、竹、树者，历来是谁种谁有，永久继承。一般是父辈，甚至祖辈种下的林木，儿子、孙子成家立业时已成为大宗财富。进一步看，哈尼族的生态伦理主要体现在以下几个方面：

一是"从哈尼族的意识形态来看，哈尼族在长期适应环境的过程中逐

①　古开弼：《我国历代保护自然生态环境的民间规约及其文化传承》，中国生物学史暨农学史学术讨论会论文集，2003 年，第 26 页。

渐形成了'天人合一'的自然观，反映在他们的宗教信仰和神话传说中，便是对自然实体的多神崇拜。哈尼人认为自然万物都有生命，由一种超自然的力量在支配和主宰着一切自然物，即一种完全异己的、有无限威力的和不可制服的力量与人们对立着。基于这种认识，他们把成败得失归功于自然物，把难于把握的自然变化和与自己经济生活相关的动植物人格化"①。从哈尼族的神话《天、地、人的传说》《兄妹传人种》《开天辟地》等故事中可窥一斑。同样，从哈尼族先民把虎、牛、鱼、蛇等自然物作为自己的图腾崇拜也能看出，他们按照自己的想象对自然进行猜测和创造、供奉和祈祷，以求得神灵的庇佑和保护。"哈尼族将自然和人类看作是天神意志所谓外化物，天神将人类和自然定位，将自然节律当作天神意志的具体表现形式。按照自然节律是哈尼人处理天人关系、地人关系的最高准则，他们安于天神界定的范围，与大自然融洽相处，让自己完全融入大自然的怀抱。"② 在哈尼族的宗教信仰中，"人与自然物、超自然物是均衡存在的，人在这个世界上绝对不是唯一的主人，也绝对不享有任何统治自身生态环境——地球、天空的任何特权，也永远不会有统治他们的力量和能力，人们唯一能够做到的，就是与宇宙的万事万物和平共处，互相依存，共同繁衍"③。哈尼族这种传统的对人与自然关系的认识，自然而然地形成了哈尼族的生态伦理，在一定程度上促进了人与自然的和谐发展。

与宗教紧密相连的禁忌文化，在客观上约束着人们对自然的行为。长期以来，禁忌文化已经内化为一种心理上的坚定信念和行为，使人们意识到在日常生活中什么该做，什么不该做。信奉林神和水神的哈尼族认为，村头寨神树林里，禁止放牧、砍柴伐木；禁止捕逃入或栖息此林中的飞禽走兽；甚至连寨神林里掉落的枝叶都不能捡回家使用，否则这些都会被认为是对护寨神的不尊重而使村民遭到厄运。又如哈尼族平时教导族人、村

① 白葆莉、冯昆思：《哈尼族生态伦理及其现代价值》，《红河学院学报》，2007年第1期。
② 白葆莉、冯昆思：《哈尼族生态伦理及其现代价值》，《红河学院学报》，2007年第1期。
③ 白葆莉、冯昆思：《哈尼族生态伦理及其现代价值》，《红河学院学报》，2007年第1期。

民和后代子孙，到井边、泉边、龙潭边喝水时，不能在出水口洗手，不能把脏水弄到井中、泉水里、龙潭里，不能在里面洗脚，教诲人们要保护好水源，水神才会保护人类，否则必遭厄运。凡此种种，虽都是用自然宗教禁忌戒律提出并传承下来，虽然不是唯物主义的观点，也不是从科学的角度出发，而是带有或多或少的唯心主义的观点，但它对保护自然生态环境起到了举足轻重的促进作用，反映和体现出哈尼族保护自然环境和生态平衡的强烈意识。

二是从哈尼族生产生活方式来看，"哈尼人充分利用、保护和发展了滇南哀牢山的森林植被、地理气候和水利资源，加以人工的整合，形成了独具特色的梯田生态系统，具有鲜明的人与自然相融互补的特性。哀牢山地形复杂悬殊，立体气候明显，光热条件好，雨量充足，森林覆盖率高，形成'一山有四季，十里不同天'、'山有多高，水有多高'的状况，为梯田的形成提供了可能。在长期顺应自然的过程中，哈尼人不仅懂得利用自然，而且懂得保护自然，凭据自己的智慧和勤劳的双手，奏出一曲'森林—村寨—梯田—红河'四位一体、人与自然和谐相处的乐章，体现了人与自然和谐相处的内在要求"①。

发展梯田，不仅可以很好地适应山地耕作的需要，而且使人口的增长对山地不至于造成太大的压力和破坏，满足了哈尼族人民的生存和发展的需要，又可以通过梯田对水源地截留减少山洪暴发，是一种充分利用自然资源的生产生活方式，同时也形成了独特的亚热带山地坡面生态系统。"哈尼族在长期的梯田生产中总结出许多经验，对所处的环境保护有着合理的认识。如森林是梯田生态系统的核心，为梯田的运作提供足够的水源和保持梯田不被夏季暴雨冲毁。"② 哈尼族人民认为树是水的命根，水是田的命根，田是人的命根。因此，哈尼族人民把森林看成自身的一部分，像爱护自身一样爱护着森林。把高山森林划分为水源林，把村寨后面的森林划分

① 白葆莉、冯昆思：《哈尼族生态伦理及其现代价值》，《红河学院学报》，2007年第1期。
② 白葆莉、冯昆思：《哈尼族生态伦理及其现代价值》，《红河学院学报》，2007年第1期。

为寨神林，把村寨周围的森林划分为风景林，他们有一整套严密的保护森林的制度安排。例如不允许牲口进入寨神林，禁止砍伐树木，定期派人管护森林。甚至哀牢山一带的哈尼族一年数次的大规模祭山和一年一度的隆重节日"昂玛突"，都有借助神灵保护森林的意义。可以说，"森林生态伦理是哈尼梯田永葆青春的动力，体现了哈尼族的生态文明，是哈尼族千百年来善待大自然和森林给予哈尼族巨大的精神和物质财富的回报，是哈尼族在 21 世纪赖以生存和发展的'生态位点'"①。哈尼族在长期的梯田耕作中还形成了独特的施肥方式，即利用高山流水把肥料直接运送到梯田里。一方面，水流将原始森林中的大量腐烂物质及人畜粪便冲至沟渠，加上水中固有的养分，常年流淌过梯田，成为一种自然的施肥。而在固定的季节将人工蓄肥和山林自然肥在人为的疏导下顺水注入梯田，即"冲肥"。另一方面，"哈尼族利用活水施肥是哈尼族高山农业生产经验的集中体现，既可提高梯田的肥力和地力，还减少了对环境造成的污染，形成了一个自净系统"②。可以说，哈尼族在天人关系上的和谐观念，人与自然、人与天地融为一体，保护梯田耕作得以继续下去的生态环境，做到人与自然协调发展的生态伦理，都源于千百年来梯田耕耘的历程。

三是从乡规民约、民族习惯法来看，哈尼族很早以前就有了对生态环境进行保护的规定。"哈尼族虽然没有自己的传统文字，但从现存的用汉文记载的有关法律文物资料和口头传承的法律法规中，仍可看出乡规民约的生态价值取向，即实现人与自然的和谐发展。如反映哈尼族对生活环境的选择和维护的传统分寨政策及村寨选址原则'惹罗古规'、适应梯田发展的水规等。分寨就是当村寨新开挖的梯田与村寨的距离超过一天的路程时，也可认为当增加的人口从原有的梯田内得不到足够的食物时，一部分哈尼人从村寨中分出形成新的村寨，即母寨分出子寨。这种人口主动适应自然

---

① 曹正学：《略论哈尼"梯田文化"森林经济的特点及发展思路》，《蒙自师范高等专科学校学报》，2003 年第 1 期。

② 王清华：《哀牢山自然生态与哈尼族生存空间格局》，《云南社会科学》，1998 年第 2 期。

环境而采取的分寨对策，使人口被分散，从而保证了哈尼梯田生态系统的长期稳定。"① "惹罗古规"具体规定了村寨选址时要有茂密的森林、充足的水源，要在平缓的山梁上，靠山向水，向阳背风，与哈尼梯田形成一个有机的生态系统。村寨建成后，对全村水源的配置、森林的保护、自然灾害的抵御、生产过程等都有严格规定。如围绕着梯田的开垦，以水资源为核心，哈尼族先民发明了一整套秘密有效的梯田水资源管理制度。从开挖沟渠的用工投入，到水资源的所有权、用水量的分配、沟渠的管理和维修等都有一整套严密的制度安排和实施机制。哈尼族先民发明了"木刻定水"的制度，通过村规民约的实施机制得到不断的强化，规定梯田用水量根据田地数量共同协商，按照水流顺序，在耕地与水沟的交界点设置横木，并在横木上刻定各份梯田应得的水量标志，让水自行流淌到田里。这个古老的乡规民约对于水的合理利用和梯田的稳定发展起到了良好的作用。

四是从哈尼族的生活习俗来看，哈尼族朴素的生态伦理在日常生活，尤其是在重大活动中体现出来。"哈尼人把一切都融入了梯田之中，从衣食住行、婚丧嫁娶、节日庆典、宗教祭祀等各类有形的民俗活动，直到思维方式、人生态度、处事原则、伦理道德、审美意识等无形的意识形态，无一不是从梯田中繁衍派生的。"② 比如哈尼孩子一出生，父母就会在寨脚的树林旁栽上三棵小树，并且将小孩的胎盘埋在树下面，用洗小孩的水浇灌树根；孩子长大，小树也随着长大，使小孩从小树立爱护树木、保护森林的观念。

从哈尼族的居住环境来看，"哈尼族喜欢选择中半山的向阳坡建造房屋，这得益于哈尼人对整体自然环境的认识和把握，也是适应梯田农耕生产形成的，河谷地带，炎热潮湿，瘴疠流行，毒蛇、蚂蟥、蚊虫横行，高寒山区，又冷又潮，野兽出没，人类难以生存。中山气候温和，有利于生活；紧靠高山森林，有利于对森林和水源管理。人可以获得清洁的水源，

① 白葆莉、冯昆思：《哈尼族生态伦理及其现代价值》，《红河学院学报》，2007 年第 1 期。
② 白葆莉、冯昆思：《哈尼族生态伦理及其现代价值》，《红河学院学报》，2007 年第 1 期。

可以上山狩猎采集野果获取肉食和蔬菜，可以方便地到村寨下面的梯田里管理水稻，也可以把村寨的肥水顺道送入梯田，随时修理和维护水沟，还可以节约出可开垦为梯田的耕地，并使村寨不至于被从山上下来的水流冲毁。而哈尼族的蘑菇房，集干栏式建筑、土掌房建筑和封火楼建筑的特点于一身，一层关养牲畜，二层住人，三层堆放粮食、杂物等，正房的一侧和厢房的顶部建成平顶，符合山区梯田稻作民族晾晒谷物的实际需要。正房顶部用草顶和土顶重复叠加的形式，有利于防火和防雨。哈尼族的居家建筑和哀牢山特殊环境及梯田农业血肉相联系，浑然一体"①。

① 白葆莉、冯昆思：《哈尼族生态伦理及其现代价值》，《红河学院学报》，2007 年第 1 期。

第四章

渝黔地区主要少数民族生态伦理

　　渝黔地区尤其贵州是我国少数民族聚居区，境内居住着苗族、布依族、侗族、水族等，渝东南地区则主要居住着苗族和土家族。个别少数民族聚居区也是我国连片贫困地区，这些地区往往在生态保护和经济社会发展之间存在一些困难和矛盾，深刻挖掘这些少数民族生态伦理，对理解"绿水青山就是金山银山"的理念有深刻的意义，对推进渝黔地区经济社会发展和生态环境保护之间关系的协调并提升生态文明发展水平，有着重要而深远的意义和作用。

第一节　苗族生态伦理

　　根据第七次全国人口普查，我国境内的苗族人口为 11067929 人，主要分布在贵州、云南和湖南湘西等地区。

　　苗族大多居住在边远山区，但由于分布地域广阔，各地自然环境差异也较大。黔东南、黔南和桂北处于云贵高原边缘，海拔从 1000 多米降至 400 米左右，地势由西北向东南倾斜，境内有山脉延绵全境，潕阳河、清水江、都柳江贯穿苗区。湘西、湘西南、黔东北、鄂西南和渝东南位于云贵高原东侧的武陵山脉地带，海拔、地形与黔东南地区相近，境内有武陵山脉延伸其间，河流有沅水、酉水、澧水和清江等。这些地区年平均温度为 15℃，年降雨量 1060—1600 毫米，无霜期长，冬暖夏凉，四季分明，雨量充沛，不仅宜于稻作，而且十分有利于林木生长。粮食作物以大米为主，辅以玉米、薯类、小麦、豆类及高粱等，经济作物有油菜、烟叶、苎麻、甘蔗、花生、棉花等。木材资源十分丰富，其中用材林有松、杉、柏、楠、青枫等，尤以杉木最负盛名。经济林有油茶、油桐、核桃、板栗、柑橘、猕猴桃等，还出产党参、桔梗、吴萸子、三七、金银花等药材。地下矿藏资源也极为丰富，其中汞、钨、锑、锡、铅、煤、铁、黄金等的蕴藏量较大。川南、黔西北、云南的苗族大多居于高山之巅或半山腰，少数居住在河谷平坝，这一带海拔较高，气候寒冷，山高路险，水资源匮乏，农耕条件较差，除河谷平坝和少数半山区适宜水稻种植外，其余以玉米、麦类、荞麦、甘薯、马铃薯为主食。药材、各种山珍和果木都很丰富，药材有天麻、三七等，山珍有竹笋、山药、香菇、木耳、蕨菜、水芹菜等，野生水果如猕猴桃、八月瓜、梅子、李子等，还有煤、铁等矿藏资源。海南苗族地区地处热带，盛产橡胶及各种热带水果。

　　苗族是一个以农业为主的农耕民族。中华人民共和国成立前，苗族的农耕生产可分为两种类型，即山地生产和水田生产。山地生产主要采用的是"刀耕火种"的耕作方式，包括砍伐树木、焚烧草木、播种、看护和收割等主要过程，一般连作2—3年即停歇数年，又称轮耕或游耕。山地所产杂粮以玉米为主，其他有豆类、麦类、荞麦、薯类等。为尽量利用土地，苗族对各种作物多做套种安排，即一块地每年或几年分种不同的杂粮，以保证产量。西南多山少地，苗族只能在一些山间小盆地及溪河沿岸开发出若干水田，或将一些山坡改造成梯田。近代以来，大部分苗族地区已由以山地生产为主转变为以水田生产为主。苗族种植水稻，其耕作技术相当讲究，他们比较重视改良土壤，注意稻种的合理密植，并总结出自己的一套田间管理技术，有一套防治病虫害的方法，讲究追肥及合理排灌。值得指出的是，苗族在长期的水稻生产实践中，为了在有限的土地上提高产量，很早就有在稻田中养鱼的习惯。稻田中养鱼，不仅在原有土地上增加了鱼产量，而且稻谷产量和质量都有所提高。

　　在农业出现以前，狩猎和采集就是苗族劳动生产的主要部分。进入农耕社会后，狩猎仍是农业经济的重要补充，一直延续到近现代。20世纪50年代以后，随着国家关于生态环境、野生动物保护等法律法规的颁布，伴随着苗族地区畜牧业的快速发展，狩猎才在苗乡逐渐减少或消失。狩猎采集社会食物资源平均分配给全体成员的重要特征对苗族社会产生了深远影响。苗族在几十年前仍保存着"进山打猎，见者有份"的古老分配方式，这一古风遗存在苗族现实生活中的另一表现就是强调团结协作、互助及集体至上。

一、苗族生态伦理的形成与渊源

苗族很早就有自己的宗教信仰。经过长期的历史发展，不同地区苗族的宗教信仰有所不同。有的苗族地区由于交通闭塞，苗族信仰原始宗教；有些地区苗族群众与汉族群众长期相处，受汉族宗教信仰的影响，特别是道教和佛教（苗民通称为"客教"）的影响，兼信仰汉族的宗教；还有少数苗族地区，如威宁、石门坎和湘西沅陵等地在近代由于受外国传教士的影响，有改信天主教和基督教的。但总的来看，多数苗族群众信仰的仍是本民族长期形成的原始宗教，包括自然崇拜、图腾崇拜、鬼神崇拜、祖先崇拜。

苗族自然崇拜的主要对象有天、地、日、月、巨石、大树、竹、山岩、桥等。在云南的金平、麻栗坡等地的一些苗族中，每当农作物抽穗时都要祭"天公地母"，祈求天地使农作物丰收，这是苗族崇拜天、地的遗迹。苗族先民有自己崇拜的图腾。由于苗族支系繁多、分布广，他们崇拜的图腾有多种，如枫木、蝴蝶、神犬（盘瓠）、龙、鸟、鹰、竹等。黔东南地区的苗族先民把枫木作为图腾进行崇拜，认为自己的祖先源于枫木；另外他们还把蝴蝶作为图腾，认为其祖先姜央是"蝴蝶妈妈"所生。湘、鄂、川、黔交界地区的苗族先民还以盘瓠为图腾，至今这一带还保留了不少盘瓠庙、辛女宫。而贵州西部苗族则以鸡为图腾。时至今日，苗族中还十分盛行祖先崇拜。每逢节日，苗族群众也都要举行祭祖仪式。许多苗族地区，家家堂屋正中都供有祖宗牌位，平时天天祭祀。

苗族生态伦理的形成可以从信、德、理三个视角探讨：从"信"的维度来看，苗族生命伦理的形成可能与苗族早期农耕生计模式下对植物生命神性的理解有关，它的基本法则是遵循"万类有命""万命共尊"与"万命互换"。生命被认为是"灵魂"与"肉体"合一的神性存在。所以，生命的主要责任是实现种族繁衍，求得生生不息，避免断裂。换言之，苗族人以追求生命的连续与繁衍作为世俗生命价值的最高境界；而确保肉体生命消失后灵魂生命得以转世或升华为神灵，则为他们神灵世界的最高追求。这意味着在苗族的生命观里，生命是一轮"封闭式的圆环"——生与死本来就没有边界。在这种正常死亡是生命升华的生命伦理观指引下，人虽贪生但并不怕死，因为正常死亡会使人变成神，并能回到祖先故地与先祖团聚。

"德"被认为是苗族生命伦理中最重要的构成要素之一。从"德"的维度看，凡是恃强凌弱、强取豪夺他人财物、乘人之危等均为失德行为。懂得敬畏被认为是德行的表征。神判仪式的高频率举行就意味着对德性不断地重塑和修补，因为一旦没有了"德"，生命伦理的根基也就缺失，人性就被扭曲，道德就会偏离社会规制的方向。苗族村落社会对生命伦理的操守，恰是神判导致灾厄报应所产生的敬畏对道德、神性不断强化的结果。

苗族生命伦理观念中，"理"的基本内涵是"天理"。从这个维度来看，在苗族村落社会中，人人敬尊"天理"，而"神判"活动则是"天理"的展现与表达，人人产生敬畏。人们相信只有通过神灵的裁决，公正、公平与正义才可能实现。规约一旦在神灵面前议定和起誓后，便成了附有神意的"公理"，人人必须无条件遵守，否则，违者必遭神罚。①

二、苗族生态伦理的主要呈现——以贵州黔东南苗族古歌生态伦理为例②

苗族是一个有悠久历史和文化传统的民族，其生态伦理内涵丰富，表现形式多样，我们以贵州黔东南苗族古歌生态伦理为例进行举要，说明苗

---

① 参见麻勇恒：《敬畏：苗族神判中的生命伦理》，清华大学博士学位论文，2014 年，第 1 页。
② 龙正荣：《贵州黔东南苗族古歌生态伦理》，《贵州师范大学学报》，2010 年第 1 期。

族伦理思想的丰富性。

（一）关于人与自然关系的认识

对于人与自然关系的认识，我国传统文化中素有"天人合一"和"道法自然"思想，把人与自然的关系看作一个不可分割的整体。在中国许多少数民族的观念中，把人类看作是自然共同体中的普遍一员，认为人与自然不仅是资源关系，更是根源关系。

贵州黔东南地区的苗族在《苗族古歌·开天辟地》中，借用盘歌一问一答的形式，提出万物的统一本源为云雾①，人类祖先（一说认为是苗族祖先）姜央是云雾经过一系列演化生成天地万物后，由枫树心（干）生下的蝴蝶所生，其人类起源谱系可简化为"枫木—蝴蝶—人"。这虽然没有科学根据，但苗族从对自然界的直观体验中得出的关于人类起源的朴素认识，却揭示了一个朴素的生态伦理理念：人类是由客观实在的一系列自然物种演变而来的，人类是大自然之子，是自然界自身长期演化的结果。

既然人类源于自然，是大自然之子，人类就应该尊重自然，与自然万物平等共存、和谐共生。黔东南苗族古歌通过对大量自然物的拟人化，把自然万物理解成与人一样有喜怒哀乐等情绪变化的生命体，表达了人类这一大地之子对自然万物的尊重与友善。比如对太阳的认识，苗族古歌中描写她有感知，能知痛知痒，她任性、淘气，还时常不听规劝。这些特征都是人才有而其他物体不可能具备的，但苗族正是这样以自己的思维去理解这些自然物，把它们人格化。黔东南苗族不仅将太阳赋予人一样的灵性，还把人的灵性赋予其他自然物，诸如天上的月亮、星星、雷电，地上的山石、花草、树木等，把它们看作是人类可敬可爱密不可分的伙伴。在日常生活中，黔东南苗族常常把自然万物赋予人的灵性尊重之，并与之平等共处，他们甚至还把大自然视为神秘而敬畏的对象。这种敬畏主要表现为对自然物的种种崇拜，其中比较典型的有树崇拜，即将一些高大挺拔、枝繁叶茂的古树看作是依附着神灵的"神树"加以祭拜，孩子多病或孩子较少

---

① 潘定智等：《苗族古歌》，贵州人民出版社1997年版，第5页。

的人家，都让小孩拜祭神树，以求神树的保佑。如被称为"中国最后一个枪手部落"的黔东南岜沙苗族，他们热爱自然、亲近树林、崇敬树神，认为每棵大树都有一个灵魂，是祖先的化身，正是这些灵魂的庇护才使他们的村子人畜兴旺、年年平安；认为人类只有服从自然、爱护森林才会得到神的保佑，否则将会受到惩罚和报应。黔东南苗族这种认为树木有灵魂、有意识的观念，在《苗族古歌·运金运银》中有相关描述：人们砍大树造船运金运银，但是砍了半天也砍不倒，就怀疑是"树子脚下有蚂蚁，树梢枝头有鬼怪，树子才会砍不倒"。于是，砍树的鲁猛"嘴里咬着芭茅草①，头上反戴三脚架，斜眉怪眼来砍树"②，才把树砍倒。此外，黔东南苗族还有把个别巨石、路桥、岩洞等自然物当作"神灵之物"加以崇拜的。如雷公山掌坡村崇拜的巨石有四处，其中三处是为求子，或以孩子拜祭而祈求消灾脱难的，另一处是祈求消除耳病的。③ 路桥崇拜则普遍流行于黔东南苗族之中，桥的形式有简单也有复杂的，简单的则只要在平路或沟道上铺上石块或木板即可作为桥，有的甚至在家中的地板上铺设，在过年过节的时候加以祭拜。

（二）关于人与动物关系的认识

关于人与动物的关系，黔东南苗族古歌中提出了人、神、兽同源共祖的说法，认为人与动物是兄弟般的亲情关系。在《苗族古歌·十二个蛋》中，枫香树因被诬陷而遭砍伐，枫香树心（干）变为妹榜妹留（即蝴蝶妈妈）和燕子等。蝴蝶妈妈与水泡成亲，生下十二个蛋，孵出姜央和雷公、龙、虎、牛、蛇、大象等众兄弟。姜央与雷公、龙、虎等同母，则相互之间具有难以割舍的血缘关系，彼此之间无疑就是手足兄弟之关系了。正是基于这种观念，至今一些黔东南苗族在打猎前，要先焚香纸祈求神灵保佑。猎得野兽后一般要先让人折一把芭茅草从头向尾刷，并且数说它的罪状后

① 芭茅草，黔东南地区生长的一种常绿草本植物，苗族认为可以除邪。
② 贵州省少数民族古籍整理出版规划小组办公室：《苗族古歌》，燕宝整理译注，贵州民族出版社1993年版，第231—232页。
③ 伍新福：《中国苗族通史（上册）》，贵州民族出版社1999年版，第1078—1079页。

才能动，因为在他们眼里飞禽走兽有同胞兄弟情谊，兄弟之间不能伤害，如果无缘无故杀死它们，有朝一日会受到神灵的怪罪。这种对猎物的处置方式在《苗族史诗·溯河西迁》有这样的描述：射死岩鹰落地上，叫谁来审判，数说了它的罪状，才能剖来吃？叫鸲鹆来审判，鸲鹆身上黑，不敢数说它罪状。叫黄莺来审判，黄莺身上黄，黄莺不敢判，不敢数说它罪状。叫燕子来审判，许他吃心肝。他说只要鹰下巴，因此得到美名传，传扬了九次牯脏，六代人颂赞到今年……（燕子审判道）"你住你的地方，我们造我们的船。跟你往天没有仇，近日没有冤，你却要吃我们爹娘，箭才射到你身上"①。虽然黔东南苗族处置动物的这种方式几乎无科学可言，但客观上却能防止乱杀滥伤动物，对保护动物有一定的积极作用。在黔东南苗族古歌中，不论是以祖先面貌出现的蝴蝶，或是古歌中作为普通成员出现的老鹰、螃蟹、水獭、青蛙、蜜蜂、黄牛等，苗族先民们都把它们看作是一个家庭里的不同成员，彼此和谐相处。如《苗族古歌·运金运银》中有关金子银子"滚落下东方"的过程，娃娃鱼、蜜蜂、蜘蛛、山雀等动物纷纷喊叫着"金子和银子，滚滚下东方，都去堵水口，快把金银拦"②，描绘了一幅人与自然万物和谐的劳动场景，反映了苗族劳动人民与自然万物之间的伙伴情怀。而《苗族史诗·打杀蜈蚣》中这样描写人类祖先姜央与众动物踩鼓跳舞的嬉闹场面：姜央丢开犁，把牛放在田当中，跑上田坎来踩鼓。鼓声咚咚响，往前跳三步；鼓声响咚咚，往后跳三步，他会跳不会转身，会转身不会转调，畅游的瓢虫来教他转身，飞舞的蜜蜂来教他转调。……啄木鸟敲鼓，咚咚又咚咚，姜央在田坎上跳，水牛在田里面跳，牛尾巴跳在两脚间，跳累了都不知道。牛鞭听见鼓响，它把牛背当舞场；蚊子一群群，围着牛头转，踩鼓踩得更欢。③ 在这里，人与动物没有区分，人与周围的环境一齐欢乐，人与物是连成一体的。黔东南苗族古歌中体现出来的这种人与动物间兄弟般的亲情关系和伙伴意识，在他们平时的生产生活中也

① 马学良、今旦译注：《苗族史诗》，中国民间文艺出版社1983年版，第275—276页。
② 潘定智等：《苗族古歌》，贵州人民出版社1997年版，第17—18页。
③ 马学良、今旦译注：《苗族史诗》，中国民间文艺出版社1983年版，第200—201页。

有体现。如黔东南苗族群众居住的吊脚楼一般分三层，"底层为牲畜、杂物层，主要用来喂养牲畜和堆放杂物；二层为生活起居层，主要是住人；三层为粮食藏层，主要用来存放粮食"①。在有些苗族地区，每年除夕到次年正月，都要给耕牛煮粥（大米加一些草料、蔬菜等），给猪、鸡、鸭等家畜家禽喂最好的粮食，并且在过年时还要给这些家畜的圈舍贴上门联，因为在苗族人看来，动物与人一样也要过年。黔东南苗族的这些生活方式和习惯大多是在特定的历史条件和生存环境中养成的，但是在现代社会，还有许多苗族群众依然这样生活，表现了人与动物之间难得的亲情关系和伙伴意识。

（三）关于人口与生态平衡的认识

历史上苗族人口一直比较繁盛，大约在 5000 年前，苗族先民生活在黄河中下游地区，以蚩尤为首领，称九黎部落，兴盛一时。九黎部落与炎黄联盟作战战败后，一部分从黄河中下游南下至长江中下游，同已生活在那里的南方人建起了"三苗国"，人口遍布洞庭湖、鄱阳湖一带。关于苗族人口众多的情况，《苗族古歌·跋山涉水》中这样描述："五支奶"共一口灶，早上做早饭，一个让一个，晚上做晚饭，一个等一个，先做早吃过，晚做饿着等；"六支公"共一个火炕，烤的身上暖，等的身上寒；"五支嫂"一个舂米房，一个忙又忙，四个站一旁；"六支姑"一对挑水桶，一个担水吃，五个等水用。②《苗族史诗·溯河西迁》对当时的人口密集程度更是形容为：火炕挨火炕烧饭，脚板摞脚板舂粮，房屋盖得像蜂窝，锅子鼎罐都挤破。③

由于人口的大量繁殖，苗族先民一方面认识到会导致生活水平低下："子孙太多了，吃的找不到，穿的找不到，蕨根当饭吃，树叶当衣穿，奶瘦如蚂蚱，公瘦如蚂蚱"④；另一方面也认识到人口的大量增长导致了生态平

① 何积全：《苗族文化研究》，贵州人民出版社 1999 年版，第 19 页。
② 潘定智等：《苗族古歌》，贵州人民出版社 1997 年版，第 134 页。
③ 马学良、今旦译注：《苗族史诗》，中国民间文艺出版社 1983 年版，第 285 页。
④ 潘定智等：《苗族古歌》，贵州人民出版社 1997 年版，第 135 页。

衡受到严重的破坏：东方虽然宽，好地耕种完，剩些空地方，宽处像席子，窄处像马圈，陡处像屋檐。① 因而对 "绿树满山岗，泥土黝黝黑，草木甜又香，河水清亮亮"② 的西方好地方充满了向往。从黔东南苗族古歌中对东西方生态环境的描述可以看出两地有着明显的差别，这反映出苗族先民居住的东方由于人口增长，耕地过度开发，生态环境受到破坏，失去了满山岗的绿树、黝黑的土地、香甜的草木、清亮的河水，不再适合人类居住，最终不得不向美好的西方迁徙。关于苗族迁徙的原因不尽相同，湘西和川黔滇方言的苗族史诗、传说中反映的迁徙原因是与汉族战争的失败有关，但在黔东南方言的传说中，对于苗族的迁徙原因却有不同的看法，认为是 "因为人口大量繁殖，不得不另找栖身之地"③，是 "人口繁衍引起的一系列问题所致"④。从黔东南苗族古歌的内容中，也看不到战争的痕迹，而且迁徙开始的时候，"五支奶" 和 "六支公" 并提，好像女性还有相当大的权力，到定居后也才有分家分东西等私有制的影子出现，显然当时还没有明显的阶级对立。因此，人口与生态的矛盾导致苗族西迁的说法有其合理性，这也说明苗族先民在远古的时候已对人口增长与生态平衡的关系有所认识，并以迁徙的方式来解决人口增长与生态失衡之间的矛盾。

然而，黔东南苗族也并非总是以迁徙的方式来解决人口增长带来的生态失衡问题，他们在长期的生产实践中也逐渐养成了 "植树造林、封山育林、爱林护林" 优良传统。《苗族史诗·枫木歌》中这样唱道："松树栽哪里？杉树栽哪里？枫树栽哪里？松树厚衣裳，不怕冰和霜，栽满大高山，四季绿苍苍。杉树翠又绿，树干直又长，栽在大山中，长大作栋梁。枫树枝丫多，枫树枝丫长，栽在山坳上，苗家来歇气，汉家来乘凉。"⑤ "危日酉日宜捕鸟，寅日卯日宜断案，种树该选哪一天？阴天拔苗栽，阴天栽得

① 潘定智等：《苗族古歌》，贵州人民出版社 1997 年版，第 133 页。
② 潘定智等：《苗族古歌》，贵州人民出版社 1997 年版，第 151—152 页。
③ 参马学良在《苗族史诗》中的代序《古代苗族人民生活的瑰丽画卷》，第 7 页。
④ 吴一文、覃东平：《苗族古歌与苗族历史文化研究》，贵州民族出版社 2000 年版，第 79 页。
⑤ 潘定智等：《苗族古歌》，贵州人民出版社 1997 年版，第 78 页。

活。"① 这说明苗族早就掌握了林木的栽培技术。而在黔东南一些苗寨，每当有孩子出生，长辈或亲人都要上山为孩子种几十株、上百株杉树，让孩子与树木一同成长，待孩子长大成人后，杉树也长大成材，称为"十八杉"或"女儿杉"。这种营造儿孙林的习俗一定程度上使苗族人口的增长与生态的平衡得到协调发展。

第二节　布依族生态伦理

根据第七次全国人口普查，全国布依族人口为3576752人，主要分布在贵州、云南、四川等省，其中以贵州省的布依族人口最多，主要聚居在黔南和黔西南两个布依族苗族自治州，以及安顺市、贵阳市、六盘水市，其余各市、州、地均有散居。布依族居住的地区，属于我国南方隆起于四川盆地和广西丘陵之间的一个亚热带岩溶化高原，环境独特，自然资源丰富。布依族聚居区，苗岭山脉盘亘其中，山的主脉由西向东延伸，支脉绵亘全区，主峰云雾山在都匀、贵定之间。西北部有乌蒙山，由滇延伸至黔，海拔多在2500—2800米，其中韭菜坪达2900米，是贵州高原最高峰，也是贵州高原珠江水系和长江水系的分水岭。境内地形北高南低。贵阳、安顺、兴义、安龙、贵定、惠水一带，海拔在1000米以上，黔桂边界河谷地带，海拔降至400米左右，个别地方如黔南罗甸县摆金河与红水河汇合处的下大湾河口，海拔只有242米。地势起伏，海拔落差大。

布依族民居有楼房、半楼房和平房数种。半楼房一般采取后半部是平房，前半部是楼房，或左（右）半部是平房，右（左）半部是楼房的建筑格局。楼房和半楼房建筑是布依族传统建筑形式。楼房上层高，住人，下层低，圈牲畜，古称"干栏"，或称"麻栏"。它的结构简单，形式美观，适用于南方山区的地形特点。在房间布局中，堂屋后壁设神龛供奉祖先，左右两侧分隔成灶房、寝室、客房。室内设有火塘，供一家人取暖炊薪。

---

① 马学良、今旦译注：《苗族史诗》，中国民间文艺出版社1983年版，第153页。

黔中一带，由于地产石头，从基础到墙体都用石头垒砌，屋顶也盖石板，称为石板房；加上石砌的寨墙和山顶的石砌古堡，形成典型的石头建筑群。如扁担山石头寨共230余户人家，所有房屋沿等高线排列，均以石料建成。村寨布局与寨前的田坝、小河及通向各处的石板平桥和石拱桥梁，相互映衬，彼此和谐。

布依族人民以大米为主食，兼食玉米、小麦、红稗、荞麦等。尤喜糯食，并有多种制作方法，如制成糍粑、圆糖粑、饵块粑、枕头粽和三角粽等。逢年过节，必食糯米饭，并以糯米粑赠送亲友。节日里还喜食用花汁和树叶汁染制的各色"糯饭"。副食有各种蔬菜、豆类和肉类。蔬菜加工制品有著名的"独山盐酸""酸辣椒"等。肉类加工有熏腌腊肉和香肠；喜食狗肉，各地加工方式不一，风味独特，较著名的有"花江狗肉""都匀黄焖狗肉""册亨狗肉全席"等。豆类制品主要有豆豉、豆腐、血豆腐等。辣椒、酸菜、酸汤为日常生活不可缺少的食物。布依人家户户皆能酿制糯米酒和大米、玉米烧酒。一些地方还制作糯米烧窖酒、薏仁米酒、蔗糖酒等，颇有特色。有的米酒用野生刺藜果酿造，营养丰富，用以款待贵客。刺藜酒酿造技术，已有数百年历史，如今已发展成大宗商品，畅销全国。

布依族服饰颜色多为青、蓝、白等色。男子在20世纪70年代以前包头巾、穿对襟短衣或大襟长衫及长裤，老人多着长衫。20世纪70年代后男子服饰与汉装无异。妇女服饰式样颇多，镇宁、关岭、普定、六盘水一带目前仍保存布依族较古老的服饰：大襟短衣，领口、盘肩、衣袖和衣脚边沿，皆用织锦和蜡染各色几何图案镶制；下穿百褶长裙，用白底蓝色蜡染花布缝成，佩戴各种银质首饰。黔西南州和黔南州的罗甸等县布依族的妇女服饰，普遍为大襟衣、长裤脚；衣服的盘肩、袖口、襟沿镶有兰干；裤脚为大褶边，或蓝色裤脚镶青布和兰干。衣服的长短和裤脚的大小，各地区都不相同。自制的织锦和蜡染是布依族服饰的主要特点。布依族妇女讲究头饰，婚前头盘发辫，戴绣花头巾；婚后须改用竹笋壳作"骨架"的专门饰样，名曰"更考"，意为成家人。镇宁、关岭地区，姑娘喜拢高髻，形如拱桥，发上插着长约尺许的银簪，配上短衣长裙，绣花布鞋，走起路来风韵飘逸。其他地区则多着短衣长裤，或在衣襟、领口和裤脚镶上蜡染或刺绣花边。黔西南安龙、兴仁一带妇女喜用白布作头巾，戴各色绣花围腰，朴素无华，典雅大方。银、玉手镯、发簪和戒指、项圈等饰品为布依族妇女所喜爱，其样式别具一格，颇富民族特色。布依族有许多传统节日，除过大年、端午节、中秋节等与汉族相似外，"三月三""四月八""六月六"等节日都具有本民族的固有特色。

一、布依族生态伦理的形成与渊源①

贵州布依族在漫长的历史长河中，由于原始崇拜、风俗习惯、禁忌和宗教信仰以及社会规约等方面的约束，以其独有的生存方式和民族智慧，自觉或不自觉地保护了当地的生态环境，客观上促成了人与自然的和谐相处。

（一）原始崇拜与布依族生态伦理

原始崇拜的最初产生主要是因为对自然的恐惧与无奈，其核心是为了维持生存的一种需要。这种原始的自然崇拜使保护生态的功能在对自然神灵的顶礼膜拜中得以实现。"神"在布依族原始崇拜中占据着重要的地位，具有权威性和神圣性等特点。布依族认为，寨有寨神，山有山神，岩有岩神，树有树神，谷有谷神，万物有神，神主宰一切，神是至高无上的象征，又是善和美的象征。在布依村寨，人们不得随意进入神林砍伐树木，不准到神林中找柴火，不准用神树来建设房屋和制造家具等，甚至于神树的树枝、落叶也不准随意捡拾和践踏。每当神树干枯老死，布依族还用如同超度去世老人的礼仪为神树举行超度仪式。贵阳花溪镇山村的布依族，每逢古历六月六这天，整个寨子的人，不论男女老少，都要向场坝上的一棵古树祭拜上香，以祈求其保佑农事风调雨顺，寨上成员无灾无病，家家平安。贵州水城县发耳民族乡布依族主要有祭山神、祭水口神等。农历三月初三，带上公鸡、猪肉、钱纸祭拜寨后古树、古石。布依族对山林、河流、土地

①　主要参考路世传、杨文武：《现代化进程中贵州布依族生态伦理道德的当代价值探析》，《贵州社会科学》，2014年第8期。

等自然物怀有敬畏心理，从不擅自破坏，这种万物皆有灵的原始崇拜使得当地少数民族在砍林取木和用取水资源时格外慎重，乱砍滥伐和污染水源的事件是很少的，充分保护自然资源也为当地人民的生活和繁衍创造了条件，可以说这种原始崇拜是人与自然和谐相处的一个例子。正是缘于这些对自然神的崇拜，人们把这些古树、大石头等当作神，不能砍，不能动，客观上保护了一些古树不被砍伐，维护了当地生态环境。

（二）禁忌习俗与布依族生态伦理

禁忌习俗有力地约束和规范着人们的行为。在少数民族的发展过程中，由于科学技术的不发达，禁忌几乎充斥于生存的整个空间。从贵州布依族的禁忌习俗看，其中有着很多生态伦理。这些思想在一定程度上调节着人与自然的关系，对于当地生态环境的维护起着重要的推动作用。在捕鱼或打猎过程中，严格地执行着一些不成文的规定。对于正在怀崽、产崽、孵卵、交配和哺乳的动物，在狩猎传统中往往是对这些动物"网开一面"。布依族猎人认为有一些山住着山神，如上山打猎，须先在山下燃烧纸拜过山神，方可入山，否则打不到猎物。布依族妇女在怀孕这段时间里，丈夫常常不外出渔猎。在贵州荔波一带，布依族妇女生孩子期间，不能到水井边去，更不应当取水。在日常生活中，也有不少禁忌和习惯。主要有：正月初一忌动土，以免伤及地脉龙神，正月间禁用脚踩火塘上的三脚架，正月十五不动刀，老人去世禁吃动物肉，等等。每年的第一声春雷响后，三天之内不准动土，否则这一年会大旱，庄稼颗粒无收。这些规则和禁忌，反映出了布依族先民头脑中原始、朴素的理性意识，但是远远没有上升到环保的高度，不过却不自觉地保护了自然生态。当然，这些影响人们生活的禁忌习俗不是一朝一夕形成的，而是经过祖祖辈辈在生产生活的实践中不断地认识、总结，以言传身教的形式形成了整个民族内部的禁止性准则。用现代视角来看，是对人与自然和谐发展生存原则的探索与感知，因而闪耀着人与自然和谐相处的时代光芒。不过，对于他们而言，这种认识还远远没有上升到理性的阶段，还不可能达到现代文明认知的水平和高度。

（三）乡规民约与布依族生态伦理

乡规民约，既是维护社会秩序、保障社会安宁的习惯法，也是用以进行善恶评价和行为规范的伦理原则及道德标准。乡规民约作为贵州布依族民族内部的约定条款，具有强制性等特点，比一般的宗教戒律和宗教禁忌更为规范有效。乡规民约某种程度上其实是"议榔""榔规""榔法"的一种沿承。从目前贵州布依族各地的乡规民约看，保护水源和树木森林、禁止乱砍滥伐都作为一项重要内容。贵阳市花溪区新民乡竹林寨立于清代的一块碑文主要是"培风水事"，任何人不得上山乱砍滥伐，违反者罚银两。中华人民共和国成立后，乡规民约被赋予新的时代内容。与现代法律的科学性、严密性相比，这种带有朴素色彩的乡规民约显然具有浓厚的"乡土色彩"。平塘县上莫乡制定的民约："……不准私自进入集体山林和社员自留山内砍伐山林树木。如有发现进入社员分管的集体山林和自留山内砍伐用木，按规定处罚。……若有谁人任意乱砍滥伐分别保管的杉林，按砍去的树根脚尺量（即直径）开价，每过心一寸照五元计算拿钱；乱砍别人保管的烧柴树木，按棵数计算，每棵开价壹元，按数计算。"这些规约要求人们爱护森林，珍惜自然资源，开发资源必须适度，体现了布依族人民自觉爱护山林，保护生态环境以及对维护生态平衡的重视。如有违背规约的行为，必受处罚。这种保护自然资源的习惯法，体现的强烈生态意识，是布依族先民留下的一份弥足珍贵的文化遗产。

二、布依族生态伦理的主要呈现

在内容丰富、形式广泛的布依族文化中，那些反映人与自然和谐共生发展方式的文化，包含布依族人民的道德法规、宗教信仰、生产技术、生活方式、文化习俗以及其他各种形式的文化，就是布依族的生态文化。布依族生态伦理是生态文化的核心和精髓，内容丰富，内涵深远，体现了其独特的生存方式和生存智慧。按照文化存在的性质，布依族生态文化分为物质生态文化和非物质生态文化两大类。其中，物质文化主要包括耕作文化、民居建筑文化、饮食文化、服饰文化等；非物质文化主要包括聚居环境、民俗文化、自然崇拜文化、宗族禁忌、村规民约等。在文化的范畴下可以更全面地看到布依族生态伦理的形成。

（一）物质生态文化中蕴含的生态伦理

布依族的物质生态文化中的生态伦理主要包括耕作生态文化、居民建筑生态文化、饮食生态文化和服饰生态文化四个方面。

1. 耕作生态文化

布依族的生态文化思想首先体现在布依人民日常的生产与生活方式，即耕作文化上。在布依族的耕作文化中，以梯田文化最能体现布依族的人与自然和谐共生的生态理念。布依族千百年来在丘陵山区因地制宜地修建了各种梯田，这不仅改善了当地恶劣的农耕条件，增加了当地的粮食产量，还促进了山区生态千百年来的良性发展，并由此衍生出梯田文化。布依族地区山峦重叠，丘陵起伏，河流纵横。根据相关史书记载，布依族早在汉唐时期就已经开始修建梯田。随后，在唐宋时期，布依族地区涌入大量移民。原本就没有足够广阔的平原可以作为耕地提供相应的粮食，再加上人口的剧增，造成布依族人民的生存环境更加艰难。因此，在这样的背景下开发梯田就更成了布依族生存和发展的必然选择。贵州布依族地区的梯田可分为三大类：石砌梯田、鱼鳞梯田和腰带梯田。不论是哪一种梯田，在空间布局上一般始自山脚，在宜开垦的坡地上拾级而上，直至山腰或山肩。山腰或山肩以上、深谷以及陡坡等处为水源涵养林，有的村落或者房屋还会散落于连片的梯田之中，或者在梯田之上。田块之间还有道路和沟渠系统，形成山林、溪沟、村舍、梯田等实体架构与水稻耕作制度联系在一起的山区农林生态系统。①

从布依族悠久的农耕历史可以看出，梯田具有巨大的生态效益。梯田生态文化的本质是人与自然的和谐，在人与自然和谐的基础上实现双赢、

---

① 吴寿昌、黄婧：《贵州黔东南稻作梯田的历史文化及生态价值》，《贵州农业科学》，2011 年第 5 期。

互利，既满足和实现了人类当前的需要，又实现了自然的可持续存在、实现人与自然之间矛盾的和解，在保护自然的基础上实现自我发展。① 梯田是一个人为干预过的具有特定功能的由土壤、农作物、水分、微气候、微生物等构成的整体生态系统。梯田作为一个独立的生态系统无时无刻不在与周围环境进行物质能量交换，能量进入系统之后经过转移变化，不但可以调节环境中空气和水分的流动性，还可以保持梯田土壤自身的活性。最终营造出适宜农作物生长的微环境，增加农作物产量，同时还间接地改善了当地居民的生活环境。此外，梯田还有一个更重要的价值。原始山地由于水土流失很严重，不但储存不了水，还可能因为雨水冲刷等原因造成山地的表层土壤也难以保存，最后致使山地的土壤变得十分瘠薄。修筑梯田，可以为山地构建出保水培肥的农田生态系统。土壤生态系统的不断改善，极大地促进了农作物的生长发育，从而促使梯田的生态价值向改善人类生存条件的社会价值转变。②

2. 民居建筑生态文化

多山多水的自然环境、连绵起伏的地理条件以及丰富多变的气候特征赋予布依族建筑特殊的建筑语言。在生产力水平欠发达的条件下，布依人民根据自己的生存环境因地制宜、就地取材，建造了最能适应当地气候的房屋，并且使其与周围环境有机地融合在一起，成为生态"低技术"生态建筑的典型。③ 布依族民居建筑所蕴含的生态伦理观念主要体现在房屋选址、造型、结构、用材等方面。具体体现在：选址——对风水理论与实际需求进行综合考虑；朝向——传统风水文化与因地制宜的综合选择；空间布局——尊重环境，利用最少资源创造最大居住空间；选材——就地取材，体现与自然环境相融的思想。

---

① 杨勇：《哈尼族梯田生态文化探析》，《农业考古》，2013 年第 4 期。
② 邓蓉、郑文堂、华玉武：《梯田的悠久历史与梯田文化在休闲农业发展中的现实价值》，《休闲农业与美丽乡村》，2015 年第 10 期。
③ 黎玉洁：《贵州地区布依族民居的生态性研究》，《中外建筑》，2015 年第 6 期。

3. 饮食生态文化

布依族的生态文化还体现在他们的饮食文化中，在食物原材料的选择利用、加工工艺、烹饪技法及调料运用等方面都体现了布依族人民热爱自然、保护自然环境的生态思想。每到三月三、四月八、清明节、六月六、七月半等时日，布依族家家户户都会制作一种名叫"五花糯米饭"的佳肴。其原理就是把糯米浸泡在混合各种颜色的水中，然后蒸制而成。值得一提的是其中所用的颜料都是原生态的植物颜料，是布依族人民从当地植物中提取获得的，如枫香叶、红籽刺根、紫荆藤皮等，完全符合环保要求。更重要的是，这些颜料不但没有毒性，还具有一定的药用价值。布依族喜欢吃糯食，不仅是由于糯米的味道香醇可口，还与布依族的生产生活环境有关。自古以来，布依族就是一个稻耕民族，他们对水稻有着深厚的崇拜之情，认为粮食也具有神性，所以浪费粮食在布依族内部是不被允许的，这种观念渗透在他们生活中的方方面面。过去布依族大部分时间都在农田里度过，尤其是农忙时节，因此布依族早晨出门前需要准备方便而且不会变味的食物在干活的时候食用。以前的储藏条件差，而糯食是储存时间比较长的熟食，所以成了布依族的上乘之选。

野菜是布依族传统饮食文化的特殊组成部分，布依族在日常生活中也会时常食用这些纯天然的绿色食物。布依族经常食用的野菜有折耳根、蕨菜、春笋、椿菜、剪刀菜等。这些野菜在很多地方都能挖到，吃起来清凉可口，别有一番滋味。此外，很多没毒的植物都能被布依族加工用来食用。野菜是纯天然的绿色食品，不仅具有食用价值，有的还具有一定的药用价值。因而，从布依族喜食野菜的生活方式中可看出布依族人民传统的生态智慧。

4. 服饰生态文化

布依族独特的生存环境条件、生产生活方式以及性格特征形成了他们别具一格的服饰风格，它是区分布依族与其他民族的重要特征之一，具有非常丰富的文化内涵。布依族服饰文化的构成元素可以从布依族服饰的色彩、图案、工艺三方面探讨，从中分析布依族对大自然的独特理解。

一是服饰色彩。布依族服饰颜色以蓝、青、黑、白为主要色调，这四种颜色给人一种清爽、干净、淡雅，又不失神秘的美感。布依族自古以来就聚居在依山傍水的环境中，每天都身处青山绿水之间，所以在其服饰色彩中有着蓝青色调。另外，蓝色代表着天空，天空能够给人一种开阔、明亮、简洁的感觉，而且蔚蓝的天空上悬挂着火红的太阳，太阳给人们带来了光明和温暖。由此可见，布依族人民将自己这种对大自然的崇拜与感恩之情蕴含在自己的服饰之中，时时刻刻提醒自己要与自然和谐相依。

二是服饰图案。布依族服饰的图案非常精致、漂亮，并且丰富多样，具有很强的装饰效果。不仅有抽象的几何图形，更多的是花、鸟、虫、鱼等写实图案。布依族妇女常常青睐于选择花朵作为服饰的图案，特别是蕨菜花、刺梨花等本土植物的花朵。从中可以看出布依族对本地区特有植物的喜爱，他们将这种对于植物的喜爱之情内化于自己的服饰中，表达了对大自然的热爱之情。此外，布依族服饰上还经常出现一种抽象的纹路，这种纹路被称为"谷粒纹"。它体现了布依族对稻谷的特殊感情，希望通过这种方式让人时刻铭记稻谷的恩情。

三是服饰工艺。布依族服饰在材质的选择上通常喜欢用纯天然的材料，根据相关的史书记载，布依族很早之前就学会植棉、纺纱和织布。用蜡染布制成的百褶裙以及在领口、袖口等部位的刺绣，都是用棉布制成。由此可见，棉花是布依族服饰的主要原料。在还没有棉花的时候，布依族从大自然中取得树皮、花、叶片等作为原料，经过加工织布为衣。蜡染是布依族最出名的工艺，布依族服饰很多都是用蜡染布做成的。布依族人从植物的根、茎、叶中提取出红、蓝、黄、青等天然染料，完全没有任何化学元素的加入，所使用的材料都是从大自然中取得的。[①]

布依族的服饰在加工制作过程中，无论是取材方面还是浸染方面，所采用的原料都是从大自然中获得的。因此，布依族服饰文化是一种绿色文化。并且，在布依族服饰文化中蕴含着丰富的生态理念，即人类要善待自

---

① 王金玲：《布依族服饰民俗中的文化生态》，《贵州民族大学学报》（哲社版），2014 年第 2 期。

然，感恩自然给予我们的一切资源，要与自然和谐相处、共生共荣。在当今生态环境已经受到严重破坏的情况下，布依族服饰文化中所蕴含的生态观念值得人们学习。

（二）非物质生态文化中蕴含的生态伦理

布依族非物质生态文化中蕴含的生态伦理主要有民俗生态文化、自然崇拜、宗教禁忌、乡规民约四种形式。

1. 民俗生态文化

布依族民俗文化包含的内容和形式十分广泛，许多民俗文化都反映了布依族人民爱护环境、与自然和谐共处的生态理念。各种节日或者娱乐习俗，如六月六、跳花场、查白歌节等，表现了布依族人民对现实生活的热爱与美好未来的期待。一些民族工艺或文化艺术，如蜡染、织锦、布依山歌、铜鼓舞等，都蕴含着布依族人民朴素的生态观。布依族的民俗生态文化包含了许多生活智慧与生态思想，是我国少数民族文化的宝贵遗产。在这些民俗生态文化中，以布依山歌最具代表性。布依山歌一般指布依族民间口头文学中篇幅短小的抒情歌。在布依村寨，无论你身处乡间小道，还是田间地头，时常会听到悠扬婉转的小调，或是高亢激昂的大歌。布依族人民喜欢以歌代言、以歌明理、以歌抒情，在日常生产生活以及各种民俗节日中无一没有歌。歌词直接大胆，联想丰富，具有妩媚、秀丽、柔和的民族风格。更重要的是布依山歌常常取材于自然，歌颂自然、以和为美的创作思想，成为布依人一代代传承的原生态文化。例如，有一首《栽树歌》唱道："正月栽树正月正，栽对松树在路平。今天栽树陪儿女，栽树还是古人兴。陪你快长又快大，长大好来读书文。二月栽树二月间，栽对松树在路边。千年古树从根起，落叶还是转还原。今天栽树陪儿女，荣华富贵在千年。腊月栽树了一年，人过一天又一天。今天栽树来陪你，富贵荣华活万年。"① 除此之外，布依族还有很多民歌也反映了布依族人民对大自然的崇拜，这都是一种生态思想观念的突出表现。

---

① 吴文定、李远祥、黄家祥：《黔南布依山歌与人生礼仪》，《贵州民族学院学报》（哲社版），2005 年第 6 期。

2. 自然崇拜

图腾崇拜属于人类早期的绿色文化，它折射出人类朦胧的生态文化。图腾崇拜包括山崇拜、洞穴崇拜、水崇拜、动物崇拜、树崇拜等。布依族是一个自然崇拜多神论的民族，他们认为大自然的山山水水、花草树木以及各种动物都是他们生命中不可或缺的部分，认为在自己生活范围内的土地、高山、河流、巨石、大树等都具有神性，并且可以佑护一方的清静平安。因此，每年除了祭祀祖先，还要从事各类祭祀活动，旨在祈求五谷丰登、人畜平安，寻求与自然的和谐。特别是对大树的崇拜，每个布依村寨都会对寨子里的古树自发围栏保护起来作为护寨树；每逢节日，人们便会到树底下祭拜，对其特别敬重。如果这棵树干枯老死，村民也不会将它砍掉，而是让其自生自灭，然后选择其他树代替它。布依族聚落中还广泛存在着神山、神林生态文化，即在布依村寨的后方或者周围，有一片被赋予了神秘色彩或者被作为崇拜对象的大山或树林。这种大山或树林在布依族人民心中是神圣而不可侵犯的，没有特别允许的话人是不能随便进入的，更不用说狩猎、饲养牲畜、砍伐树木等。

由此可见，布依族对自然的崇拜尤其是对树木的崇拜，与自然环境、生物多样性相互依存、紧密联系。这种传统的文化模式对生态资源有一定的保护作用，不仅维护了当地的生态系统，在调节气候、涵养水源、保持水土等方面都发挥了应有作用，更重要的是保护了当地最原始的大量物种。①

3. 宗教禁忌

禁忌就是为了禁止某类行为模式而通过树立一个超验的存在，并且宣称如果有人违反就会受到惩罚，由此使人们心生恐惧，产生趋吉避凶的心理效应，使其明白哪些行为可以做、哪些行为不能做，从而约束自己。因此，宗教禁忌在日常生活中对于约束和规范人们的社会行为发挥着重要的

---

① 刘春晖、薛达元：《布依族传统文化中的生态保护思想提取》，《中央民族大学学报》（自科科学版），2012 年第 4 期。

作用。布依族人民在长期的生产生活实践中，创制了大量的宗教禁忌，其中所蕴含的生态伦理在调节布依族人与自然关系中发挥着巨大的作用，对于保护生态环境起着不可估量的作用。布依族文化中关于自然物的禁忌非常多。有些禁忌对象是布依族崇拜的自然之物神化之后的山神、树神等，有些禁忌是出于布依族人对自然的感恩，有些禁忌则是出于对自然力量的恐惧，如风雨雷电的自然力、动植物的危险性等。布依族传统文化中的各种禁忌都体现了布依族人民的生态环保意识。例如布依族的妇女在怀孕期间，其丈夫不能出门狩猎或者打鱼。因为他们相信被男人捕杀的猎物或者鱼类是因为其灵魂敌不过男人的阳魂而被捕杀的，一旦它们被捕杀，它们的灵魂就会选择这个男子妻子腹中处于阴阳界中的胎儿进行报复，使胎儿流产。

4. 乡规民约

乡规民约，不仅是维护社会秩序、保障社会安宁的习惯法，更是人们评判善恶、规范行为的道德标准和伦理准则。在贵州布依族的民族内部，乡规民约比一般的宗教禁忌和宗教戒律更为规范有效。作为民族内部的约定条款，它具有一定的强制性。从目前各地布依族的乡规民约来看，保护树木森林和水源、禁止乱砍滥伐都是其中的重要内容。例如平塘县上莫乡制定的民约："不准私自进入集体山林和社员自留山内砍伐山林树木。如有发现进入社员分管的集体山林和自留山内砍伐用木，按规定处罚。"贵阳市花溪区新民乡竹林寨立于清代的一块碑文主要是"培风水事"，任何人不得上山乱砍滥伐，违反者罚银两。兴义顶效地方的《护林碑》内容（咸丰五年立）向后人展示了布依族先辈中的有识之士，已超越了对竹、木等自然物的图腾崇拜，跨入了对整个森林生态环境的认识新阶段，它反映了人的发展与自然是息息相关、协调一致的，对自然生态圈中任何因子的破坏，将导致生态的不平衡，并将影响人类自身的生存和发展。① 布依族的这些乡

---

① 吴承旺：《从自然崇拜到生态意识——浅谈布依族的生存智慧》，《理论与当代》，1997 年第 8 期。

规民约，规定了人们要爱护环境，珍惜自然资源，开发利用资源必须有度，反映了布依人民对自然环境以及生态平衡的重视。这种习惯法所体现的强烈的生态意识，是布依族先民留下的一份非常珍贵的文化遗产。

第三节　侗族生态伦理

根据第七次全国人口普查，全国侗族人口为3495993人，主要分布在贵州省的黔东南苗族侗族自治州、铜仁地区，湖南省的新晃侗族自治县、会同县、通道侗族自治县、芷江侗族自治县、靖州苗族侗族自治县，广西壮族自治区的三江侗族自治县、龙胜各族自治县、融水苗族自治县，湖北省恩施土家族苗族自治州等地。

侗族居住的村寨一般具有依山傍水的特点。侗寨一般坐落在群山环抱之中，寨边梯田层层，寨脚溪河长流，寨头村尾树木参天。大的侗寨六七百户，小的二三十家。侗寨的房屋建筑，一般是用杉树建造的木楼，有一至二层的小楼房，也有三到四层的大高楼。近河或陡坡的寨子，依地形建造吊脚楼。一般是楼上住人，楼下圈养牲畜或堆放草料杂物。侗寨一般由民居、鼓楼、寨门、寨墙、戏台、禾仓、禾晾、水井、石板路、池塘、排水沟等不同功能的建筑和设施组成。在南部地区，绝大多数村寨里建有供奉"萨"的神坛。祖公建村立寨，首先要择地建立鼓楼和"萨"坛，然后才规划道路、布局民房。

侗族饮食习俗很有特色。侗族以大米为主食，也食用小米、玉米、小麦、高粱、薯类，但一般为调剂口味而搭配。肉食以家养的禽畜为主，有猪、牛、羊、鸡、鸭、鹅等，尤喜食鱼类。蔬菜品种较多，以青菜、白菜、萝卜、茄子、豇豆、黄瓜、南瓜、冬瓜、白瓜、辣椒最为普遍。妇女们经常上山采集野生竹笋、菌子、蕨菜等佐餐。男人们农闲时猎取野猪、竹鼠、山鸡、鸟雀等食用。酒在侗族饮食中有极重要的位置。酒多以糯米酿成，家家都会自酿自烤。侗家好客，以酒为礼，以酒为乐，平时则以酒消除疲劳。糯米、油茶、腌酸和鱼是侗族人民最喜爱的传统食品，这类食品与民族习俗息息相关，被公认为是侗家风味。大部分地区日进三餐，很多地方早餐吃油茶，而把午餐称为早饭。进餐时一般都摆矮桌短凳，使用碗筷，合家围桌而食。有"牛瘪"、烧鱼、血浆鸭、红肉等特殊食品，以"油茶""酸宴"和"合拢饭"款待宾客。

侗族信仰多神。山神、土地神、水神、井神、树神、石神、火神、雷神均是崇拜的主要对象。侗族相信万物有灵，认为人死以后，灵魂就离开躯体回到祖先住的地方，因此虔诚地崇拜祖先。南部地区崇拜众多的女性神，称之为"萨"，意为祖母。女性神中有镇守桥头的女神，坐守山坳的女神等。在众多的女神中有一位至高无上的尊神"萨岁"，她神通广大，主宰人间的一切。黎平、榕江、从江、龙胜、三江、通道等地的侗寨都建有"萨"的神坛，神坛有专人看护管理，每月的初一、十五都要烧香敬茶，每年的新春是寨人祭"萨"的日子，届时举行盛大的祭典。平时寨中男女歌队出行，戏班演出，举行芦笙赛会或进行斗牛活动等，都要事先到"萨"坛前祭祀，以祈求平安顺利。传说这位"萨"是古代侗族的一位女英雄，是祖母神。侗族还信奉佛教和道教。明清以来侗族地区建有不少的寺庙和道观，部分地区信奉巫教；有的地方受汉族的影响，还信奉雷祖、五昌、五岳、飞山、文昌、关圣帝诸神。过去侗族在生产生活中有很多禁忌，如"土王"之日不能动土，妇女不能触摸铜鼓，严禁姑娘在夜间梳头发等。

一、侗族生态伦理的形成与渊源

侗族的生态思想和生态文化不是独立的体系，一般蕴含在以经验知识为载体表达的社会历史或文化范畴之中。其中最典型的包括世界起源、人类起源、人类本质和终极关怀的相应思想，负载着生态意识并构成侗族生态文化的重要内容。

（一）侗族的"四生"文化和历史观

在侗族"起源文化"构筑中，包括四个系统并以神话或传说反映出来：一是世界起源；二是人类起源；三是物种起源；四是歌的起源。其中，世界起源和人类起源以及以此为基础形成的人的本质、终极关怀等思想是侗族历史知识和历史观的基本表达。在历史观上，需要回答的初始问题就是："世界是什么？"和"人是什么？"，或者是"世界从哪里来？""人从哪里来？""人到哪里去？"，这些是历史观中最基础性的问题。而关于它们的回答包含着一个民族的思维特征以及对社会解释的观念模式。

侗族历史观的特点，不仅在于回答这些问题具有独特性，而且在于围绕这些基础性问题所蕴含的文化建构具有独特性，反映了原始思维的相应特征，使得历史观的内容和形式都具有原初性、朴素性、多样性及模糊性，并强烈地反映在生态伦理的文化意向之中。侗族基于自己的世界和人类起源思想对宗教信仰和社会关系的文化建构，形成特定的社会生活秩序及其价值观，并以此规范人们的生产生活，建立制度、习俗并长期积淀成为传统，以此引导人们把握历史并构造新的生活。具体表现在，侗族回答"世界何以起源"有"雾生"说，回答"人从哪里来"有"卵生"说，回答"人是什么"有"傍生"说，回答"人到哪里去"有"投生"说。在这些回答所包含的文化观念中蕴含了侗族历史观的基本内容并延伸和形成为特定的生态伦理文化。

1. 关于创世纪的"雾生"说

侗族关于世界起源的描述是通过神话、传说、古歌、故事和典籍叙事体现出来的，不同的地方也就有不同的流传内容，因此同一主题出现多个叙事"版本"，"雾生"说是其中之一。"雾生"说首见于典籍《侗款》之中，也见于神话、传说、古歌、故事等。

侗族典籍《侗款》关于世界起源是这样描述的：

天地原先是一片混沌，

有了"气"后，

"气"才像生命摇篮一样，

哺育了人类和繁衍了万物。

也就从那时起，

人类有了生儿育女的"根"，

侗寨里的男男女女，

才进进出出，

像蜂儿筑巢一样热闹非凡。

在侗族的创世纪古诗《开天辟地》中也有世界起源方面的叙事：

天地起源于混沌朦胧的大雾，

后来大雾发生了变化，

发展为天地万物，

轻者为天，

重者为地。

这里"起初天地混沌"之说中的"混沌"就是指"雾"或"气"，即"雾气"。根据这些神话、传说和典籍文献，侗族关于世界起源有"雾生"说，即一切万物和人都是由"雾"变化而产生的。侗族有民间传唱的《阴阳歌》，对人死后灵魂皈依并再次投胎的地方即"高圣雁鹅"，它有这样的景观描述："那个地方长年一边云雾漫漫，一边阳光灿烂。中间一条河，一边河水浑，一边河水清。明媚的阳光，清澈的河水，这是阳人生活的地方。沉沉的云雾，浑浊的河水，这是阴间人居住的地方。"[1] 侗族有转世投生的观念，这里用"雾气"来形容"投胎"转入阳世时伊甸园的特点，也是"雾气"衍生人类的逻辑的一种比附。为什么会有"雾生"说，这可能与侗族先民观察水可变成"雾气"和"雾气"也可变成水的现象而起。因为在古歌《洪水滔天》中就有这样的经验认知描述："请一双龙、八四作凭证，又请汪乔父子打太阳；共打太阳十二个，挂在天上亮堂堂；晒得洪水成雾气，葫芦兄妹往下降。"[2] 侗族居住在湘黔桂边界一带，这里属于亚热带气候，雨水较多，森林密布，湿度很大，雾气环绕，让他们对事物、世

---

① 张泽忠、吴鹏毅、米舜：《侗族古俗文化的生态存在论研究》，广西师范大学出版社 2011 年版，第 102 页。

② 杨权、郑国桥：《侗族古诗——起源之歌》第 1—2 卷，辽宁人民出版社 1988 年版，第 63—65 页。

界起源归之为整天密布和变化无常的"雾气"。当然,这只是直观的比附理解,但它构成了侗族先民理解、把握世界的一种方式。

2. 叙述人类起源的"卵生"说

侗族的"卵生"说,主要见于《龟婆孵蛋》这个古歌的传说。在这一古歌中,关于"卵生"是这样描述的:

> 四个龟婆在坡脚,
> 它们各孵蛋一个。
> 三个寡蛋丢去了,
> 剩个好蛋孵出壳。
> 孵出一男叫松恩,
> 聪明又灵活。
> 四个龟婆在寨脚,
> 它们又孵蛋四个。
> 三个寡蛋丢去了,
> 剩个好蛋孵出壳。
> 孵出一女叫松桑,
> 美丽如花朵。
> 就从那时起,
> 人才世上落。
> 松恩松桑传后代,
> 世上人儿渐渐多。

侗族先民对人类来源的基本观点认为人是"卵生",即由龟婆孵出来的。龟婆在这里不是专指"龟",而是泛指一种神圣的动物,意指人类的先祖。有的地方称"棉婆","棉"也是指一种稀有而珍贵的动物,意指侗族崇拜的"萨婆""萨神",加上"棉"字表示是人类的先祖。这些棉婆各孵蛋四个,其中三个寡蛋(即未受精的卵)没孵出来而被丢弃,只有一个好蛋(即已受精的卵)孵出了世界上第一个男孩,他的名字叫松恩;第二次又孵出了第一个女孩,她的名字叫松桑。这就是宇宙间人类的始祖。他们长大后成婚,才有了后来的人。这是侗族先民对人类生命来源的一种朴素的认识。这种认识产生于他们对客观世界的观察和推测。这种推测不仅表达出生命是由卵演化而来的,而且反映出初始的进化论意识,具有男女结合、阴阳交合而万物化生的朴素思想。

《洪水滔天》中葫芦救命传说也是"卵生"的寓意。《诗经·大雅·绵》有记:"绵绵瓜瓞,民之初生。"把绵绵不断的葫芦,作为华夏民族的始祖诞生之所。传说中的伏羲、女娲、盘古等中华民族的始祖们,其实出自葫芦。《周易》中记载伏羲,称其为"包牺"。"包"即指"匏",意为"葫芦",至于那个捏土造人的女娲,古籍上有的直接将"女娲"写作"匏娲"。"娲",古音为"瓜"。按古汉语音韵学之规律,则"女娲"完全可读为"匏瓜",也就是葫芦;而《搜神记》《水经注》诸书中将"盘古"写作"槃瓠",据民族学家刘晓汉考证槃瓠即为葫芦的别称。"槃转为盘,瓠转为古,由槃瓠转为盘古。"而其他民族的这类传说尽管情节各不相同,但万变不离其宗,就是认为人类始祖出自葫芦。由于葫芦形状颇像女性生殖器或岩洞,因而人从葫芦出,隐喻人从母体出,以及人类早期穴居生活的深层意义。[①] 侗族在《洪水滔天》中讲人类始祖章良、章妹种葫芦救命,实际上是以"卵生"寓意人类起源。据此,可以理解为什么侗族鼓楼顶端造型是葫芦串,其包含了"卵生"的寓意。鼓楼是村寨象征,立寨前先建鼓楼,"先建鼓楼"包含了村寨起源之意。但要注意到,鼓楼是以血缘宗亲家族为单位建立的,一般村里有几个姓氏就建有几个鼓楼。而且鼓楼的层级一定是单数(天数),即以奇数代表天,而鼓楼平面均为偶数(地数),寓意天地化合,万物生长。鼓楼,从上到下都表达了"生殖"含义。其中,顶端的葫芦串就是以"卵生"象征着人类起源。

当然,侗族先民关于人类来源的观念不是凭空产生的,而是侗族先民

---

① 薛世平:《葫芦崇拜鱼崇拜水崇拜——中国文明史上的奇特现象》,《福建师大福清分校学报》,1997年第1期。

从当时自然和生命变化的实践中总结出来的。从侗族先民塑造的人类史上的第一对民族先驱及其名称就可看到耐人寻味的生殖寓意。"松恩""松桑"都是侗语的音译,"松"是"放"或"放下"之意;"恩"是筋或茎;"桑"是"根"。松恩、松桑合起来的意思是"放下了茎,扎下了根"。这种把人的生命的产生与植物生命的产生相类比,意蕴含蓄而深刻。

侗族先民关于人类生命来源于"卵生"的观念,与他们崇拜蛇类、鸟类动物有关。他们所崇拜的蛇和鸟都是由蛋孵化而来,由此推测,就认为人类的始祖也一定是由蛋孵化出来。侗族祖先已经认识到人的生命形成是长时间的,所以才有与低等生物关联并意指是它们逐渐进化而形成的,这是"卵生"出现的文化基础。

3. 蕴含人类本质观的"傍生"说

"傍生"概念一般见于佛经,指"下贱"的畜生类别。大唐三藏沙门义净译《金光明最胜王经》卷二(分别三身品)第三有叙:善男子,若有善男子、善女人,于此《金光明经》听闻信释,不随地狱、饿鬼、傍生、阿苏罗道,常处人天,不生下贱。也就是说,"傍生"是佛教中的"五趣"或"六道"之一。何谓"五趣"?趣即趋向之意。"五趣"指众生由善恶业所感而应趣往之处所,又称谓"五道",具体包括地狱、饿鬼、傍生(畜生)、人、天。而其中天趣又别开阿修罗,故又总称"六道"。五趣非净土而均为恶趣,总称五恶趣。其中地狱、饿鬼、傍生(畜生)三种为纯恶所趣,人天为善恶杂业所趣,故也名恶趣。另有六趣之说,其中把人、天、阿修罗称为"三善趣",把地狱、饿鬼、傍生(畜生)称为"三恶趣"。总之,傍生即畜生,是佛教的五趣之一,众生该往何处由其业缘感应所至,这是佛教文化的概念。

侗族受佛教文化影响,也有"傍生"概念,指畜生和其他物种,但是它不是简单从"下贱"的生物类别去对待的,而且还有与其他生物种类共生相依而存的意涵,强调所有生物物种的差异性依存才能形成共生的一种指认,尤其突出差异性依存的内涵。差异性依存指不同物种之所以能够存在,正是由于相互之间有差异,这种差异赋予了它们相互依存的必然性。

侗族就是站在这个高度来看待人自身的。这样，侗族关于人类起源的"卵生"说，只是指人诞生的形式。但是对于人的诞生，依据"傍生"的理解，不能当作单个物种的独立事件，而是在与其他事物的关联中发生的，即与其他物种处于一种依存的关联中产生的，这种人的诞生的关系情形就是"傍生"。这样，关于"傍生"，实质就是指人与宇宙万物都是一起同时衍化出来的，具有一种相互依赖来实现生存的结构性关系。这种观念，用侗族自身的世界观和知识经验来表达，那就是为什么人来到这个世界时，睁开眼就可以看见天地间的一切，却看不到自己，人自己要由他者的观察才能看到。对此，侗族人们认为，人与其他物类都是"傍生"的，即相互存在依赖关系，并以此理解和提出人要和其他生物包括天地间万物尤其各种神灵之物交友，通过借助万物生灵的"生气"即生命力才能滋养自己，才能有活力并快乐地生存，就像人通过"晒太阳"获得阳光变得暖和舒服一样。这是"傍生"的主要含义。

侗族的"傍生"观念是十分独特的，在生态观上有一定的先进性。这一观念与马克思在《1844年经济学哲学手稿》中讲到的人是对象性存在物的观点有些接近。马克思说道："人作为自然的、肉体的、感性的、对象性的存在物，同动植物一样，是受动的、受制约的和受限制的存在物，就是说，他的欲望的对象是作为不依赖于他对象而存在于他之外的；但是，这些对象是他的需要的对象，是表现和确证他的本质力量所不可缺少的、重要的对象。说人是肉体的、有自然力的、有生命的、现实的、感性的、对象性的存在物，这就等于说，人有现实的、感性的对象作为自己本质的即自己生命表现的对象；或者说，人只有凭借现实的、感性的对象才能表现自己的生命。""太阳是植物的对象，是植物所不可缺少的、确证它的生命的对象，正像植物是太阳的对象，是太阳的唤醒生命的力量的表现，是太阳的对象性的本质力量的表现一样。"① "一个存在物如果在自身之外没有自己的自然界，就不是自然存在物，就不能参加自然界生活。一个存在物

---

① 马克思：《1844年经济学哲学手稿》，人民出版社2014年版，第103页。

如果在自身之外没有对象，就不是对象性存在物。……就是说，它没有对象性的关系，它的存在就不是对象性存在物。"① 侗族的"傍生"观念实际蕴含了马克思所说的"对象性存在物"思想，但对人的理解而言没有达到马克思基于唯物史观和辩证法的高度而已。

"傍生"说确立了侗族具有一种"关系性"的特征（或回答方式）来理解人类的存在，触及人的本质或者就是侗族对人的本质的理解，虽然这种"触及"是朴素的。关于人的本质，马克思是从人的社会关系予以规定的。但是要明白，社会关系源于人的劳动的历史展开。关于劳动作为人的本质的理解，在于认识到人的对象性存在与其他动物不一样，即人的"对象性存在"需要通过自己的"对象性活动"的实践去实现，即依赖于创造或生产和消费自己的产品，这也是人和动物的区别。这样，虽然"社会关系"是人的本质，但它包含了以"对象性关系"作为前提。为此，虽然侗族没有上升到"社会关系"的历史本质来理解人的存在，但能从"对象性存在"或"对象性关系来理解人的"本质"，这无疑是一种可以被"接受"的观点。不过，侗族的"傍生"说没有现代科学知识支撑，不划分人与其他物种的不同，尤其缺乏人的社会性的阐述和规定，只是认为人与自然界其他物种一样，仅仅当作一种等同的依赖关系，这是侗族"傍生"说的不足和局限。但是，无论如何"傍生"说"触及"了人的本质的理解，也就是侗族关于人的本质的理解。正由于这一性质，"卵生"文化对侗族的世界观、历史观乃至日常行为都产生着影响。

4. 包含终极关怀的"投生"说

"投生"说即投胎转世思想，它在侗族社会普遍盛行，表达了侗族的终极关怀。侗族在宇宙的"五界"论说中，关于"鬼界"与"人界"的关系说包含了投胎和转世的思想。鬼界，又称阴间，它与人界并列于天界和下界之间。鬼界又划分为"花林山寨"和"高圣雁鹅"。"花林山寨"居住着"南堂父母"、四位"送子婆婆"和许多等待投胎转世的男女小孩；"高圣

---

① 马克思：《1844年经济学哲学手稿》，人民出版社2014年版，第103—104页。

雁鹅"是人死后的灵魂居住的地方。鬼界的"花林山寨"则是给"人界"生育送子的地方。在侗族的"阴阳歌"里传唱：死人灵魂居住的"雁鹅寨"有一个美丽的"花林山寨"，那里依山傍水、清美秀丽，有一个"花林大殿"和一条一边浑浊一边清澈的投胎转世阴阳河。当阴魂投胎转世时，由"花林大殿"的"南堂父母"批准，然后由叫"四萨花林"的四位送子婆婆撑船渡过阴阳河把阴魂送到人间，阳间才会有一批批的小孩出生。

侗族投胎思想的实践还衍生许多文化事象，最普遍的事象之一就是祭桥。一般夫妇婚后两三年不见生育或只生女孩，便上庙里求观音菩萨，给他"上红"或"献佛鞋"，以及其他求子活动和仪式。日常，就给村里或对其他人做一些善事，以感化神明并求得赐子，通常给村里修路、架桥等。尤其有的相信"修桥修路修子孙"，便许愿修桥，贫家则砍几根木棒搭在小沟上让人通过，有山林的家庭便捐大树作为桥梁。富家无子，则捐钱修石拱桥。侗族聚居区的乡间桥梁多是这种情况下由人捐建的。

北部侗族地区的天柱、锦屏各地侗寨，一般久婚不孕就会行架桥索子仪式。索子仪式，一般要请巫师。举行仪式需要准备的物资包括：染成红色的鸭蛋1个、公鸡头1只、针1枚、红绿色丝线若干根装入陶罐内，封好罐口，另备红蛋、猪肉、公鸡、糯米饭、米酒等物品。摆在桥头，祭桥求子。而后将陶罐埋入桥端，当事者各拿一红蛋，男方从现场牵一引线，长短不拘，一直牵完为止。返家后，用红布把两人拿的红蛋包好，放在床头，伴之入眠，谓之孵或抱，经三夜后食之。以此认为可怀孕生子、传宗接代。①

侗族还有架桥求子的巫术习俗或仪式。侗族大龄青年结婚无子者，要架桥求子。日常的习俗是建桥或祭原有的桥，但是年久不得子者，则要请巫师做架桥求子仪式。这个仪式中的"桥"是用竹子制成的"楼梯"桥，这个桥是象征性的，用来引诱即将投胎转世的灵魂，使小孩灵魂渡过一边

---

① 杨筑慧：《中国侗族》，宁夏人民出版社2012年版，第229—230页。

浑浊一边清澈的阴阳河、跨过阴阳桥来投胎。这个桥放在哪里呢？就是架在风水树即神树的干枝旁，风水树在这里起着中介作用。由于风水林的神性和担负着的社会职能，人们对风水树就形成了许多禁忌，对风水树是禁伐的，不仅如此，而且不能做出任何不恭的行为，甚至风水树干枯的树枝也不能用作柴火或其他，风水树是任其自生自灭的。

除了祭桥外，侗族关于投生文化还有"再生人"之说。"再生人"，在侗族社会里指人生下来懂事后，便能如数家珍般地说出他前世姓甚名谁、家住何处、做过什么事、怎么生如何死、周围的邻里亲戚等。这些人能找到前世居住之地，或下葬之所，也能找到上辈子的亲人，再续前缘。"再生人"观念表达了侗族对人类历史的一种文化构造。当然，由于"投生"与"傍生"的互渗，"投生"不仅仅指人类内部的投胎转世，也包括人的业缘作用使投生把"人变成其他动物"和"其他动物变成人"的转世情况。

总之，"投生"说的文化内涵实际表达了侗族的终极关怀，是侗族对个体和种族的一种生续发展的文化设计，用以解决人类生命有限存在如何通向无限存在的问题，实现能够面向未来的文化建构。这在侗族的文化体系中是十分重要的，也是不可或缺的并关涉人类历史形态的一种把握，同时与人们生活理念和习俗同构，融入整个民族的文化之中，发挥文化生态的积极作用。

（二）蕴含历史观的侗族"四生"观念对其生态伦理建构的文化支撑

侗族社会发展相对滞后，因此文化内容质朴，几乎停留在各种经验积累的层次上，没有系统的理论总结和科学表达形态，而且各种理论和经验交叉进行互渗性解释。这种理论与自然紧密联系，也是侗族生态伦理建构的文化支撑，对侗族生态观和生态实践形成重要的影响。

1. "四生"蕴含的历史观是侗族生态伦理的文化基因之一

由"雾生""卵生""傍生"和"投生"所蕴含的世界起源、人类诞生及其社会发展的内容构成，形成了侗族关于人的本质以及终极关怀的文化解答等。这种文化解答的历史观没有完全割断与自然界的联系，显得十分简朴甚至幼稚，但毕竟是对人类自身的一种思考。实际上，侗族"四生"蕴含的历史观是其生态伦理的文化基因。

侗族生态伦理具有自身的独特性，其基于泛神论的原始宗教世界观，认为世间万物都有神性或"物主"，即"主体化"地理解自然物，而且把人与自然物的关系设定为一种具有亲缘性的存在，并采取和谐的方式相处，从而蕴含了积极的生态意识和行为方式。第一，基于自然物的"主体化"，敬畏自然并形成尊重自然规律的文化操守；第二，在人与自然物之间给出了亲缘的价值关系设定，制约着人们的活动行为，不透支自然资源；第三，平等对待自然物的立场延伸于社会，同等对待人与自然、人与人的两种关系，形成蕴含生态化的友好的生活方式。这是侗族生态伦理的主要内容。

侗族能够形成这样的生态伦理文化，不仅在于有相应的自然观予以支撑，而且在于有自己的特定历史观的支撑，历史观也是侗族生态伦理的重要文化基因之一。这种历史观的文化基因，在于以开放性"衍生"系统的联结和循环对待人类社会，使人与自然之间构建起互通的文化机制。侗族把人类的存在理解为世界自我"衍生"中的一环，而且这种"衍生"又有内部的层级关系，所谓"雾生""卵生""傍生"和"投生"的具体化。通过这种"衍生"关系的构造，人与自然界及其各种物种之间形成一种"开放性"的联结，并且把它们设计为具有内部循环的特征。侗族通过"雾生""卵生""傍生"和"投生"，使人类与自然界的所有物质或物种之间的联系全部打通，形成一种全面开放性的关系，而且物种之间还通过"傍生"和"投生"形成了内部循环和关联。这种"关系"和"循环"机制的建构，才能够把万物看成"物主"，即自然物的"主体化"，才能把人与自然物的关系设定为一种具有亲缘性的存在，并主张采取和谐的方式相处。因此，侗族的历史观是生态伦理的文化基因之一。

2. "自然的主体化"和"主体的客体化"的双重关系结构和生态文化机制

侗族基于人与世界之间的开放性"衍生"联结和循环建构,从而形成了另一文化特征,这就是"自然的主体化"和"主体的客体化"的双重关系结构。在侗族社会中,"自然的主体化"和"主体的客体化"是同时存在的。关于"自然的主体化",前面已经论及,就是指把自然特定要素神化和设定为价值主体,以能动的主体地位来理解和对待它们。这一点容易明白。而"主体的客体化",是指面对整个大自然和自然物主时,人不过是屈从于它们的"客人"而已,即服从于它们和被它们操纵的"对象"罢了。人作为主体的存在被理解为"对象"的存在,这无疑蕴含了"主体的客体化"。"主体的客体化",这是侗族独特的文化心理。侗族在《许愿歌》中说道:"山林是主,人是客。"这里是鲜明的例证。而"自然的主体化"和"主体的客体化"是同构的,即处于一种双重关系结构状态并相互作用。基于这种文化心理结构,侗族才把自己的存在理解为是在大自然中的栖居。所谓栖居,就是把人理解成大自然的一部分,是"与草木共山主"的,与自然界各种物主一起共同生活的一种状态。到人类社会内部,这就是能建立起"与邻为善"的价值观和行为准则的原因。同样,社会伦理的贯彻也支撑着人们友善地对待"自然物主",人们与自然界和谐生活。

我们知道,历史上侗族没有建立过自己的国家和政权,是一个仅仅通过建立地缘组织即联盟就能够自治的民族。之所以能如此,其原因在于侗族有人人向善的文化基因并形成社会秩序,在侗族地区不仅倡导人与人要和谐相处,而且倡导人与自然要和谐相处。就此,我们看《侗款》的这一段歌词叙述就明白了。歌词是这样说的:"水流一条河,莫争高低。都是一村人,莫伤和气。赢你三分不长胖,让他三分不瘦人。多说一句不长高,少说一变。肚量宽广,莫听闲言。鱼在河自在,大家住寨平安。"① 总之,

———————

① 广西三江侗族自治县文学艺术界联合会:《风雨桥》,2005 年第 1 期。

以"再生"中物种差异性的"循环"规制形成个体命运的关怀以及向善的文化效应，支撑着建立相应的生态伦理准则，对自然环境和良好生态平衡的形成产生了积极的作用。

二、侗族生态伦理的主要呈现

侗族生态伦理内涵丰富，表现形式多样，集中在生产生活等多个方面。

（一）传统生产生活方式的生态伦理①

侗族传统生产生活方式的生态伦理主要包括两个方面：一是先造山林，再造人群——以自然为本体的生态意识；二是"稻—鱼—鸭"的生态经济系统。

1. 先造山林，再造人群——以自然为本体的生态意识

侗族是一个古老的民族，主要分布在湖南、贵州、广西三省交界的山区。现今的侗族原是岭南古百越民族中的一支后裔，最早是生活于江河中下游的宽谷河网地带，后来又逐渐迁移至一些丘陵地带，主要以种植水稻为生，过着"饭稻羹鱼"的生活。侗族的生活居住地，大多是风景秀美之地，青山环抱，绿水绕庄，多为依山傍水而居。尽管当地经济文化发展程度低于其他地方，但是当地民众与大自然的和谐关系远高于其他地方，这首先应当归功于侗族人颇为环保的生产与生活习俗及生态伦理观念。

侗族先民很早就具有一种"母体原型"的原始直观思维模式，其特征是尊崇某些动植物或天然物，并把它们作为自己氏族、部落的祖先（或图腾）。② 侗族先民认为，从起源上看，人来源于树木，即天地间先有树林，再有人群。侗族的《人类起源歌》充分反映了侗族人这种观念："起初天地混沌，世上还没有人，遍野是树蔸。树蔸生白菌，白菌生蘑菇，蘑菇化成河水，河水里生虾子，虾子生额荣，额荣生七节，七节生松恩。"额荣，是指一种浮游生物，而七节是一种节肢动物。"松恩"是指男人，女人则被称为"松桑"。"先造山林，再造人群"的观念千百年来一直在历代的侗族人

---

① 谢仁生：《侗族传统生产和生活方式的生态伦理价值》，《学理论》，2012 年第 8 期。
② 朱慧珍等：《诗意的生存：侗族生态文化审美论纲》，民族出版社 2005 年版，第 49 页。

观念中延续，逐渐衍化为一个民族的生态理念和生态智慧，并以一种独特的理解形式（或风俗化、风物化，或艺术化）内化、渗透到社会的肌肤、血脉和文化的深层中去。①

在今天许多侗乡村寨里，普遍完好地保存着许多古老的大树。侗族的村民往往把这些参天大树视作"风水树"，认为它们是老祖宗遗留下来的神树，并亲切地称之为"树爷爷"；村寨前的河流被称为"萨娜"（即河奶奶）。侗族村民认为树爷爷、萨娜有神灵，每到大年除夕，"小伙伴们常常和大人们一同到西边、河边或大树旁去，听从大人们的吩咐，从头上捻下一绺发丝，或从衣领上扯下一绺棉线，虔诚地夹在古树或石缝里，以祈求自己的灵魂、生命得到'树爷爷''萨娜'的庇护和保佑"②。这种原始的万物有灵论观念和"母体原型"思维模式及其理念早已融入了侗族的血液之中，成为侗族人生态文化的重要部分。

侗族先民还坚信人是大自然的产物，认为人诞生于大自然，人类只是大自然中的一分子。大自然是主，人是大自然的客。大自然与人一样，也具有生命意识和生命形式，"同时笃信大自然的生命意识和生命形式就是充盈天地间的'神性'……像生命摇篮一样，滋养大地万物，哺育人类，荫护人类社会的一切。因此，侗族极为虔诚地崇拜'神灵'，并把自然界的一切生命形式，譬如溪河里的鱼、山林里的飞禽走兽，以及花草、树木、石头等，都看成是'神灵'的化身。这种'神灵'观念和'神灵'思维模式，经千百年的濡染和潜移默化，在侗族社会每位成员的生命意识里深深地扎下了根"③。正是有了这种观念，侗族人认为天地（自然）是化育万物的"母体"，山川河流、花草树木皆由大自然的"母体"直接生育而来。而人、鸟、兽、虫、鱼等是由这个"母体"滋养再生的。有趣的是，侗族先民把大自然这个母体直接生育而成的视为天地间的"主体"，而靠母体滋养

① 朱慧珍等：《诗意的生存：侗族生态文化审美论纲》，民族出版社 2005 年版，第 51 页。
② 朱慧珍等：《诗意的生存：侗族生态文化审美论纲》，民族出版社 2005 年版，第 52 页。
③ 朱慧珍等：《诗意的生存：侗族生态文化审美论纲》，民族出版社 2005 年版，第 70 页。

而生的则是主体的"客"。因此，天地间的山林树木皆是"主"，而人是"客"。侗族人以轻快的口头文学形式把这种观念表达出来："天地原先是一片混沌的，有了'气'后，'气'才像生命摇篮一样哺育了人类和繁衍了万物；也就是从那时起，人类有了生儿育女的'根'，侗寨里的男男女女才进进出出像蜂儿筑巢一样热闹非凡。"①

2. "稻—鱼—鸭"生态经济系统

依山傍水而居的侗族人有自己的独特生存方式。从居住的地理位置看，侗族多定居于半山腰地带。为了生存，侗族的先民利用自己的智慧将半山区的自然环境改造成适合水稻种植的环境。侗族先民通过开挖水渠，改变河道把河水引入田地。为了保持水土，侗族先民挖掘水塘，用筑坝的方式构建浅水沼泽地。"这些人工建构的高山水域环境，一方面提高了山区生态系统多样化的水平，使本来仅分布于江河中下游的生物群落现在可以移植到较高海拔地带，使得山区有限的沼泽生态系统能够与高山森林生态系统毗邻存在；另一方面，这样建构的人工沼泽生态系统使得许多喜欢湿地环境的物种能够向较高海拔地区转移，从而有效地加强了山区生物物种的多样化，使得在有限的空间范围内可以密集地生长着众多的生物物种。"②

在此基础上，侗族人很早就构建了独特的生态农业系统，即"稻—鱼—鸭"共生系统。"稻—鱼—鸭"共生系统简单地说，水塘蓄水，必要时用以灌溉，同时水塘里养着各种鱼，也放鸭、鹅等家禽。有时因为水塘与稻田紧挨着，于是稻田里也养鱼。小鱼可以自由地出入水塘与稻田之间，成鱼进入稻田则受控制。例如，春耕插秧之时，由于秧苗太小，成鱼就被拦在水塘中，以防成鱼破坏秧苗，到秧苗长成禾苗，成鱼也可以自由出入稻田。当水稻收割完毕之后，有经验的农民则会将大小鱼儿引入稻田中，因为其中食草的草鱼能够饱食稻田中的水草，同时也清除了稻田里多余的

---

① 朱慧珍等：《诗意的生存：侗族生态文化审美论纲》，民族出版社 2005 年版，第 73 页。

② 罗康智、罗康隆：《传统文化中的生计策略——以侗族为例案》，民族出版社 2009 年版，第 63 页。

杂草，为下季度的种植打下了基础。另外，这种"稻—鱼—鸭"共生系统，还充当人工湿地生态系统的作用。值得一提的是，利用水塘蓄水是侗族人主要用水模式，他们很少修筑大水坝拦水，而是充分利用水塘、稻田、泽、堰和天然的湖泊来调节雨季引发的暴涨暴落的水位。① "稻—鱼—鸭"模式充分展现了侗族人的生态观念和生存理念，是侗族人基于自己的生活条件对大自然环境进行合理利用的典型形式。"从'稻—鱼—鸭'的共生系统的产业项目看，农、牧、渔在这儿密不可分，是一种真正意义上的多元复合产业。从生产节律看，稻、鱼、鸭在这儿既相克又相生。通过操作节律的调整，使期间的'克'降到了最低限度，其间的'生'放大到人们最满意的程度。从物质与能量的循环看，整个生产系统构成了一个多渠道、自相循环的网络，除了为人类食品和其他生活原料外，人对耕作区从不过分榨取，整个生产环节不会出现任何形态的废物，可能导致的环境污染在整个循环回路汇总消除于未然。"② 由此可见，"稻—鱼—鸭"生态经济模式是侗族人巧妙利用自然的生存艺术，它把原本三者难以相容的生物即稻、鱼、鸭融合到一个生态系统中，有效地使得三种生物相互协作，产生出更高的生态效益和经济效益。

同时，这也传达了侗族人一个古老的观念：人的衣食住行无不依赖于大自然。因此，只有充分合理地利用好各种环境资源，合理地消费，人类才能不愧对大自然这个主人，大自然（主）与人类（客）之间才能和谐共处。

（二）古俗文化中的生态伦理

侗族古俗文化中的生态伦理主要包括关于人与祖先关系的认识、关于人与天地自然关系的认识、关于人与动植物关系的认识、关于人的生存环境的认识四个方面。

---

① 罗康智、罗康隆：《传统文化中的生计策略——以侗族为例案》，民族出版社 2009 年版，第74 页。

② 罗康隆：《侗族传统生计方式与生态安全的文化阐释》，《思想战线》，2009 年第 2 期。

1. 关于人与祖先关系的认识

祖先神是侗族信仰结构中处于核心位置的神灵。侗族共同信仰的祖先神是祖母神——"萨",她被视为能护佑人类、保境安民,能除凶驱恶的至善至美之尊神,是万物之母。侗族认为,美好生活都是祖母神"萨"所赐予的,要好好珍惜来之不易的生活。侗族对祖母神"萨"的祭祀活动非常丰富,仪式非常隆重。各家各户祭祀"萨"神的时间一般在农历初一、十五或逢年过节,集体祭"萨"一般一年或三五年一次,祭祀仪式的程序一般包括"接萨""安萨""祭萨"几个分支仪式。在修建萨坛时,必须封山闭寨,全寨各家各户只吃粑粑、粽子、酸菜等冷食。管理"萨"神坛事务的名为"登萨",一般由老年妇女担任,多为世袭,也有个别是公推的。①侗族的祖先信仰蕴含着人对自然无限生态关怀。侗族人们共同信仰的祖母神"萨"蕴含着侗族人母性爱心的意识。在每年固定的"萨"神祭拜仪式中,侗族祭拜的东西都具有特殊意义,如萨坛上一般放置一把伞,代表侗族信仰的神灵"萨"。②萨神信仰体现了侗族先人对女性神灵的崇拜之情,具有一种不具征服色彩的柔性美文化特质。可以说,这种文化与生俱来就具有生态基因,而在现实生活中确实如此。侗族的民间信仰成为侗族人民社会生活的一个重要组成部分,并在村寨的布局和各种资源的保护中得到很好的呈现,形成一种人神和谐共享的生活空间。

2. 关于人与天地自然关系的认识

侗族在看待天人关系时秉持的是一种非线性、非机械论、非二元论的系统思维,他们把人类看作自然共同体中的普遍一员,认为人类与自然不是征服与被征服的关系,而是一个有机的整体。在侗族大歌中,侗族祖先在《人类起源歌》里对人类起源进行了描述:"起初天地混沌,世上还没有人,遍野是树苑。树苑生白菌,白菌生蘑菇,蘑菇化成河水,河水里生虾

---

① 参见陆中午、吴炳升主编:《信仰大观》,民族出版社 2006 年版。
② 参见石佳能:《侗族文化研究笔记》,华夏文化艺术出版社 2000 年版。

子，虾子生额荣，额荣生七节，七节生松恩。"①"额荣"是一种浮游生物，
"七节"是节肢动物，"松恩""松桑"分别是最早的男人和女人。这段话
肯定了人是天地的产物，人是天地的一部分，人类先祖与山林、河水是一
种血水相连的亲缘关系。这种思维方式及由此产生的行为方式，与把人类
自身和大自然融为一体的原始直觉思维观念有着千丝万缕的联系，体现了
一种超越的智慧性。这种朴素的认识体现了一种生态思想，那就是人类是
由客观现实中的一系列自然物种演变而来的，是天地自然之子。既然天地
自然是人类的母亲，人类就应该热爱自然、尊重自然，与自然万物和谐共
生。在侗族大歌里，通过对大量自然物的拟人化，把天地万物看成是与人
一样有感情的生命体。侗族人民把自然看得非常神圣，体现了一种敬畏自
然、爱护环境的本体意识。

　　3. 关于人与动植物关系的认识

　　侗族先民常把动植物当作生活中的良师益友或各种保护神，他们最崇
拜的动物是耕牛，因此，牛神成为他们的信仰对象。人们口头上流传着牛
是上天派下来帮侗族人耕田的故事，牛是侗族地区生产生活非常重要的帮
手。在每年农历四月初八或六月初六要用祭品祭拜牛神，这些日子不让牛
耕作，在家好好休息，还要专门安排人给牛洗澡，这个节日称为"牛辰节"
或"洗牛身"。在植物方面，侗族先民最崇拜古树神和禾谷神，大多数侗族
村寨植被非常好，都是绿树环抱，宛如仙人居住之境。民谚说："老树护
村，老人管寨。"村寨中古老的杉树、枫树，都被尊称为树神，侗族先民相
信古树也有活的灵魂，对人有重要的护佑作用。② 侗族先民是一个以水稻
耕作为主的民族，在他们的意识中，禾谷是神圣的吉祥物，他们信仰禾

---

①　参见黔东南苗族侗族自治州文学艺术研究室编：《贵州省少数民族哲学及社会思想资料选编》，
贵州省哲学学会编印，1984年。
②　参见黔东南苗族侗族自治州地方志编撰委员会：《黔东南苗族侗族自治州地方志》，贵州人民出
版社2000年版。

谷神。河边的桥上挂几穗禾谷，表示吉祥、平安。① 侗族崇拜各种动植物，对动物有一种天生的依赖感。他们直接认识到，现成自然资源是有限的，因此他们自然就形成了爱林护生、适度利用资源的生态经济理念。侗族社会以农为主，兼及林业，长期维持生态平衡，可谓得力于他们的传统生态伦理。

4. 关于人的生存环境的认识

侗族对自己的生存环境非常重视，有一些独到的认识。在他们的古歌中，有很多对于侗族生存环境的描述："这里土熟地好，满山密林是百鸟栖身的地方。"② 依山傍水而居，是侗族千百年来认同的理想环境模式。可见，生态意识深深融入侗族先民的内在心灵和外在实践中。侗族的生存理念体现在将各种生态系统都纳入均衡利用的渠道，在有限的空间范围内保持多种资源的合理配置。每个侗族村落，在自己生活的流域范围内，尽可能地保持各种生态系统的均衡发展。比如，侗族喜欢定居在贴近河谷盆地底部的山麓，村落面向宽阔的河谷底部，配置了稻田、鱼塘、河网和各种引水设施。这种村落结构很有特色，到处是水，除了河水还有鱼塘、稻田、山泉、井水。侗族的传统稻田，实际上是一个天然生态系统的缩版。在稻田中，他们种植高秆糯稻，同时还养鱼、养鸭子。除此以外，稻田中还生长着很多野生动植物，如水芹菜、莲藕等植物，以及螺、泥鳅等动物。侗族的村落依山傍水，体现了一种生动和谐的美学形式。作为侗寨最具特色标志的鼓楼和风雨桥，不仅仅是建筑，更是侗族先民与生存环境融为一体的文化结晶。

---

① 张世珊、杨昌嗣：《侗族信仰文化》，《中央民族学院学报》，1990 年第 6 期。
② 参见黔东南苗族侗族自治州地方志编撰委员会：《黔东南苗族侗族自治州地方志》，贵州人民出版社 2000 年版。

第四节 土家族生态伦理

根据第七次全国人口普查，全国土家族总人口为9587732人，主要分布在我国湘、鄂、渝、黔交界地带的武陵山区。其中，湖南省的土家族主要分布在湘西土家族苗族自治州的永顺、龙山、保靖、古丈等县，张家界市的慈利、桑植等县，常德市的石门等县；湖北省的土家族主要分布在恩施土家族苗族自治州的来凤、鹤峰、咸丰、宣恩、建始、巴东、恩施、利川等县市，宜昌市的长阳、五峰两县；重庆市的土家族主要分布在渝东南的黔江、酉阳、石柱、秀山、彭水等区县；贵州省的土家族主要分布在黔东北的沿河、印江、思南、江口、德江等县。土家族所居住的地区，属于山区丘陵地带，海拔多在400—1500米之间，境内山岭重叠，岗峦密布，主要的山脉有武陵山、大娄山、大巴山等。其中，武陵山脉横贯其间，分布区域最大，酉水、澧水、清江、溇水、武水、乌江、郁江、贡水（忠建河）、唐崖河等河流纵横交错。这里气候温和，雨量充沛，具有发展农、林、牧、副、渔业的良好条件。

土家族地区的经济基本属于山地农耕经济。土家族在开荒挖土、薅苞谷草、砍楂烧粪等适宜集体性劳动的农活中常常换工互助。在集体劳动中，土家族创造了一种鸣锣击鼓、伴之以歌的歌唱形式，称为"薅草锣鼓"，也叫薅秧锣鼓、薅草歌、打闹等。劳动者"闻歌雀跃，劳而忘疲，其功较倍"。农耕之外，土家人亦喜欢集众围山打猎，称为"赶仗"。过去，土家族信仰多神，表现为自然崇拜、图腾崇拜、祖先崇拜、土王崇拜等，巫风巫俗尤烈，道教、佛教和基督教的先后传入也对土家人的信仰产生了一定影响。土家人每逢出猎，要祭祀猎神。龙山、来凤、永顺等地把猎神称为"梅山娘娘""云霄娘娘"或"梅嫦"，长阳、五峰、鹤峰一带则供奉张五郎。猎神神像供在堂屋中，凡进山打猎，猎人必先敬猎神，祈求护佑平安，多获猎物，并许愿："大财大谢，小财小谢。"土家族地区土地庙林立，供祭的有掌管坡上五谷的"山神土地"，管理家禽家畜的"家先土地"，协助狩猎、保护安全的"梅山土地"等。

一、土家族生态伦理的形成与渊源

任何一个民族文化的形成都有其特定的条件，这些条件的有机组合便构成该民族文化的生成背景。这种生成背景在很大程度上决定了该民族文化的特点和发展进程。土家族生态文化的生成背景应当从土家族生活的自然地理环境、人文环境两方面来加以考察。地理环境是人类居住地区各种自然因素的总和。人文环境是社会本体中隐藏的无形环境，是一定社会系统内人们共同体的思想观念因素的总和。土家族所生存的世居环境是土家族生态文化生长的基本条件，经济文化类型决定其生态文化的基本特征，人文生态影响着土家族生态文化的发展方向。三者相互作用，对土家族生态文化的产生、发展具有重要影响。

（一）世居环境的影响

关于生态环境与文化的关系，克鲁克洪曾说过："人类的生态和自然环境为文化的形成提供物质基础，文化正是这一过程的历史凝聚。"① 不同地域，不同民族的文化千差万别。造成这种差别的原因有多种。但究其根本原因，首先应归因于自然生态环境的不同。钱穆认为"自然环境的差异直接影响着人们的生活方式，并由其生活方式而影响着民族的文化精神"②。因此，考察土家族生存的地理环境对于理解土家族生态意识是十分必要的。

土家族世代生活在湘鄂渝黔交界的地区，位于云贵高原的尾部和武陵山脉中，属于山区丘陵地带，山脉纵横交错，层峦叠嶂，地形奇异复杂，地貌千姿百态。土家族地区有数千条河流，其中比较大的河流水系有酉水、

---

① ［美］克莱德·克鲁克洪等：《文化与个人》，高佳、何红、何维凌译，浙江人民出版社 1986 年版，第6—7页。
② 钱穆：《中国文化史导论·弁言》，上海三联书店 1988 年版影印本，第 2 页。

武水、乌江、清江、溇水、唐岩河等，水资源丰富。地形地貌也是多种多样，既有山地又有河谷、高原、平坝、盆地。土家族地区的气候属于亚热带季风湿润气候，气候温和，雨热同期，降水丰沛。但由于属于山地，高山和平地间气候的垂直差异明显。土家族地区降水和气温差异较大，暴雨、洪涝、干旱、低温冷害、冰雹、大风等灾害性天气较为频繁。综上所述，我们可以看出土家族地区虽然自然资源丰富，但是自然环境复杂多样。土家族及其先民在享受自然环境带来的馈赠时，也受到了来自生存环境的制约。土家族人民的生存和发展受自然环境的制约较大，且改造自然的难度较大。这促进了土家族人顺应自然，保护自然，与自然和谐相处意识的形成。

（二）土家族经济文化的决定作用

"自然地理环境对一个民族文化的形成只起基础作用，它只能派生出一部分文化要素，只为民族文化的发展方向提供一些选择。"① 用这一理论无法解释在类似的环境下出现不同的文化类型。因此，对环境与文化关系的研究，应从环境与文化相互作用的双向视角或符合视角去研究环境与文化之间的关系，运用文化相对论和经济学的实质论（substantialism）的价值准则作出符合文化整体或文化自身逻辑的评判。② 民族文化的本质要素则与其经济文化类型密切相关。因此，既有必要从生态环境的角度分析其经济形态和文化形态特征及其形成根源，也有必要从文化的角度阐释其传统文化保护生态环境的功能和价值。如此说来，考察土家族的经济文化类型对于了解土家族的生态文化特质具有特殊意义。土家族地区山深林茂，河流密布，加之气候温暖湿润，适宜农、林、牧业的发展。土家族聚居地区的自然环境使土家族地区的经济成为一种以采集经济、渔猎经济、农耕经济为主的复合式经济。根据苏联民族学家切博克萨罗夫和我国民族学家林耀华先生的"经济文化类型理论"，土家族地区的经济文化类型属于农耕经济文

---

① 段超：《土家族文化史》，民族出版社 2000 年版，第 9 页。
② 廖国强、何明、袁国友：《中国少数民族生态文化研究》，云南人民出版社 2006 年版，第 7 页。

化类型组中的山地耕猎型。土家族复合式经济生活必然创造出复合式文化。土家族的采集生产创造了其丰富的采集文化。土家族的渔猎生产创造出其缤纷的渔猎文化，而土家族的农耕生产造就出其多彩的农耕文化。马克思说："物质生活的生产方式制约着整个社会生活、政治生活和精神生活的过程。"① 因为生产力水平和认知水平的限制，土家族及其先民在经济生产中产生了自然崇拜和多神崇拜。正如恩格斯所说："通过自然力的人格化，产生了最初的神。"②

在采集经济时代，植物是土家族先民主要的生产对象，为土家族先民提供物质生活的主要来源。树木在采集经济时代的地位尤为特殊，它满足着人们衣、食、住的需求。于是，土家族先民产生了对树的崇拜。土家族对树的崇拜有三种：一种是果树，一种是古树，一种是花树。土家族的渔猎经济生活派生出了渔猎文化，也派生出了猎神崇拜和山神崇拜等文化事象。在渔猎经济时代，人与自然的关系依然是人依赖与自然的依附关系，人们想象有超自然力的神的存在保佑着渔猎生产。唐宋以后，农耕经济在土家族地区发展起来。改土归流后，农耕生产成为土家族农业生产的主流。由于生产力水平和认知水平的束缚，土家族先民们在农业生产中形成了对动植物和自然物的崇拜。比如，土家族对牛的崇拜，对毛娘神的崇拜，对社巴神的崇拜等。在蒙昧时代，由于生产力水平和认知水平低下，土家族产生了对自然的崇拜和对神的崇拜。随着土家族生产力和认知水平的提高，土家族先民们也在物质生产的历史中累积和沉淀了丰厚的生态知识和生产经验，留下了宝贵的生态智慧。例如，对林木进行分类管理，依照作物的生长规律进行耕作，按照动物的生长规律捕捞猎物和鱼虾等。

（三）先民文化及其他民族文化的影响

要了解土家族的生态文化的生成环境，必须从其文化生态入手，从土

---

① 《马克思恩格斯选集》第 2 卷，人民出版社 2012 年版，第 2 页。
② 《马克思恩格斯选集》第 4 卷，人民出版社 2012 年版，第 230 页。

家族族源及其先民文化的纵轴和土家族聚居地区其他民族文化的横轴两个视角来探寻土家族生态文化"形貌"和"模式"的起源。

1. 族源及先民文化的影响

一个民族的文化本质要素与该民族的历史文化密切相关，即与该民族的族源和先民文化有密切关系。土家族族源及其先民文化是土家族生态文化形成的历史环境。因此，我们在考察土家族生态文化形成的文化生态时，对土家族的族源及其先民文化的考察是十分必要的。关于土家族的起源，学界有众多说法。土家族与古代巴人渊源较深，土家族的形成和发展也与该地区的土著先民和迁来的汉人、楚人、濮人、乌蛮等部族密切相关。土家族的蛇、虎文化就与古代巴人、乌蛮的图腾文化渊源较深。巴人崇蛇，早前曾以蛇为其部族的图腾。"巴"字的甲骨文就写作蛇形。《山海经·海内南经》："巴蛇食象，三岁而出其骨。"《山海经·海内经》："又有朱卷之国，有黑蛇，青首，食象。"晋郭璞作注云："即巴蛇也。"有学者经过相关研究认为巴人最早的图腾为巴蛇。土家族这种奉蛇、虎为祖先的信仰实际上是巴人蛇、虎图腾崇拜的历史投影。古代乌蛮部族也是崇虎的，被称为"虎方"之族。但是乌蛮崇虎，也赶虎。部分乌蛮以黑虎为图腾，而贱白虎。湘西北的部分土家族人亦保留了驱赶白虎的习俗。濮人文化对土家族生态文化也有重要影响，今天土家族生态文化中的许多因素与濮人文化有关系。濮人文化对土家族生态文化的影响主要表现在丧葬文化上。土家族沿袭了古濮人的悬棺、停丧、乐丧之俗。乐丧之俗，土家族俗称"闹丧""跳丧"，土家族语称"撒尔嗬"。唐人樊绰《蛮书》载："初丧，鼓以道哀，其歌必号，其众必跳，此乃盘瓠白虎之勇也。"又云："父母死，打鼓踏歌，亲属舞戏一月余日。"《隋书·地理志》："其左人……始死，置尸馆舍，邻里少年，各持弓箭，绕尸而歌，以扣弓箭为节。其歌说平生之乐事，以至终卒。"从乐丧习俗中我们可以看出土家族的死亡观和生命意识。

2. 其他民族文化的影响

在世界民族发展历史上，往往有这种现象，一个民族因为种种原因发生迁移，原来的民族遂被分成几支，由于迁移后的人文生态发生变化，这几支人群的文化发展方向各不相同。① 因此，考察民族文化发展过程中的规律和特点，必须重视对其文化生态环境的考察。我们在考察土家族生态文化形成和发展的规律和特点时，也十分注重对其文化生态环境的考察。土家族文化生态的显著特点是多民族杂居，在土家族生活区域内还生活着汉族、苗族、侗族、瑶族等民族。这种多民族混合而居的文化环境对土家族文化生成和发展产生重大影响。而其中对土家族文化生成和发展影响最大的民族便是苗族和汉族。苗族在土家族聚居的武陵山区的居住历史则要追溯到苗族先民"盘瓠蛮"时代。后来随着历史的发展，苗族同胞大举迁入武陵山区与土家族成为睦邻。同一文化区内两个民族共处，彼此间必然会产生文化交流。土家族文化和苗族文化的交流必然会产生两种文化的相互认同。在认同过程中，双方相互吸收，土家族文化就吸取了不少苗族文化的因素。比如在服饰和生产技术方面，土家族和苗族就有很多相同之处。土家族在形成过程中融合部分进入土家族地区的汉文化。因而，土家族文化中也存在着汉文化的因子。土家族地区很早就有汉人生活，魏晋时期，不少北方地区的汉人进入土家族地区躲避战乱。唐宋时期，又有大量汉人进入土家族地区。明清时期，汉族人口大规模进入土家族地区。汉文化的传入与渗透，给土家族地区带来了巨大的影响。汉族的语言文字传入土家族地区并为土家族所接受。特别是改土归流后，在土司地区推行汉文汉话的社会气候日渐成熟。湖北鹤峰的容美土司田世爵就曾大力推广汉文汉话，走开化中兴的道路。田世爵采取一系列的措施加强对汉文汉话的实用修习，不仅引进汉族先进的科学技术，还提高土家族人民的素质。现今的土家族人大部分人说汉话、懂汉文，而自己本民族的语言已经失传。汉族农耕技

---

① 段超：《土家族文化史》，民族出版社 2000 年版，第 9 页。

术的传入也大大提高了土家族的农业生产。汉族的道教文化在进入土家族地区也被土家族接纳。

二、土家族生态伦理的主要呈现

土家族生态伦理内涵丰富，表现形式多样，本书仅列举典型的方面予以说明。

（一）民间文学的生态伦理

在土家族民间文学作品中，无论是人文景观还是自然景象的描绘，处处都体现出土家人与自然和谐相处、同生共运、不可分割、浑然一体的意境。这既体现了中国古代传统的"天人合一"的思想，也体现了土家人与自然共生共荣、相得益彰的和谐之美。

1. 民间文学的生态伦理表征

土家族民间文学的生态伦理表征体现在两方面：一是生命源于自然；二是适配自然，尊天而行。

（1）生命源于自然

土家族主要生活在我国内陆的武陵山区，亚热带气候影响着土家人的物质与精神生活，自然崇拜是其原始民间信仰活动的核心。由于生产力水平及认识水平的低下，自然灾害频发，土家先民们将各类自然力量人格化，赋予每一种自然天象一个神灵，形成了土家族神祇序列。在土家族的创世神话中，不仅诗意地畅想了天地万物的创生过程，而且在抒发民族豪情的同时，更多地彰显了人文情怀，不仅崇尚尊重人的个体生命，还同时重视一切生命体，折射出敬畏生命及自然的理念。土家族地区绵延至今的族群起源神话就讲述了天地开辟、祖先繁衍与自然灾害之间的关系。"原来的天地黑暗混沌，狂风过后云中出现了一枚蛋，蛋中孵出两人，分别叫张古老及李姑娘，他们造天地后再造人，由于早期的人类为非作歹，上天降下大洪水来惩罚，最后仅剩两兄妹：雍尼和补所，他俩接受了乌龟的劝说而成婚，后诞下一血球，砍碎后混合砂子撒出去，就成了客家人，用泥土和匀撒出去就成了土家人，用嫩苗苗和匀撒出去就成了苗家人。"洪水神话是世界范围内广泛分布的民间文学母题，间接反映了在洪水等自然灾害威胁下土家族祖先同大自然进行的不屈斗争，这种追求生命繁衍的坚韧意识和顽强的生命意志，是土家族征服自然的体现，也是土家族关于自然灾难生动的文化记忆，对土家族生态伦理观念的形成无疑也产生了深远影响。

（2）适配自然，尊天而行

如果说畏天而拜是土家先民原始思维对灵魂及神灵崇拜中关于人与自然关系的思考，那么尊天而行则是土家族进入定居农耕文化形态后，与自然相调适的共生关系的体现。① 武陵山区植被茂密，自然资源丰富，属于典型的丘陵地貌，由于区内土地条块分割，溪沟纵横，这迫使土家人必须创造出能够适应当地的生计模式，即以渔猎生产和采集经济为主，山地农耕为辅的生产方式。《永顺府志·风俗》（乾隆五十八年刻本）载："山农耕种杂粮，于二三月间薙草伐木，纵火焚之，冒雨锄头、撒种，熟时摘穗而归，弃其总稿。"由于缺乏粮食，土家人只能"以玉蜀黍为正粮，而补助以甘薯、马铃薯。全县年岁多以高山定丰歉，贫民间食稻者十之三四，食杂粮者十之六七也"（《咸丰县志·赋税》，同治十年刻本）。倘若遇上大荒之年，百姓就只能依赖野生植物充饥，于是在民间就流传"挖蕨打葛，尽头一着"的谚语，意指若是到了靠采挖葛蕨来度日，那便是山穷水尽之时了。正如有生态学者所指出的那样：人类在选择栖息地时，自然环境与人文环境的感应起着重要的作用。人类决定将某一区域作为栖息地，是建立在对此地作出最有效的生态价值评估基础上的。自然环境是人类生产和生活赖以进行的基础，自然环境的地理差异、自然条件的优劣以及自然资源的多寡，必然会影响人类群体的经济发展，进而也影响人类种群分布。②

① 赵霞：《维吾尔族传统生态伦理观及其现代意义》，《西北民族研究》，2014 年第 3 期。
② 江帆：《生态民俗学》，黑龙江人民出版社 2003 年版，第 46 页。

2. 生态制衡思想

在土家民间文学中，早就认识到地球上的所有生命都是互相关联且相互制衡的，每一物种都依赖其他物种而生存，只有奉行遵循自然的生存法则及"天行有常""顺物之性"的生态规律，土家人和自然界才能真正实现可持续发展。尽管在土家民间文学作品中看不到类似于现代生态伦理那样的深刻论述，但在民间故事、传说、民俗语言中我们也能深切地感悟到土家人对自然的依赖，只有自然界不断地向人类提供可持续利用的资源，才谈得上土家社会的发展，对自然的破坏就是自掘坟墓，二者唯有共生互惠才能互利发展。

(1) 朴素的生态反思

土家族存在大量的以动植物为题材的神话、传说、幻想故事、生活故事、笑话、寓言，表层是以传奇情节来传递民族传统知识，而深层则是含义隽永的生态反思和文化批判。动物的魅惑、邪恶与聪慧、善良结合在一起，成为一种自然本性的象征物，不断敦促土家人反省自身，召唤对自然的敬畏情怀。如《虎守杏林》传说："土家族有一药王，每治好一位病人便在家门前种一棵杏树，多年之后成了一片杏林。某日，药王治好了一只喉咙被卡了一支妇人发簪的黑虎，并教导它不再伤及人类，改食野物。为报答药王恩情，黑虎从此晚上睡在杏林，替药王看林护院，白天甘为药王的坐骑帮他出门巡诊。于是便有了'虎守杏林'的传说。"在"动物报恩"型的民间故事传说中，动植物常被塑造为人类道德伦理观念的代言人，用动物的善良忠诚来反衬人类的奸诈虚伪，将"义—理"这一传统伦理价值寄托于具体的动物形象，并借此展开道德批判。为了增强其训诫意义，土家人建构了一个人与动物互助互惠、共生和谐相处的理想世界，这无疑赋予了这种"动物叙事"话语新的生态伦理内涵，以此来努力实现个体到民族主体性的双向生态伦理互动建构。土家人深知，要想在自然界中生存和发展就必须遵循自然法则，而非人定胜天。正如普列汉诺夫所述："一个民族的文化，都是由它的心理所决定的；它的心理是由它的境况所造成的，而它的境况归根结底是受它的生产力状况和它的生产关系制约的。"① 土家族顺势而为的生存策略完全可以从其聚居地域的独特地理环境和历史条件下找到基本成因。为了适应严苛的自然生存条件，土家人常"以己度物"，通过各种通神的仪式来祈求获得自然的馈赠。《摆手歌》中的第一部分《制天制地》这样唱道："吃肉先要喂好猪，吃饭定要种好禾，毕兹卡（土家人的自称）摆手祈丰收，迎来丰年好安乐。养的肥猪像水牛，养的黄牯像老虎，儿子肥胖冬瓜样，讨个老婆如花朵。毕兹卡年年做摆手，家发人旺喜事多。"在祈求水稻丰收时，土家民歌《送神》唱道："多多拜，多多拜，多多拜上主人家，安置香米与香茶，唱歌的儿郎送菩萨。"从表面看，娱神甚至媚神是纯粹被动式的乞求，但其深层意味却是神—农事（生产生活）—人的生态制衡关系。土家人通过祷词、献祭等取悦神灵，意图通过超自然的神秘力量来获取立身之本。这里的神灵不仅仅是人们幻想中的存在，而且是自然力的代表；它会通过对农事的各种影响来干预人类的活动，客观上起到了生态监督的作用。

（2）刚柔并济的生态制衡

所谓生态制衡意指自然界（包括人类社会）"自为体系之间相互把对方作为背景的有目的利用与再造，这种利用和再造总是表现为作用与反馈的非对称性"②。在早期土家社会中，人们并没有现代科学意义上的环保意识，为了满足自身生存所需，总是竭尽所能地彰显对大自然的实用主义，从而对生态环境造成破坏。正如恩格斯指出的那样："我们不要过分陶醉于我们人类对自然界的胜利。对于每一次这样的胜利，自然界都对我们进行报复。每一次胜利，起初确实取得了我们预期的结果，但是往后和再往后却发生

---

① 曹葆华译：《普列汉诺夫美学论文集》（第一卷），人民出版社 1983 年版，第 346 页。

② 杨庭硕等：《生态人类学导论》，民族出版社 2007 年版，第 26 页。

了完全不同的、出乎预料的影响，常常把最初的结果又消除了。"① 尽管聪明的人类可以利用各种工具对自然资源进行开发利用，但是毫无节制的索取只会引发空前的灾祸，自然规律这只"看不见的手"始终在以各种力量反作用于人类社会。土家人善用民间文学作品潜移默化地将生态制衡观点总结和传播，除了以歌谣、传说、故事等"柔性"的方式对土家民众进行劝诫外，土家人还盛行以民间禁忌等的"刚性"手段直接对人与自然的关系进行约束。土家谚语中汇集了众多反映人与自然和谐共生的地方性知识：如"下种遇红煞，种粮不归家"②，"正月不见鹰打鸟，二月不见绣花针，三月不见蛇打搅（交配）"，"宁喝清汤，不吃嫩浆"，"山光光，年荒荒；光光山，年年旱"。就一般的表现形式而言，禁忌是一种隐藏于民众内心世界的精神层面的、否定性的心理民俗形态，它以其最严厉的、最有效的方式调节和控制着人与自然的关系，不仅在人们的心理上，而且在实践中充分展示了土家先民的生态智慧。弗洛伊德说"禁忌包含两重含义：一是崇高的、神圣的，因为其崇高神圣的缘故而显得凛然不可侵犯；二是神秘的、危险的、不洁的、禁止的"③。土家人认为，禁忌源自大自然中无法控制的神秘力量，它能够利用无生命的物质作为媒介而加以传递，规范和制约着人们对自然的开发与利用。虽然禁忌并不讲科学严密的逻辑推理，某种行为、言语与灾难之间甚至可以没有任何直接的联系。"然而，禁忌的处罚又是必然的，违抗禁忌所遭受的惩处主要通过精神上的折磨或当事人的自我拷问来实施。禁忌强调的是行为的结果，而非动机。"④ 在生产力水平低下及认识水平有限的土家族传统社会，禁忌具有较强的心理麻痹甚至恫吓的作用，人们往往把遵守某些禁忌视为遇难成祥、逢凶化吉的良药；它

---

① 《马克思恩格斯选集》第3卷，人民出版社2012年版，第998页。

② 一年内的正、四、七、十月逢蛇日，二、五、八、冬月逢鸡日，均为"红煞日"，一律禁止播种，以示敬重。

③ ［奥］弗洛伊德：《图腾与禁忌》，杨庸一译，中国民间文艺出版社1986年版，第32页。

④ 万建中：《解读禁忌——中国神话、传说和故事中的禁忌主题》，商务印书馆2001年版，第11页。

在劝导民众弃恶从善、笃守环境生态伦理方面发挥了特殊功效，客观上也起着改善生态环境、弥补由于技术力量的不足和环境条件的恶劣所引发的心理焦虑的作用，使得土家人在应付自然挑战时增添几分信心与勇气。

3. 人与自然的互利发展：土家族民间文学生态伦理观的核心宗旨

马克思指出，"人本身是自然界的产物，是在他们的环境中并且和这个环境一起发展起来的"①。为了生存，人们首先得学会适应周遭环境，其次才是利用自然。实践一再证明，如果只知道一味地向自然索取而丝毫不考虑可持续发展，其最终结果就是不断受到自然的惩罚。随着对人与自然关系认识的不断深化，土家人逐渐领悟到唯有自然才是万物之长，只有和谐共生，人类才能从自然中获取维持自身生存和发展的资源，在土家族民间文学中就有许多这样的隐喻。在传说《虎儿娃与三公主》中，相传是虎儿娃与人类三公主成婚繁衍了土家人。虎儿娃是上古时代的一只老虎同一女人结合后所生的孩子，因其脸半人半虎，通达人性又具有老虎的灵性，由此得名"虎儿娃"，因其英雄救美之举而与被魔王劫走的三公主成婚生下了后世土家人。《土家人的来历》对于土家族的来源有两种说法：一说是一只白虎赶跑了经常袭击羊群的豺狼，并变成一位英俊小伙，羊群的主人——一位土家姑娘信守自己的承诺，与之成亲繁衍了七对子女，这七对子女就是后来土家人的祖先。二说是有个土家老妈妈生了七儿一女，他们靠虎奶和龙奶哺育成长，能力非凡不同常人，其中一儿一女放走了为生病老母捉住的雷公，雷公返天之后用洪水报复人间，两兄妹用雷公给的葫芦种子逃过一劫，后经天神的撮合成了亲由此繁衍出土家人。土家族的先祖巴人崇拜白虎，特别是因为"廪君死，魂魄世为白虎"，在土家族创世神话中有许多关于白虎与人类结合，繁衍和哺育土家人的神话。土家族传说直接描述

① 《马克思恩格斯全集》第20卷，人民出版社1971年版，第38—39页。

白虎与土家姑娘结合繁衍土家人，在土家族神话里土家先祖由虎奶、龙奶哺育成长。从符号学的指代功能和表现关系来看，虎不仅是特定的土家民族祖先崇拜符号，还是自然的化身，是渔猎文化与自然崇拜、图腾崇拜相结合的意义要素。通过世代相传的民间口头叙事，虎（动物）因为在人—自然之间建立一种特殊的映射关系而成为一种特殊的文化心理符号，成为诠释人与自然和谐共生的传达媒介。除了动物外，土家始祖还与植物的关系密切，除上文中提及的葫芦，还有著名的马桑树、水杉等。如在《猴子为什么上不了天》传说中，猴子顺着直插云霄的马桑树爬上天，向玉皇大帝撒谎求雨，洪水淹没人间，为避免人类绝灭，玉皇大帝派罗神爷爷和罗神娘娘两兄妹下凡繁衍人类，随后生下三串葡萄，这三串葡萄被分别摔在沙滩、树苗和土头上，就成了现在的客家人、苗家人和土家人。为防止猴子再顺着树上天生事，玉皇大帝就念了咒语使得马桑树不能再长高，猴子也就上不了天了。在《水杉的传说》中，人世间出现大冰冻，万物全被冰雪覆盖，唯有水杉树依然常青。一对土家兄妹因为爬上高耸入云的水杉树而获救。冰雪融化后，观音菩萨让两兄妹成婚，妹妹生下了一个肉球，肉球被剁成许多小块，落地后便成了后来的土家人。在这两则神话中，土家人的始祖虽然并非由马桑树、水杉树等直接孕生，但它们却在人类的繁衍生存中起了关键性作用，没有这两种植物，就没有后世土家人。

日本神话学家大林太良认为，神话的决定性功能体现在说明已经存在的现象与证明这些现象的合理性上，"从而使人们的日常行为必须严格遵守神话中规定的行为规范"①。马林诺夫斯基也认为："神话有建立习俗，控制行为准则，与赋予一种制度性以尊严及重要性的规范力量。"② 借助神话的演绎，土家人逐渐意识到自然界不仅具有满足人类需要的"工具性"，更具有"生态价值"。那种原始粗放、不顾一切后果地向自然的索取只会破坏

---

① ［日］大林太良：《神话学入门》，林相泰、贾福水译，中国民间文艺出版社 1989 年版，第35 页。

② 何星亮：《中国自然神与自然崇拜》，生活·读书·新知三联书店 1992 年版，第 24 页。

业已形成的生态均衡，应以互利互惠的和谐共生来代替以往的掠夺与征服，破坏自然就是自毁，保护自然就是保护土家人自己。

（二）神话传说与图腾崇拜中反映的万物共生意识

神话传说，是人类较早的精神产品。神话传说以超自然的形象和幻想为表现形式，是上古初民对自然现象和社会生活的理解。土家人在创造众多物质财富的同时也创造了无数的精神瑰宝。神话是古代文化宝库中极为宝贵的遗产，一般保留在古籍中。但对于像土家族这样一个没有自己民族文字的民族来说，口传神话可作为考察其历史的重要依据，所以更为宝贵、更有价值。就土家族神话传说的内容来说，大致有人类起源神话、解释自然神话、农业畜牧业神话和本族起源神话等。图腾崇拜是一种原始的宗教信仰，它产生于氏族社会时期，由于认识能力的限制，人们认为自己的氏族与某种动物、植物或某一生物有着某种血缘关系，或能给本氏族带来好运，因而把此物奉为本氏的图腾加以崇拜，此图腾则成为氏族的保护者和禁忌物，如图腾物为动植物，则本氏族严格禁杀禁食。"图腾崇拜实际上是自然崇拜或动植物崇拜与鬼神崇拜（或祖先崇拜）互相结合起来的一种宗教形式。"① 神话传说与图腾崇拜是土家族传统文化中精神层面的文化，承载着土家族先民们关于人与自然万物关系的认识。

1. 创世神话中平等共生的宇宙观念

土家族对宇宙有着自身独特的认识，土家族通过神话思维来认识和想象宇宙，是一种比较原始和朴素的宇宙观念。关于天地是怎样形成的，土家族有着数量丰富、起源各异的创世神话。本书选取土家族创世神话中三个较大且流传最广、最具有代表性的母题，即竹木撑开天地说、卵玉创世说和补天补地说来分析土家族创世神话中表现的宇宙观念。

（1）竹木撑开天地说

梯玛歌保存了土家族的古代文化，对研究土家族的社会历史、宗教信

---

① 朱天顺：《原始宗教》，上海人民出版社1978年版，第56—57页。

仰、民俗风情和土家族语言的演变发展有重要的价值。梯玛是土家族的宗教职业者。梯玛主要负责主持祭祀、驱除鬼邪、丧葬、求雨等宗教活动。梯玛在从事宗教活动时唱念吟诵的歌词即梯玛歌，通常也被称为梯玛神歌。梯玛神歌由梯玛以土家语口耳相授，或以汉字记音的方式世代传承。梯玛歌的内容十分丰富，不同的宗教活动有不同内容的神歌。梯玛神歌中也包含了解释人类来源、万物始源的内容。

（2）卵玉创世说

卵玉创世神话的梗概如下："洪荒时代，烟尘弥漫，天地不分，昼夜无别。忽然，狂风大作，烟尘散开，现出一朵白云，白云里面有一个大蛋。蛋清是天，蛋黄是地。蛋壳裂开，从中跳出一位姑娘，她叫卵玉。卵玉出世，喝虎奶长身，吃铁块添劲。她用箭射开了本来黏在一起的天和地。"①

（3）补天补地说

补天补地说是在湖南、湖北、贵州等地广为流传的故事。《补天补地》② 这一神话传说，其主要内容为：上古洪荒的时候，天和地挨在一起。地上的黄葛藤一牵，牵到天上去了，天上到处都是黄葛藤。地上的蛤蟆的叫声也传到了天上。地上的马桑树也伸到天上去了，地上的人可以爬上马桑树去天上玩。如此一来，搞得天上的人不得安宁，于是天上的人用棍棒去扫。黄葛藤被扫到了地上，从此爬岩拉坎去了。蛤蟆被棍棒打得躲到了岩脚下叫去了。马桑树被棍棒一打，从此长到三尺就勾腰了。地上还有个大鳌鱼，鳌鱼的背顶住了天，后来鳌鱼翻身捅破天地。另一说是"天上人嫌鳌鱼腥味太大忍受不了，于是拿刀砍鳌鱼，鳌鱼痛得翻身捅破了天地"③，搞得四季不分，日夜不清，大地一片漆黑，宇宙混沌一片。天神见状唤来张古老和李古老两位老人，吩咐他们一个补天一个补地。张古老经过九天九夜的辛勤劳作，终于把天补得平平展展。等张古老补好了天回来，发现

① 杨昌鑫：《土家族风俗志》，中央民族学院出版社 1989 年版，第 10—11 页。
② 归秀文：《土家族民间故事选》，上海文艺出版社 1989 年版，第 17—18 页。
③ 董珞：《巴风土韵——土家文化源流解析》，武汉大学出版社 1999 年版，第 90 页。

李古老还在呼呼睡大觉，怎么叫也叫不醒。张古老只好跑到天门去擂天鼓，这才惊醒了李古老。李古老见天已补好，便慌忙动手补地。他急忙把地往天上一合，结果地大了合不上，他就用力捏了捏地，把地和天合起来了。地被李古老捏得疙疙瘩瘩的，这些疙瘩就成了今天的山岭。地上的水流不出去，李古老用脚一划，形成了江河湖海。如今地上的坑坑洼洼不平坦，都是李古老补地时毛手毛脚造成的。

2. 人类来源神话中的人种起源观念

关于人类起源，土家族地区也流传着数量丰富、内容各异的神话传说。就土家族神话传说中人类诞生的方式，将土家族的人类起源神话分为两类：一种是塑造，这类神话以《依罗娘娘造人》和《依窝阿巴做人》为代表。一种是生育，这类神话以《卵玉吞桃生人》《苡禾娘娘吞茶生人》《李古娘吞丹生人》《阴龙与阳龙相交生人》《补索雍尼》等为代表。按照土家族人类来源神话传说中人类起源和演进的过程，胡炳章将其分为"原初人""初劫人""二劫人"三个层次。跟随这条线索，我们可以探寻到土家族的人种起源观念。

（1）神人同在的"原初人"

在《摆手歌·天地人类来源歌》中，土家族先民认为在宇宙混沌前就存在着同宇宙和神共生的人类。歌中这样唱道，"在那远古的洪荒时代，天和地，相挨近，地上的马桑树儿，枝丫伸到天庭，伢儿们爬上马桑的枝丫，吵吵闹闹，玩个不停"①。我们把这一时期的人类姑且称为"原初人"。② 土家族先民的这种"原初人"观念，相较于其他人类起源神话来说是独特的。在一般的来源神话中，人类出现在开天辟地之后，人类来源于神的创造或是自然的演化。我们再来透过这个神话故事看土家族的精神意识，土家族先民认为人类是与天地万物和神共生的存在，且他们之间维持着一种基本

---

① 彭勃、彭继宽整理：《摆手歌》，岳麓书社1989年版，第15页。
② 胡炳章：《土家族文化精神》，民族出版社1999年版，第53页。

的和谐关系。

（2）神创的"初劫人"

"原初人"与天地和神之间这种低层次的平衡关系很快被打破，"天上人"与地面生灵的冲突造成了大破坏和大灭绝，宇宙陷入混沌一片，"原初人"陷入绝境。天神墨贴巴找来张古老和李古老修补好天地后，天地间空空荡荡十分冷清。于是又命令张古老和李古老造人，结果都以失败告终。墨贴巴后来找到依窝阿巴重新造人。依窝阿巴用自然中的植物作材料，用葫芦作头，用竹子作骨架，用泥土作皮肤，用树叶作肝肺，用豇豆作肠子，用茅草作汗毛，还做了肚脐和排泄生殖的器官，成功地造出了人，"初劫人"产生。《依罗娘娘造人》大致说的是依罗娘娘用竹子做成人的骨架，用荷叶作肝肺，用豇豆作肠子，用葫芦作脑袋。但是造出来的人不会动也不会呼吸，依罗娘娘就在葫芦脑袋上钻了七个孔并吹上一口仙气，于是人活了。《依罗娘娘造人》与《依窝阿巴做人》两则神话中造人的材料都取自自然物，是同一母体的两篇异文。这类神话表现了土家族人认为人与自然有血缘关系，人与植物同宗共祖，人是自然的一员。

（3）生殖繁衍的"二劫人"

在土家族先民的人类起源观念中人类进入"初劫人"阶段并没有停止演进。后来，初劫人遭受了洪水带来的灭顶之灾。天灾过后，一对兄妹成为世上唯一生还的人类。兄妹两人遵从天意成婚，生育繁衍了新的人类。胡炳章先生把洪水浩劫后，经过人类自身生殖而繁衍的人类称为"二劫人"①。土家族的洪水神话因地域的不同，在具体的表述上差异较大。根据前辈们的调查研究，土家族地区流传的洪水神话有这样三个典型的版本：

一是罗爷罗娘传后代。这个故事主要流传在渝东南地区，说远古时候马桑树长得齐天高，一只猴子沿着马桑树爬上天去玩耍，闯入玉帝的禁地被抓。猴子害怕受罚，向天帝谎称下界干旱上来求雨。天帝信以为真，将

---

① 胡炳章：《土家族文化精神》，民族出版社1999年版，第53页。

下大雨，造成洪水泛滥。世上的人都被淹死了，只剩下了躲在葫芦中的罗爷罗娘。后来罗爷罗娘依据天意成亲后生下一串葡萄。兄妹俩将葡萄扔出去变成了人，扔在河边的姓何，扔在李树下的就姓李……于是百家姓产生了。

二是补索和雍尼传后代。这个版本在湘西和酉水一带流传较广。说远古时候，五狼人的母亲生病想吃雷公肉，五狼人设计抓住雷公，雷公利用年幼的补索和雍尼兄妹逃脱。玉帝大怒，发下齐天大水惩罚人类。雷公请燕子送去葫芦救下了补索和雍尼兄妹。兄妹两人在神意的安排和动物们的帮助下结为夫妻，生下一个肉团。兄妹将肉团切碎分别和上三斗三升泥土、三斗三升沙子、三斗三升火苗子（小米）撒在大地上。和上碎肉的泥土落地变成了土家人，和上碎肉的沙子落地变成了客家人，和上碎肉的火苗子落地变成了苗家人。于是土家人、苗家人、客家人等民族的百姓诞生。

三是兄妹成婚繁衍后代。鄂西地区传说很久很久以前，洪水泡了天，世上人都被淹死了，只剩下一对兄妹还幸存着。观音让兄妹两人成婚，妹妹生下一个血坨。观音叫兄妹将血坨剁成十八块并用泥土包好放在树杈里。后来这些血块都变成了人，放在啥树上的人就姓啥，这便是土家十八大姓的来历。因为他们是用泥土包住长大的，所以就叫他们土家人。三个版本的洪水神话表明："二劫人"的诞生同自然万物有着直接的联系。

3. 图腾崇拜中的族源观念

图腾崇拜映射着一个民族对自己民族来源和发展的认知。土家族将白虎、水杉等动植物作为本民族的图腾崇拜。族源神话的代表作有《水杉的传说》《虎儿娃与三公主》等，故事表达了人与自然不可分割的亲密关系。《水杉的传说》讲的是在人类遭受毁灭性的冰冻灾难时，覃阿土希和覃阿土贞兄妹爬上水杉树得以保存性命。后来，兄妹俩根据天意结合。成亲后，妹妹生下肉球，肉球被剁成小块落地变成土家族人。这则神话保留着土家族关于植物崇拜的痕迹。现今，在湖北利川境内还有一棵水杉，经勘探为地质冰川时期孑遗的"生物活化石"。在神话《虎儿娃与三公主》中虎与人结合后生下半人半虎的"虎儿娃"。虎儿娃机智勇敢，上山后被百兽拥戴为王。他在成长的过程中为人们做了很多好事，深受人们的爱戴。后来，虎儿娃揭了皇榜，打败魔王救回皇帝的女儿。皇帝依约将女儿嫁给虎儿娃，虎儿娃与公主繁衍的后代便是土家人。这则神话与土家族人的白虎崇拜相联系，白虎崇拜在今鄂西土家族地区仍有保留。他们认为"白虎当堂坐，白虎是家神"。土家族人将白虎视为自己的祖先，《后汉书》载："廪君死，魂魄化为白虎。巴氏以虎饮人血，遂以人祠。"土家族先民认为本民族英雄廪君与虎相互转化，虎与土家人之间具有密切的亲缘关系。

（三）生产居住方式中体现的生态调适意识

据史书及地方志的记载：早在春秋、秦汉时期，土家族先民就在武陵山区生活。受武陵山区特定的生活空间制约，土家族生产生活受到自然环境的影响极大。土家族人民在对待生态环境的态度上，不是对抗和征服自然，而是选择依据自然环境进行适度改造的生存策略，积极追求人与自然的和谐。这种环境调适的意识表现在土家族及其先民的诸多生产生活方式之中，是土家族生态意识在器物层面的表现。

1. 吊脚楼建筑表现了土家族对环境的调适意识

土家族的环境调试意识不仅表现在生产中，还体现在土家人的生活中。最具代表性的文化现象便是土家族居住的吊脚楼建筑。武陵山区为山地气候，降水丰沛，环境潮湿，同时山区地形沟壑纵横，多陡坡高坎。因"土气多瘴疠，山有毒草及沙蛩蝮蛇"，吊脚楼便是土家族地区普遍使用的民居建筑形式，有人形容为"人并楼居，登梯而上，号为'干栏'"。吊脚楼建筑属于中国的杆栏式建筑，被称为中国建筑史上的活化石。吊脚楼以穿斗式木构架为主要结构，它的整个构架均以榫卯相衔，无钉无栓，无论梁、柱、枋、椽、檩、榫，均以木材加工而成，屋面盖小青瓦或杉皮，与大自然融为一体。吊脚楼防潮祛湿，远视如亭阁，近观如楼台，集实用性和美观性于一体。房屋的厢房部分按用途分为上中下三层，上层通风效果良好用于储存粮食，中层是人的生活起居层，下层为牲畜杂物层。正屋中屋是堂屋供天地君亲师位，也是主人接待宾客和祭祀祖先的地方。吊脚楼的特色在于依山而建，分台而住，正屋落地，厢房悬空，它具有"占天而不占地，天平地不平"的建筑效果。吊脚楼有单吊式、双吊式、四合水式、二层吊式等多种形式，列置一般为一正两厢、一正一厢。一正两厢的吊脚楼"呈撮箕口式的布局，正屋三间两边厢房，两边的厢房有三列两间，有一列与正屋地面平行；其余两列的柱头脚掉下地平线一层楼高，楼台悬空，飞檐上翘，独有绕着楼上回廊的一排柱子悬于空中"①。吊脚楼的房顶采用悬山和歇山，四角檐牙高啄，上翘鱼尾，下吊金瓜，廊圈由干栏保护。吊脚楼的设计适应了生态环境的要求，因地制宜，顺应自然，是土家族传统文化的一块璞玉。"建筑沿着山坡依次建造，巧妙利用坡地及高差，争取更多的建筑空间，并且，需要处理的地基范围少，可以最大限度地减少土石方工程，也不需要破坏地貌，保证了地表的原生态性，使人工环境融合于天然环境中。"② 吊脚楼修筑好后，土家人会在房屋四周种植竹子、果树、花木、芭蕉等植物。虽然现在砖石结构的房屋逐渐取代了土木结构的吊脚楼，但土家族人民仍然保留了种植植物装饰庭院的习俗。这样既弥补了修筑过程中的生态失衡，又营造出了和谐优雅的人居环境。

土家族的传统生态文化是土家族在长期的历史进程中对所处生存环境的适应性产物，是土家族实现自身与生态平衡的生态智慧。土家族传统文化中的生态意识在人与自然关系认知上表现为：人与自然物是和谐共生的关系，在利用自然、改造自然的过程中表现为顺应自然、保护自然。虽然土家族传统生态文化属于农业文明的产物，充满宗教色彩，但是土家族传统的生态认知是建立在对生态环境保护的基础上的。"这种认知体系以生产

---

① 金晖：《论土家族吊脚楼建筑的审美特点与自然生态的和谐》，《作家杂志》，2010 年第 4 期。

② 张宝群、史津：《传统地域性生态建筑解读——以恩施地区土家族民居为例》，《世界华商经济年鉴》，2012 年第 8 期。

劳动中人们对生态的认知和信仰为基础,以生活中人们对环境的维护和适当利用为内核,以具体的文化事象为表达形式,客观上维护了地方生态,为武陵山区世居的各族群众提供了持续生存的物质基础。"① 土家族以和谐共生、生态保护和环境调适为主的生态意识与党的十八大报告提出的"尊重自然、顺应自然、保护自然"的生态理念相契合。这为我们解决日益严重的生态危机,培育公民生态文明意识,建设生态文明提供了重要的启示。

2. 土家族在农业生产中表现了对生态的调适意识

土家族世代居住在湘、鄂、渝、黔交界的武陵山区。"八山一水一分田"地理环境使土家族农业生产面临着严峻挑战。土家族先民很早就开始在武陵山区生活并从事农业生产活动,其生产方式主要是原始的刀耕火种。古代武陵山区地广人稀,为刀耕火种提供了自然条件。"男女合作,伐木烧畲,播种杂粮,不施肥,不灌溉,待地力不肥时又转移他出。"虽然种植粗糙,为扩大种植面积,增加土壤肥力还伐木烧畲,但土家族地区的生态环境依然良好。"土家族的刀耕火种之所以没有造成生态环境的破坏,主要在于它有一套完善的轮歇制度,即根据树木更新规划出若干块林地,一年砍种一块,周而复始。"②

"随着人口的增殖、农业技术的发展和认知水平的提高,土家族一步步从刀耕火种的轮息休耕式农业走向开荒挖土的、依靠肥料补充土地营养的、重复式定耕农业。"③ 特别是铁制农具和畜力的运用使得人地关系的矛盾开始显现。因此土家族先民开荒挖土,开土造田。土家族开荒挖土、种植杂粮的习惯从五代起一直延续到了现在。土家族开挖荒土习俗是对山多地少的种植环境的调适,不是滥垦乱挖、破坏生态。土家族开荒的对象是有选

---

① 梁振海、柏贵喜:《村落传统知识的多样性表达及其特点与利用——湘西土家族村落"苏竹"个案研究》,《吉首大学学报》,2009 年第 3 期。

② 柏贵喜:《南方山地民族传统文化与生态环境保护》,《中南民族学院学报》,1997 年第 2 期。

③ 梁振海:《民族学视野下土家族传统生态知识类型及其内涵》,《湖北民族学院学报》,2010 年第 4 期。

择性的，多为荒山、地边地角、土坎田坎的零星散地。土家族人还十分重视土地的综合利用，开垦出来的荒山主要用于造林，同时还在林间播种粮食，实行林粮结合。零星散地也能派上大用处，土家族人将其开垦出来后种上麻、油菜、小米、绿豆之类，既有一定的经济效益，又可以起到向阳、通风、治虫、驱鼠和肥土落田的作用。土家族这种珍惜土地、合理利用土地的意识由来已久，清朝乾隆时期的《龙山县志》就曾歌颂："土民善种，寒星散地、田边地角，篱边沟侧，悬崖隙土，亦必光种荞、麦、苞谷、草烟、粟、菽、蔬菜、瓜果之类，寸土不使闲，惜土如今也。"土家族地区的地形以丘陵山地为主，开荒挖土很容易造成水土流失。土家族将开垦出来的山地改造成了层层梯田，有水源的梯土、坪坝、谷底和河畔改造成了坝坝稻田。为避免山水冲垮田坎，冲走肥泥，毁坏梯田，智慧的土家族人利用岩石来砌坎保田。一般砌的方法是"蓑衣岩"打基础，"插片岩"砌身，碎石岩填心。① 梯田修造技术是土家族农业生产上的一个巨大飞跃，改变了土家族人"山多田少"的状态。

（四）乡规民约中表现的生态保护意识

土家族禁忌习惯法的内容具有法的权威性和社会约束力。一个民族的禁忌习惯法，具有调整其民族成员之间，成员与集体、各部分成员之间行为关系的作用，是当时维护社会秩序的重要手段，并促进社会秩序有序运行。恩格斯曾指出："在社会发展的某个很早阶段，产生了这样一种需要：把每天重复着的生产、分配和交换产品的行为用一个共同规则概括起来，设法使个人服从生产和交换的一般条件。这个规则首先表现为习惯，后来便成了法律。"② 土家族地区，有着很多群众性的习惯法或是乡规俗约。按内容划分，大致有封山禁林、维护安宁、定款护秋、议收桐茶、草标禁约等。这些传统的制度文化中包含着土家族人维护生态平衡，保护自然环境

---

① 彭英明：《土家族文化通志新编》，民族出版社 2001 年版，第 3—4 页。
② 《马克思恩格斯选集》第 18 卷，人民出版社 1964 年版，第 309 页。

的意识。土家族及其先民在千百年来的利用和改造自然的历史过程中形成了很多习俗惯制和乡规民约。这些规约或是口头约定，或是立据为证，或是勒石成文，主要内容是关于生物资源的利用准则，反映了土家族强烈的保护自然环境的生态意识。

1. 林木保护意识

土家族人将树木视为吃露水长大的天地财宝，有着"山清水秀，地方兴旺，山穷水尽，地方衰败"的说法。所以，土家人爱林如宝，十分重视对森林资源的保护，还有详尽的护林、管林措施。在土家族地区，自古以来，就有制定、执行"封山育林公约"的习惯，严禁破坏森林的行为。在封山之前，村民自发商议制定封山育林的具体条款。封山育林公约一旦出台便严格执行。在规定的封山地区设立"禁牌"，还要注明所封山的界域范围，并捆好草标挂上涂有鸡血的白纸以示封山。在封山地段从封山之日起公推专人看管，不准人畜进入封区，禁止打割柴，不得放火烧山，更不得采伐树木，如有违反者，必受处罚。除了制定封山育林公约来保护林木，土家人还按照林木用途的不同，把林分成不同的类别。"就林的类别而言，有防护林、风景林、用材林、薪炭林、经济林、果木林种种。"① 对林木进行分类保护，土家族人尤其注重对经济林的保护，因而土家族地区随着政府对保护森林、保护生态环境的宣传和教育，特别是天然林保护工程的实施，以及"退耕还林"政策等的实行，土家族地区的森林资源得到了更好的保护。在今天的土家族地区，传统的"封山育林"习俗活动已经逐渐消失。但是育林、护林的意识已深深地印刻在土家族人民的脑海里，指导着土家族人民自觉地、自发地保护森林资源，合理利用森林资源。

2. 水资源保护意识

在水资源保护方面，土家族人也制定了诸多规约，如水井公约。土家族人的饮用水和生活用水主要依靠水井来储备。水井多在村前屋后或是交

---

① 冉春桃、蓝寿荣：《土家族习惯法研究》，民族出版社 2003 年版，第 56—58 页。

通要道处，周围用石头砌坎，井口一般用石板盖上，防止杂物落入其中。土家族人的生产生活都离不开水，他们也十分重视对水资源的保护。

3. 可持续发展意识

土家族作为农耕民族，农业秋收是其头等大事。为保护秋收顺利进行，土家山寨每年都要组织"护秋"行动，包括粮食收割和桐茶捡摘。一到收粮季节，土家人就会开会协商，制定护秋条款，并推选护秋员巡逻守护、执行护秋条款。[①] 在秋收期间，禁止在农地里放牧，防止偷盗粮食。在桐茶收获的季节，还要根据桐茶生长规律依据农时规定采摘的时间，确保收摘有序。土家族作为山地耕猎民族之一，渔猎是其一种嗜好，也是一种生活补充，主要有捕鱼捞虾、捕禽捉兽、聚众赶仗。在长期的渔猎活动中，土家族人形成了许多习俗惯制。例如不准在鱼的产卵期捕鱼，不准打阳雀、啄木鸟、布谷鸟等益鸟。在赶仗中，捕杀的对象不能是五爪类动物，不可用毒药或炸弹杀死猎物等。土家族用规约的形式对森林、动物、水源和环境进行保护，辅之以惩罚措施加大规约条款的执行力度。这也是土家族人传统生态意识在制度文化上的体现。从土家族的习惯法中我们可以看出，土家族人十分重视维护人与自然、人与人、人与社会的平衡。封山育林、赶仗等文化事象表现了土家族人适度消费、积极保护和可持续发展的生态理念。

---

① 梁正海：《民族学视野下土家族传统生态知识类型及其内涵》，《湖北民族学院学报》（哲社版），2010 年第 8 期。

|第五章|
西南地区少数民族生态伦理的当代价值

　　2015 年 1 月 19 日至 21 日，习近平总书记在云南考察时强调，要把生态环境保护放在更加突出位置，像保护眼睛一样保护生态环境，像对待生命一样对待生态环境，在生态环境保护上一定要算大账、算长远账、算整体账、算综合账，不能因小失大、顾此失彼、寅吃卯粮、急功近利。① 这不仅是对云南，而且也是对西南甚至全国生态文明建设的要求。西南地区要建设好社会主义生态文明，就要如同《中共云南省委、云南省人民政府关于争当全国生态文明建设排头兵的决定》中所指出的那样：要"牢固树立尊重自然、敬畏自然、顺应自然的伦理观，环境是资源、环境是资本、环境是资产的价值观，破坏环境就是破坏生产力、保护环境就是保护生产力的发展观，保护环境光荣、破坏环境可耻的道德观，提倡绿色消费、杜绝奢侈浪费的消费观"②。西南地区是我国少数民族聚居区，藏族、羌族、彝族、白族、哈尼族、傣族、傈僳族、佤族、拉祜族、纳西族、景颇族、布朗族、普米族、阿昌族、基诺族、怒族、德昂族、独龙族、苗族、水族、侗族、布依族、土家族等几十个民族长期居住在这片土地。这些民族在长期的形成发展和生产生活中积累了丰富的生态伦理知识和生态伦理观念，

---

　　① 《习近平在云南考察工作时强调：坚决打好扶贫开发攻坚战加快民族地区经济社会发展》，《人民日报》，2015 年 1 月 22 日。

　　② 《中共云南省委、云南省人民政府关于争当全国生态文明建设排头兵的决定》，http://yn.yunnan.cn/html/2013-08/23/content_2857009.htm。

成为生态文化建设发展的重要源泉，为生态文明建设提供重要的思想理念、价值观念和伦理规范方面的参考借鉴。充分挖掘、保护和弘扬这些民族优秀传统生态文化，对推进生态文化创新，促进生态文化传播，助力西南地区建设特色鲜明的生态文明，具有重要而深远的意义和价值。

第一节 西南地区少数民族生态伦理有助于生态文明建设

少数民族生态伦理是各民族在自身生存发展中积累起来的智慧，是处理人与自然关系的哲学，是中国传统思想文化系统之中不可忽视的重要内容，是保障中华民族生生不息、繁衍发展的重要道德标准和道德原则，是中国建设社会主义生态文明不可或缺的重要精神力量和智慧源泉。"生态文明是 21 世纪人类社会文明的主导文明形态，它是人与自然、人与人、人与社会、人自身四大和谐发展的现代文明。"[1] 进入 21 世纪以来，全球性的环境污染和破坏有增无减，中国的环境问题也日益突出。党的十六大报告明确指出生态文明建设的目标。党的十八大报告则更加明确地将生态文明建设列入并形成"五位一体"的中国特色社会主义建设总体布局。从宏观和深远意义上看，"建设生态文明、构建和谐社会，是对工业文明社会的人与自然相分裂、个人与社会相脱离、自然与社会互损而付出双重代价的基本特征的否定，是要真正实现人与自然双盛、个人与社会双强、社会与自然双赢，达到人、社会、自然和谐共生，共同繁荣与可持续发展的至高境界，最终创造一个自然生态和社会经济有机整体和谐协同可持续发展的社会"[2]。因此，建设生态文明，既要着眼长远和未来，又要在历史的深处，在文化的传统中汲取营养，要将包括少数民族生态伦理在内的优秀生态思想理论吸收、提炼，形成中国特色社会主义生态文明建设的重要理论支持和文化基础，为生态文明建设提供不竭的动力。

---

[1] 许崇正等：《生态文明与人的发展》总序，中国财政经济出版社 2011 年版，第 8 页。
[2] 许崇正等：《生态文明与人的发展》总序，中国财政经济出版社 2011 年版，第 7—8 页。

一、西南地区少数民族生态伦理对生态文明建设的重要价值

少数民族生态伦理本身体现了各民族在生存和发展中积累起来的处理人与自然关系的经验和智慧。它内涵丰富、意蕴深刻。在生态危机日益严重的今天，少数民族生态伦理逐渐显示出它们处理人与自然关系的独特价值和优势，对当前的生态文明建设具有重要价值。

（一）它是克服当前日益严重的生态问题，建设生态文明的思想资源①

人类当前面临的生态危机，表面上是现代科学技术发展和经济繁荣的后果，但实质是狭隘人类中心主义所致。狭隘人类中心主义"把人的利益看成是唯一的、绝对的，把自然看成人类获取自身利益的工具可以任意使用，这导致'人类沙文主义'"②，导致人们在传统物本论发展观影响下，对自然肆无忌惮地索取和掠夺，造成全球性环境污染和生态破坏，严重威胁人类生存。为了克服人的自我神话化和对自然的轻视，走向科学可持续发展，建设生态文明，我们必然要以人与自然平等的道德原则建构和谐生态伦理观。而少数民族生态伦理就为我们克服人类沙文主义，重新认识和正确处理人与自然关系，建立和谐生态伦理观提供了思想借鉴：人与自然物具有同等地位和价值，都是自然环境的有机组成部分，人与自然只有和谐相处、协同发展，才能建设美好家园。不仅如此，少数民族生态伦理既是各少数民族适应当地自然环境的独特方式和文化机制，也是当地生态文明建设的历史基础。因此，要建设少数民族地区生态文明，必然要充分挖掘和利用他们的生态伦理传统，引导他们保护当地生态环境，合理开发自然资源，实现人与自然协调发展。

（二）它为建设生态文明进程中发展生态文化提供价值依循

生态文化是生态文明建设的重要基础，是人类处理人与自然的关系为

---

① 王景、刘英：《少数民族生态伦理研究述评》，《民族论坛》，2013 年第 11 期。

② 李本书：《善待自然：少数民族伦理的生态意蕴》，《北京师范大学学报》（社科版），2005 年第 4 期。

中心的各种关系的价值标准、道德规范和行为准则为核心的思想文化观念
和价值规范体系，是生态文明建设不可或缺的重要基础和努力方向。少数
民族生态伦理集中体现了各少数民族在认识自然、处理与自然的关系中形
成的基本价值标准、道德规范和行为准则，是各民族历史实践经验和智慧
的凝结，体现为思想观念和价值规范体系，外化为一定的文化形态和形式。
显然，生态文明建设需要这样的基础，也需要将生态文化建设作为重要的
内容。夯实这个基础，为生态文明的制度建设等提供思想基础和价值规范
的标准和依循。值得注意的是，少数民族生态伦理关于人与自然和谐共生
的基本标准，既与中国传统生态伦理的整体价值取向和观念一致，也与作
为当代中国生态文明建设指导思想的马克思主义生态文明观具有根本一致
性。因此，在生态文明建设进程中，少数民族生态伦理为生态文化建设发
展提供了重要的价值依循。

**二、生态文明建设为少数民族生态伦理的提炼、整理和发展提供
了重要契机**

生态文明是人类文明发展理念、道路和模式的重大进步。生态文明的
兴起涉及生产方式、生活方式和价值观念的多方面变革，是人类社会的全
新选择。"从广义角度看，生态文明是人类社会继原始文明、农业文明、工
业文明后的新型文明形态。它以人与自然协同发展为基本准则，建立新型
的生态、技术、经济、社会、法制和文化制度机制，实现经济、社会、自
然环境的可持续发展，强调从技术、经济、社会、法制和文化各方面对传
统工业文明和整个社会进行调整和变革。从狭义角度看，生态文明是与物
质文明、政治文明和精神文明并列的文明形式之一，着重强调人类在处理
与自然关系时所要遵循的基本行为准则以及所达到的文明程度。"[1] 事实上，
无论是从广义上看，还是从狭义上理解，生态文明都包含物质技术、制度
机制、思想理念三个层面的内容，都离不开人与自然的和谐共生。从思想

---

[1]　曲格平：《生态文明理念和发展方略》，《中国环境报》，2010 年 3 月 2 日。

理念层面看，生态文明的思想理念应该体现为处理人与自然之间的关系为核心内容的，包含价值标准、道德原则和行为规范等为核心要素的思想意识和观念体系。在生态环境受到严重破坏、生态危机日益严峻的今天，"人与自然和谐共生"成为生态文明内蕴的共识性的理念，它"认为不仅人有价值，自然也有价值；不仅人依靠自然，所有生命都依靠自然"①。事实上，这样的理念是基于"人类生存于自然生态系统之内，人类社会经济系统是自然生态系统的子系统"这一基本常识。工业革命后，人们过度地向大自然索取，人为破坏生态系统，导致人类自身陷于可能被毁灭的危险境地。这样的状况警示人们要尊重生命，尊重自然界的先在性，要求人们认识到共有一个地球，共有一片蓝天。因此，人们应该树立和坚持可持续发展的基本理念，注重人性与生态性的全面统一。生态文明强调人与自然协同发展，强调以人为本和以生态为本的统一，强调"天人合一"，强调人类发展要服从生态规律，最终实现人与自然和谐共生。

由上可见，生态文明所倡导的可持续发展、科学发展、人与自然协同发展、绿色共享等理念都与中国传统生态伦理的"天人合一"等生态伦理观念具有内在的一致性。生态文明建设的推进，要求生态文明观念要不断更新并丰富其内容，要求不断挖掘、整理和提炼中国传统生态伦理之中的合理之处，在生态文明建设的背景下审视传统生态伦理观的意义和价值。少数民族生态伦理是中国传统生态伦理的重要组成部分，体现和反映了各民族在自身生存发展中积累和总结出来的宝贵经验和智慧，具有丰富的内涵和宽广的外延，需要我们更加重视对这些思想和伦理观念的挖掘、开发、整理和提炼，取其精华、去其糟粕，对接当代生态文明建设，服务当代生态文明特别是生态文化的建设发展。少数民族生态伦理之中有许多值得发掘和转化的有价值的思想道德因素，但是，由于少数民族多数居住在边远山区，历史和自然地理等因素导致的交通不便、经济社会文化发展相对滞

---

① 曲格平：《生态文明理念和发展方略》，《中国环境报》，2010 年 3 月 2 日。

后，尤其是缺乏长期的有效经费和精力投入，使得少数民族生态伦理文化这个宝库未能被有效地开发。生态文明建设目标任务的提出，无疑将重视少数民族生态伦理的开掘和发展提上了议事日程，无疑使我们有条件和能力更好地发掘和发展少数民族生态伦理文化中的积极因素和有用价值，将其整理、提炼和转化为当代生态文明建设的重要思想源泉和动力基础，促进生态文明发展，推动生态文明建设。

第二节　西南地区少数民族生态伦理有助于绿色发展

2010 年 7 月，《中国科学发展报告》提出："绿色发展既是一种新的发展观，又是崭新的道德观和文明观。绿色发展所体现的是生态文明和绿色文明，它既反对人类中心主义，又反对自然中心主义，是以人类社会与自然界相互作用、保持动态平衡为中心，强调人与自然的整体、和谐双赢式的发展。"① 中共十八届五中全会提出了包括"绿色发展"在内的新发展理念，指出绿色是大自然的底色，要形成绿色的生产方式、生活方式和消费方式。中国科学院可持续发展研究组组长牛文元指出："绿色文明是人类文明史上的历史性延续，是人类发展史上的全球性转型，是人类思想史上的革命性剧变。"② 事实上，上述论断和要求都说明绿色发展与生态文明建设本质上是一致的，绿色发展是生态文明建设的重要理念和必然选择。

一、西南地区少数民族生态伦理蕴含绿色发展的重要价值取向

由于自然条件的恶劣特别是社会生产力水平的低下，少数民族在产生、发展和演变中形成了包括自然崇拜、图腾崇拜、动植物崇拜、鬼魂崇拜、祖先崇拜、灵物崇拜、精灵崇拜等多种形式的原始崇拜或原始宗教观念。这些原始崇拜或宗教观念客观上反映了原始先民的意识和行为。当然，这种意识和观念相对于今天的社会发展而言充满着愚昧和落后，但是，从历

① 转引自卢俊卿等：《第四次浪潮：绿色文明》，中信出版社 2011 年版，第 30 页。
② 参见卢俊卿等：《第四次浪潮：绿色文明》，中信出版社 2011 年版，序言。

史发展的进程来看，这些思想意识和宗教观念确保人们正确处理人与自然的关系。放在今天的时代背景下看，如果弃其神秘、愚昧的成分，取其环保、生态的合理观念，其中不乏许多令人可吸取的精华。比如对山、水、石、土等的自然崇拜，对树、草等植物的崇拜，对虎、熊、蛙、蛇等的动物崇拜，以及将这些自然动植物作为图腾和神灵而崇拜的种种观念，客观上都起到了保护环境、维持生态平衡、协调人与自然和谐关系的良好作用。今天我们倡导绿色发展，就是要把马克思主义生态理论与当今时代发展特征相结合，融合东方文明，将生态文明建设融入经济、政治、文化、社会建设各方面和全过程。这样的过程一定会内在地包含如何处理人与自然的关系，如何处理当代人的利益与子孙后代发展的关系，如何打破以资源利用、技术进步和资本驱动为主要发展动力的思维定式，代之以可持续的发展模式和思维方式，走一条以人类和谐共进、资源循环利用、环境抗逆自净、科学理性开发为核心理念的可持续发展之路。无疑，少数民族生态伦理之中蕴含这样的立场和主张，为处理好这些矛盾和关系提供了许多朴素的、原生态的路径和方案的参考。因此，少数民族生态伦理蕴含绿色发展的重要价值取向，能为绿色发展提供参考借鉴。

二、以绿色发展为目标导向，发挥西南地区少数民族生态伦理的重要价值

少数民族传统生态伦理注重人与自然和谐共处，不仅在人类历史上发挥过巨大的作用，也是世界珍贵的文化资源。这种人与自然应和谐相处的朴素的生态伦理观在当今社会生活中仍然发挥着作用。当前，我们正在推动绿色发展，建设生态文明，客观上为更好地挖掘少数民族生态伦理的重要价值、发挥其积极作用提供了基础和条件。

一方面，以绿色发展为目标导向，发挥少数民族生态伦理协调和规范人际行为与人际关系的作用。绿色发展的重要旨意在于树立绿色发展理念，形成绿色发展的思维方式、生产方式和生活方式。在少数民族生态伦理之中，最基础的是如何认识和对待自然的问题，或者说处理人与自然的关系

是生态伦理首要解决的问题，它内在地包含着一种具有哲理性的思维方式和生活方式。生态伦理要关注人的发展，关注人类如何利用自然提供的资源和条件不断改善生存、生活及发展条件和环境，但它不是单一更不是唯一地考虑人的需求，而是在人与自然和谐统一的关系中去思考如何实现人的发展目的和满足发展需求，客观上反映和体现在各民族关于生产生活方式方面的认识之中。在少数民族原始的生态伦理中蕴含的价值标准、道德原则和行为规范都一定程度上可以规制和约束人与人之间的关系和行为。"凡事不可超越界限，超过了限度会适得其反。凡事均有相应的尺度，只有适度，百事才会圆满。"① 适度、知足的伦理思想是少数民族生态伦理中的重要一环。少数民族生态伦理"通过对人际行为的协调和规范，号召人们各安本分、各尽其责、容忍、谦让，强调人对社会的责任；要求人积极投入社会生活，为自己，也为别人造福；倡导人们从宿命论和超自然力量中去寻找人间灾难的根源，用自己的善恶观、道德观和戒律来约束人们的行为，有效地减少了部族间的摩擦，使已有的冲突得到缓和；要求只要每一个成员都做部族认为正确的事，他就会赢得一切神灵和部族成员的赞赏，反之，就会受到神灵的报应、惩罚和部族成员的谴责；主张部族对神灵承担特定的道德义务"②。

另一方面，以绿色发展为目标导向，发挥少数民族生态伦理在规范社会发展方式和消费方式方面的重要作用。绿色发展的内涵非常丰富，但是，对社会生产方式和消费方式方面的目标要求是非常明确的，要求人们改变以往靠资源利用、技术进步和资本驱动为动力的思维定式和发展方式，改变人们过度依赖自然，向大自然索取的不可持续的生产发展模式，改变人们过度消费的消费模式。少数民族生态伦理之中蕴含着丰富而深刻的关于处理人与社会发展之间关系的价值理念、道德原则和行为规范。人类作为社会存在物同自然界发生关系，生存是必须满足的基本需求，生产方式从

---

① 富育光等：《萨满教与神话》，辽宁大学出版社1990年版，第115页。
② 陈旭：《少数民族生态伦理的文化功能与现代价值》，《新疆社会科学》，2010年第4期。

来都制约着整个社会生活，自然地理环境对人类的支配作用极大。少数民族生态伦理为人们提供了一套有组织、有系统的宇宙观念，为人和环境建立起相互荣辱与共的联系。"生态伦理的主要内容大多与其生产生活的资源有关。它最初表现为群体的信仰认同，众多的少数民族认为自己是由某种动植物变成的，演绎了各种各样的源于具体自然物的族源传说。"① 各少数民族在长期实践中认识到，当人类对资源利用超过一定的限度时，就会遭到大自然的报复，因而他们在利用自然的同时，根据自然资源的数量与季节，有选择性地控制对动物资源的使用，适度地消费动植物，适时利用自然资源，适度人口繁殖，使自然能保持自我循环，即形成了适度消费的生态观。随着人类文明的进步，少数民族生态伦理也在不断完善发展，合理安排世界万物。承认自然的完美性，希望人与自然融为一体，只有人与自然相互依存，形成一个统一的整体，世界才能井然有序，整个大自然才能气象万千、和谐美好，这在主客观上都起到了保护自然的积极作用。

第三节　西南地区少数民族生态伦理有助于生态治理

生态治理是解决当前生态问题迫切需要开展的工作。西南地区少数民族所处地区本就是生态环境较为脆弱的地带，高寒、沙漠、黄土。在这样的环境下，少数民族先民在同艰苦的自然环境作斗争的过程中始终以尊重自然为前提，形成了许多重要的生态伦理。中西部地区的生态问题看似是经济发展带来了对生态环境的破坏，但实质是人们对资源的不合理开发和利用，没有考虑到环境对人口和经济发展产生的承载力，而且目前中西部的生态问题有向西部转移的趋势。少数民族地区的生态环境能够持续保持良好的状态，离不开少数民族对生态环境的爱护。西南地区少数民族所处的地区生态环境较好，各民族在生存发展中形成和积淀的生态伦理

① 陈旭：《少数民族生态伦理的文化功能与现代价值》，《新疆社会科学》，2010年第4期。

具有深刻的含义，对生态文明建设背景下实施有效的生态治理有重要的启示意义。

一、西南地区少数民族生态伦理启示一：社会治理必须体现自然正义的价值取向

我们在对西南地区主要少数民族生态伦理进行梳理和挖掘的过程中发现，几乎所有少数民族在人与自然、人与环境甚至人与自身的关系认识上，都有一种高度的自觉。尽管形成的原因各异，但是大家都非常珍惜大自然对人类的赐予，感恩大自然的赐予，也珍惜祖先留下的所有资源和财富。这种财富包括经验方面的财富，使维护人地关系、人林关系、天人关系等成为一种基于自然正义的高度自觉。本质上说，这种自然正义是内生于人与自然、人与社会、人与人的统一性关系之中的。在社会发展进程中，它进一步发展成为生态的公平正义。因此，今天的生态治理何去何从，必须首先思考价值向度问题，这个向度就是基于自然正义而发展出的公平正义。

"生态治理是一种多元参与的治理、是一种由善政走向善治的治理。"①生态治理内含三个方面要素：最终目标是善治；基本手段是多元参与，对话沟通，达成共识和决策；前提是健康的政治共同体。事实上，实现生态治理面临两方面难点：一是如何实现从善政到善治的跃升；二是多元主体生态权益冲突如何协调。当然，解决这两个方面的难题需要多种要素的具备和整合，其中，公平正义指向的价值目标的确立显得十分重要而突出。一方面，生态环境问题不是"先天"存在的，而是"后天"形成的，在深层次上体现出人们价值观念的矛盾冲突。人们最初与自然界和谐相处，形成了"天人合一"的价值共识。后来，随着生产力发展特别是资本的形成，利润需求"绑架"人们的"需要"，加上技术的不断革新，"人定胜天"的观念逐渐替代了"天人合一"的观念，逐渐形成了人类无限欲求与自然界有限供给之间的矛盾。这种矛盾表面上是需求与供给的矛盾，在深层次上

---

① 薛晓源、陈家刚：《从生态启蒙到生态治理——当代西方生态理论对我们的启示》，《马克思主义与现实》，2005 年第 4 期。

却体现为价值观的矛盾。因此，生态环境问题的出现，折射出人类自身在价值认识上的矛盾。资本扩张、技术革新、市场机制运作，使得人与自然的矛盾更加突出，这在本质上体现出人与人的矛盾，反映为人与人之间、人与自身在价值观念上的矛盾冲突。

二、西南地区少数民族生态伦理启示二：在生态治理整体进程中增强群众参与

通过全面梳理和挖掘西南地区主要少数民族的生态伦理，我们发现，几乎每一个少数民族的伦理规范的形成和发挥作用，都是全民参与的结果。许多乡规民约就是老百姓在参与自然资源保护和环境治理之中形成的。比如白族的许多乡规民约都是白族人民长期集体参与自然资源和环境保护过程中形成的。以前没有生态治理之说，但是，不管是出于本身对自然的敬畏而产生的保护，还是对自然的感恩，甚至是受到自然的"报复"而进行的反省，总而言之，在各少数民族的生态伦理中，全体参与、全民保护是一条"铁律"。这是需要我们认真吸收的经验。无论过去、现在还是未来，无论是在少数民族地区还是非少数民族地区，生态的好坏，群众参与的积极性、能动性和创造性的高低是决定性因素之一。人人参与，人人受益。今天的生态治理，没有理由不充分重视到这一点。

生态问题考验国家治理水平，提升生态治理能力是国家治理现代化的重要体现、重要举措和应有之义。生态治理问题既体现为生态领域的具体问题，又体现为与国家路线方针政策相关的综合性问题，还体现在人们的意识和觉悟、治理的价值标准等方面。生态治理要抓好抓实公众生态伦理观念和环境意识培育，打牢生态治理的群众参与基础。生态意识影响着人们的生态行为，而仅有生态意识是不足以约束人们的生态行为，所以就有生态制度文明建设的需要。党的十八大报告指出，保护生态环境必须依靠制度。要把资源消耗、环境损害、生态效益纳入经济社会发展评价体系，建立体现生态文明要求的目标体系、考核办法、奖惩机制。"绿水青山和金

山银山决不是对立的，关键在人，关键在思路。"① 良好生态本身就是良好的公共产品需求，都是我们当前在建设中国特色社会主义生态文明进程中需要认真面对和务实解决的。坚持和按照少数民族生态伦理的规范和要求，才能更好地提供良好的生态公共产品。这个努力和解决的进程受制于多方面因素的影响，公众自身的素质和能力是重要方面。

客观地讲，公众对生态伦理的认识呈现出理想与现实的巨大差距。一方面，公众对生态正义的呼吁十分强烈，甚至成为一些地方发生群体性事件的重要诱因，但另一方面，对中国特色社会主义生态伦理的正确理解和认识，对生态治理所要实现的公平的生态权益目标缺乏科学和全面的认识。因此，我们要着眼于培养具有生态理性的人，因为"生态人是人类对生态理性在主体自我发展方面的自觉把握、科学反思、情感投射和能动实践，是人道主义和自然主义相统一的主体表现和结晶，实质上是人的全面发展的生态要求和生态维度"②。我们要把培育公众正确的公平正义理念与培育生态人格统一起来，把公平正义观念、环境公平权益的内涵等融入日常学习宣传中，更要融入日常工作和生活之中，因为"要化解人与自然、人与人、人与社会的各种矛盾，必须依靠文化的熏陶、教化、激励作用，发挥先进文化的集聚、润滑、整合作用"③。我们不仅要正确阐释这些观念、概念的内涵，而且要针对公众的学习、生活和工作实际，制定有效的宣传教育策略，引领他们逐步践行这些观念、概念和目标，培育起具有科学认识、强烈参与愿望和较强参与能力的公众，打牢生态治理群众参与基础。

三、西南地区少数民族生态伦理启示三：要突出抓紧抓好制度的完善和落实

生态意识影响着人们的生态行为，而仅有生态意识是不足以约束人们的生态行为的，所以就有生态制度文明建设的需要。西南地区少数民族生态伦理中有一个突出特点，就是通过一定的制度规范特别是习惯法和乡规

---

① 《习近平等分别参加全国人大会议一些代表团审议》，《人民日报》，2014 年 3 月 8 日。
② 张云飞：《生态理性：生态文明建设的路径选择》，《中国特色社会主义研究》，2015 年第 1 期。
③ 习近平：《之江新语》，浙江人民出版社 2007 年版，第 149 页。

民约，明确要求整个民族的所有人都要自觉遵守，有的民族规范具有很强的强制性，破坏规则会受到整村或整个家族的歧视和惩罚。经济社会发展相对滞后的少数民族尚能有这样的规范，能做到这样的要求和水平，今天的生态环境保护和生态文明建设没有理由不推进制度规范的建设，而且要纳入全面依法治国的整体性设计和全面推进的过程中。

党的二十大报告指出："推行草原森林河流湖泊湿地休养生息，实施好长江十年禁渔，健全耕地休耕轮作制度。建立生态产品价值实现机制，完善生态保护补偿制度。"① 保护生态环境必须依靠制度。要把资源消耗、环境损害、生态效益纳入经济社会发展评价体系，建立体现生态文明要求的目标体系、考核办法、奖惩机制。许多少数民族为了约束人们的生态行为，也形成了一些习惯法，有的则以乡规民约的形式确定下来，形成制度化的生态保护传统，并有相应的监督机制。制度和监督组合在一起的模式值得借鉴，生态制度文明建设在完善制度的同时应该建立相应的监督体制，保障制度的落实。纵观我国在生态治理方面的努力，最早可以追溯到 20 世纪80 年代。虽然没有正式提出生态治理的概念，但是，在政府和社会层面已经形成了避免走西方国家"先污染后治理"老路的共识，而且将保护环境列入了基本国策。21 世纪，我们在可持续发展理念、科学发展观的指导下，特别是正式提出生态文明建设目标以来，已经制定了一大批环境和生态治理的制度措施，基本建立起生态治理的制度体系和大众参与的治理机制。但是，我们也要正视存在的问题，比如有的制度长期被漠视甚至被束之高阁；有的制度在实施过程中特别是在利益相关方的强烈抵制中显得单薄甚至失效；还有的制度缺乏其他制度的支撑配合，实施效果大打折扣等。因此，在推进生态治理的进程中，我们要把重心放在制度的完善和落实上，要与时俱进修订和完善一批制度体系，要调动相关方的积极性和能动性，增强参与机制的针对性和实效性，重点放在制度机制的落实中，要通过制度管人管事，要完善和细化奖惩制度和机制，真正让能做事的人多做事、

---

① 习近平：《高举中国特色社会主义伟大旗帜　为全面建设社会主义现代化国家而团结奋斗——在中国共产党第二十次全国代表大会上的报告》，《人民日报》，2022 年 10 月 26 日。

做好事，让有损制度落实的人和事减少到最少。通过正反两方面的努力，进一步确立底线思维，坚持"零容忍"的态度，在生态治理中坚持标本兼治、综合施治，彰显生态公平正义。

第四节 西南地区少数民族生态伦理有助于人的发展

西南地区少数民族生态伦理内涵丰富而深刻，既启发我们要在人与自然的统一性关系中思考人自身的发展，也让我们必须思考在新的历史条件下应该如何顺应人的发展，推进生态伦理的发展。

一、西南地区少数民族生态伦理的人本意义

综合对西南地区少数民族生态伦理的梳理与研究，我们可以看到原始先民对人的发展与自然关系间认识的深刻性。本质上说，它与马克思主义的生态观是完全一致的。在各个少数民族的生态伦理中，主从关系非常明确，自然是主，人是从，主客体关系十分清楚。多数少数民族都强调，我们要从属自然、顺应自然，要感恩自然，更要维护自然。这实质上告诉我们，自然的先在性是不可违背的，自然给予我们诸多的生存发展条件，给予我们许多赖以生存发展所需要的物质条件和环境条件。当然，我们可以看到，有的少数民族在这个基本认识的框架和逻辑下，很大程度上认识到自身并不是完全被动的，也能够有所为，能够在这个过程中获得财富，过上更好的生活。因此，就呈现出一幅"原始崇拜—感恩表达—积极进取"的生动图景。许多民族在这样的逻辑关系中认识了人的作用，在生存和发展过程中书写了一个真正的"人"字。因此，一切关于人的发展，都离不开自然的决定性，同时，又要适度开掘出自身发展的各方面条件。但是，西南地区少数民族毕竟长期生活在高原山区，自然条件恶劣，经济社会相对落后，他们的认识也有一定的局限性，比如对人的能动性的认识是不够的，过度强调被动适应，也可能限制人自身的发展。当然，这些多是少数民族对自然的恐惧导致的，被动适应甚至清心寡欲并不是人的发展所要求的，更不能有效地激发人的能动性和创造性。因此，我们要辩证认识，批

判吸收，以伦理规范导引人的发展，以人的发展充实和完善伦理规范。

二、吸收少数民族生态伦理智慧，积极发展优良生态文化

从价值观看，少数民族的生态伦理是追求人与自然和谐发展的生产生活方式。由于少数民族生态伦理是站在民族生存利益的高度引导和规范人们处理人与自然关系的伦理行为，所以它不仅要求人们处理好人与社会、人与自我的关系，还要在认识和把握自然的生态属性和规律过程中实现人类自身的善，从而实现人与自然和谐共生。① 因此，少数民族人民处理人与自然关系的核心是"尊重自然，与自然和谐发展"，由此形成的生态文化是"以调适生态与文化的关系、寻求人与自然和谐共存为落脚点和归宿的文化"②。生态文化的最终目标是人与自然和谐相处、协调发展，实现这一目标的基本前提就是充分肯定自然界及其存在的内在价值，自觉地担负起人对自然的责任与义务。

构建新型的人与自然、人与社会、人与人以及人与自身的生态文化，有助于实现社会和谐，促进生态文明的建设发展。一方面，人类必须清醒地认识到自然界是一个有机的整体，人类只是这一共同体中的一员，自然界所有的生命体和人类一样都有存在的价值。人类应与其他成员建立平等的关系，和谐相处。生产实践中，人们必须遵循生态规律，合理开发、利用自然资源，而不能超出自然界生态环境的承载能力，使经济社会和自然界的可持续发展能力都得到维护与增强，从而实现经济、社会、人口、资源、环境诸方面平衡、协调发展。另一方面，人类作为自然界进化的最高产物，要对其他生命物种负有道德责任和义务，使保护环境、关爱生命成为每个公民的自觉行动。只有这样，才能真正实现人与自然的和谐发展，并最终实现社会和谐和生态良好。生态文化是生态文明的时代产物，是生态文明建设的基础。唯有以生态伦理为基础，把生态文化建设摆在重要的

---

① 王景华、刘东英：《少数民族生态伦理思想研究综述》，《新疆师范大学学报（哲学社会科学版）》，2013 年第 1 期。

② 廖国强：《文化·生态文化·民族生态文化》，《云南民族大学学报》（哲学社会科学版），2011年第 4 期。

位置，方能实现生态文明建设的题中要义，真正实现"天人合一"的社会和谐理念。

三、在人与自然、人与社会的和谐共生中促进人自身的发展

党的十八大以来，习近平总书记从中国特色社会主义"五位一体"总体布局的战略高度，对生态文明建设提出了一系列新思想、新观点、新论断。党的二十大报告明确指出："大自然是人类赖以生存发展的基本条件。尊重自然、顺应自然、保护自然，是全面建设社会主义现代化国家的内在要求。必须牢固树立和践行绿水青山就是金山银山的理念，站在人与自然和谐共生的高度谋划发展。"[①] 生态文明是指遵循人、自然、社会和谐发展这一客观规律而取得的物质与精神成果的总和，是指以人与自然、人与人、人与社会和谐共生、良性循环、全面发展、持续繁荣为基本宗旨的文化伦理形态。不仅是伦理价值观的转变，也是生产和生活方式的转变。社会和谐强调人与人、人与社会、人与自然的和谐，生态文明则更加注重强调人类活动必须尊重自然、善待自然，更强调人与自然界的和谐相处、永续发展。因此，在人与自然、人与社会的和谐共生中促进人自身的发展，是我们推进社会发展、建设生态文明的旨归。

---

① 习近平：《高举中国特色社会主义伟大旗帜 为全面建设社会主义现代化国家而团结奋斗——在中国共产党第二十次全国代表大会上的报告》，《人民日报》，2022年10月26日。

|结语|
少数民族生态伦理：生存智慧与发展价值

党的二十大报告指出："我们要推进美丽中国建设，坚持山水林田湖草沙一体化保护和系统治理，统筹产业结构调整、污染治理、生态保护、应对气候变化，协同推进降碳、减污、扩绿、增长，推进生态优先、节约集约、绿色低碳发展。"① 西南地区是我国少数民族的重要聚居区。在这片区域生活着羌族、藏族、彝族、白族、纳西族、哈尼族、傣族、拉祜族、佤族、景颇族、独龙族、苗族、布依族、侗族、水族、土家族等少数民族。这些少数民族有的是世居，有的是外来迁入。在自身生存、生产、发展过程中，在吸收外来思想文化实现多民族思想文化交融的进程中，逐渐形成了独特的风俗习惯和文化传统。生态伦理就是其中非常闪光的内容，是这些少数民族深刻认识人与自然、人与社会、人与自身关系而逐渐积累起来的，是经过了祖祖辈辈的思考和生动实践而沉淀下来的，是一种重要的生存智慧和发展价值。

从生存智慧角度看，这些生态伦理包含着多重关系的认知，具有深远的意义。客观上，少数民族的先民们不可能预测到现代工业文明带来的不良效应，尤其造成生态的极大破坏，因此，我们不能奢望他们能够超越时代预见到我们今天的生态危机。事实上，没有一个少数民族能够从现代文明的不良后果中提出深刻的哲学思考，但是，我们却能看到这些少数民族

① 习近平：《高举中国特色社会主义伟大旗帜　为全面建设社会主义现代化国家而团结奋斗——在中国共产党第二十次全国代表大会上的报告》，《人民日报》，2022年10月26日。

蕴含丰富的生态伦理思想文化，内容深刻，告诫我们要珍惜自然、感恩自然、利用自然，我们难道不应该为此而感激先人们的这种智慧吗？

从发展价值看，西南地区少数民族的生态伦理是一种社会规范，是一种道德要求，更是一种发展价值观。客观上说，少数民族的生态伦理不免有保守的成分，他们不敢提出人的主观能动性，当然也就没有提出"人定胜天"的类似结论。我们也不能说它因为保守就没有合理和积极的内容，其实，在大自然面前，人类是弱小的。但是，我们的少数民族先民并没有表现出弱小。敬畏不等于弱小，感恩不等于无能。少数民族生态伦理内涵至少有这几个方面的发展价值：一是和谐生态文化的价值。提倡人与自然关系的和谐是少数民族生态伦理重要的思想内容，有利于社会的发展和人自身的发展。二是乐善好施的道德行为。在少数民族的生态伦理中，感恩自然、感恩祖先，一定程度上体现的是一种乐善好施，有利于我们克服现代化进程中过度追逐利益、过度追求享受的行为。三是积极修为、自我发展的价值。许多少数民族的生态伦理观念和思想都要求所有的人要有良好的道德自律，对自然如此，对社会更是如此；虽然有的生态伦理观念过度强调被动适应，但也有一些民族的生态伦理主张轮作，土地休养生息，从而更好地获得自然的回报，比如哈尼族的梯田文化。其实，这是一种民族自身发展的价值，也是个人发展的价值。总而言之，少数民族的生态伦理整体上看，也是博大精深的，既包含基本关系的认识，也包含顺势而为，促进社会和自我发展的价值观。在中国式现代化进程中，这是需要我们关注和研究的一个重要思想文化体系。

参考文献

一、著作类

1. 《马克思恩格斯全集》第 42 卷，人民出版社 1986 年版。

2. 《马克思恩格斯全集》第 27 卷，人民出版社 1972 年版。

3. 《马克思恩格斯全集》第 20 卷，人民出版社 1971 年版。

4. 《马克思恩格斯选集》第 2、4 卷，人民出版社 2012 年版。

5. ［德］马克思：《资本论》第 1 卷，人民出版社 2004 年版。

6. ［德］恩格斯：《自然辩证法》，于光远译，人民出版社 1984 年版。

7. ［德］马克思：《1844 年经济学哲学手稿》，人民出版社 2014 年版。

8. 习近平：《在全国民族团结进步表彰大会上的讲话》，人民出版社 2019 年版。

9. 习近平：《之江新语》，浙江人民出版社 2007 年版。

10. 本书编写组：《党的二十大报告辅导读本》，人民出版社 2022 年版。

11. 本书编写组：《党的十九大报告辅导读本》，人民出版社 2017 年版。

12. 《中共中央国务院关于加快推进生态文明建设的意见》，人民出版社 2015 年版。

13. 贾卫列等：《生态文明建设概论》，中央编译出版社 2013 年版。

14. 宣裕方、王旭烽：《生态文化概论》，江西人民出版社 2012 年版。

15. 李秀林等主编：《辩证唯物主义和历史唯物主义》（第五版），中国人民大学出版社 2004 年版。

16. 罗国杰：《伦理学》，人民出版社 1989 年版。

17. 徐莹：《生态道德教育实现方法研究》，山东人民出版社 2013 年版。

18. 蒋立松主编：《文化人类学概论》，西南师范大学出版社 2008 年版。

19. 陈家宽、李琴：《生态文明：人类历史发展的必然选择》，重庆出版社 2014 年版。

20. 王春益：《生态文明与美丽中国梦》，社会科学文献出版社 2014 年版。

21. 许崇正等：《生态文明与人的发展》，中国财政经济出版社 2011 年版。

22. 吕大吉、何耀华总主编：《中国各民族原始宗教资料集成》，中国社会科学出版社 1998 年版。

23. 《中国少数民族社会历史调查资料丛刊》修订编辑委员会：《白族社会历史调查》，民族出版社 2009 年版。

24. 詹承绪、张旭：《白族》，民族出版社 1990 年版。

25. 张济民：《青海藏族部落习惯法研究》，青海人民出版社 1993 年版。

26. 陈庆英：《藏族部落制度研究》，青海人民出版社 2001 年版。

27. 四川省少数民族古籍整理办公室主编：《羌族释比经典》，四川民族出版社 2008 年版。

28. 王丽珠：《彝族祖先崇拜研究》，云南人民出版社 1995 年版。

29. 楚雄州文联：《彝族史诗选》，云南人民出版社 2001 年版。

30. 云南省政协文史委员会编：《云南特有民族百年实录》，中国文史出版社 2010 年版。

31. 《白族简史》编写组：《白族简史》，云南人民出版社 1988 年版。

32. 伍雄武、杨国才主编：《白族哲学思想史论集》，民族出版社 1992 年版。

33. 中国科学院文学研究所民间文学组：《白族民歌集》，人民文学出版社 1958 年版。

34. 大理白族自治州文化局编：《白族民间故事选》，上海文艺出版社 1984 年版。

35. 方国瑜主编：《云南史料丛刊》第 1 集，云南大学出版社 1998 年版。

36. 杨恒灿：《大理民间故事精选》，云南民族出版社 2000 年版。

37. 伍雄武：《纳西族哲学思想史论集》，民族出版社 1990 年版。

38. 和少英：《纳西族文化史》，云南民族出版社 2001 年版。

39. 李汝明主编：《丽江纳西族自治县志》，云南人民出版社 2001 年版。

40. 云南民族民间文学丽江调查队搜集翻译：《创世纪（纳西族民间史诗）》，云南人民出版社 1978 年版。

41. 何俞：《西南少数民族及其神话》，新世纪出版社 1951 年版。

42. 和志武译：《东巴经典选译》，云南人民出版社 1994 年版。

43. 郭大烈、和志武：《纳西族史》，四川民族出版社 1994 年版。

44. 和士成、李静生、王世英：《纳西东巴古籍译注全集》，云南人民出版社 1999 年版。

45. 杨福泉：《纳西文明：神奇的象形文王国》，四川人民出版社 2002 年版。

46. 角媛梅：《哈尼梯田自然与文化景观生态研究》，中国环境科学出版社 2009 年版。

47. 范元昌、何作庆主编：《红河哈尼族文化研究》，云南大学出版社 2008 年版。

48. 杨宏峰主编：《中国哈尼族》，宁夏人民出版社 2012 年版。

49. 马居里、罗家云：《哈尼族文化概说》，云南民族出版社 2000 年版。

50. 蒋高宸：《云南民族住屋文化》，云南大学出版社 1997 年版。

51. 王承权、李近春、詹承绪：《云南四川纳西族文化习俗的几个专题调查》（铅印本），中国社会科学院民族研究所民族学研究室，1981年。

52. 廖国强、何明、袁国友：《中国少数民族生态文化研究》，云南人民出版社2006年版。

53. 岩温扁译：《巴塔麻嘎捧尚罗》，云南人民出版社1989年版。

54. 雷毅：《生态伦理学》，陕西人民教育出版社2000年版。

55. 张泽忠、吴鹏毅、米舜：《侗族古俗文化的生态存在论研究》，广西师范大学出版社2011年版。

56. 杨权、郑国桥：《侗族古诗——起源之歌》第1—2卷，辽宁人民出版社1988年版。

57. 杨筑慧：《中国侗族》，宁夏人民出版社2012年版。

58. 朱慧珍等：《诗意的生存：侗族生态文化审美论纲》，民族出版社2005年版。

59. 罗康智、罗康隆：《传统文化中的生计策略——以侗族为例案》，民族出版社2009年版。

60. 石佳能：《侗族文化研究笔记》，华夏文化艺术出版社2000年版。

61. 黔东南苗族侗族自治州地方志编纂委员会：《黔东南苗族侗族自治州地方志》，贵州人民出版社2000年版。

62. 潘定智等：《苗族古歌》，贵州人民出版社1997年版。

63. 伍新福：《中国苗族通史》（上册），贵州民族出版社1999年版。

64. 马学良、今旦译注：《苗族史诗》，中国民间文艺出版社1983年版。

65. 何积全：《苗族文化研究》，贵州人民出版社1999年版。

66. 吴一文、覃东平：《苗族古歌与苗族历史文化研究》，贵州民族出版社2000年版。

67. 袁志中：《远古部落的访问》，云南民族出版社2007年版。

68. 段超：《土家族文化史》，民族出版社2000年版。

69. 江帆：《生态民俗学》，黑龙江人民出版社 2003 年版。

70. 杨庭硕等：《生态人类学导论》，民族出版社 2007 年版。

71. 万建中：《解读禁忌——中国神话、传说和故事中的禁忌主题》，商务印书馆 2001 年版。

72. 何星亮：《中国自然神与自然崇拜》，生活·读书·新知三联书店 1992 年版。

73. 朱天顺：《原始宗教》，上海人民出版社 1978 年版。

74. 杨昌鑫：《土家族风俗志》，中央民族大学出版社 1989 年版。

75. 董珞：《巴风土韵——土家文化源流解析》，武汉大学出版社 1999 年版。

76. 许崇正等：《生态文明与人的发展》，中国财政经济出版社 2011 年版。

77. 卢俊卿等：《第四次浪潮：绿色文明》，中信出版社 2011 年版。

78. ［奥］弗洛伊德：《图腾与禁忌》，中国民间文艺出版社 1986 年版。

79. ［德］阿尔贝特·施韦泽：《敬畏生命》，陈泽环译，上海社会科学院出版社 1996 年版。

80. ［美］霍尔姆斯·罗尔斯顿：《环境伦理学》，杨通进译，中国社会科学出版社 2000 年版。

81. ［美］霍尔姆斯·罗尔斯顿：《哲学走向荒野》，刘耳、叶平译，吉林人民出版社 2000 年版。

82. ［英］特瑞·伊格尔顿：《文化的观念》，方杰译，南京大学出版社 2003 年版。

83. ［英］爱德华·泰勒：《原始文化：神话、哲学、宗教、语言、艺术和习俗发展之研究》，连树声译，广西师范大学出版社 2005 年版。

二、论文类

1. 麻勇恒：《敬畏：苗族神判中的生命伦理》，清华大学博士学位论文，2014 年。

2. 白葆丽：《中国少数民族生态伦理研究》，中央民族大学博士论文，2007 年。

3. 陈继扬：《云南大理白族本主崇拜的教育功能研究》，西南大学博士论文，2007 年。

4. 赵元梁：《洱海周边白族渔民生态环境观研究》，大理大学硕士论文，2016 年。

5. 偶芳：《人与自然是兄弟——对云南丽江纳西族环境保护习惯法的文化解读》，西南政法大学硕士论文，2004 年。

6. 刘艳：《马克思恩格斯生态伦理的当代价值研究》，山西农业大学硕士论文，2013 年。

7. 肖雅锟：《云南少数民族传统生态伦理及其现代审视》，河北师范大学硕士论文。

8. 杨甫旺、张玫：《彝族"同源共生"的生态伦理观念与传统精神家园建构》，《学术探索》，2017 年第 8 期。

9. 王景、刘英：《少数民族生态伦理研究述评》，《民族论坛》，2013 年第 11 期。

10. 白葆莉、冯昆思：《哈尼族生态伦理思想及其现代价值》，《红河学院学报》，2007 年第 1 期。

11. 郭家骥：《生态文化论》，《云南社会科学》，2005 年第 6 期。

12. 廖国强：《文化、生态文化、民族生态文化》，《云南民族大学学报》，2011 年第 4 期。

13. 安颖：《论少数民族生态文化与自然资源保护的关系》，《学术交流》，2011 年第 2 期。

14. 马宗保、杨文笔：《视觉转换与人文生态价值的时代再造》，《中南民族大学学报》，2007 年第 6 期。

15. 曾易：《和谐社会建设中民族伦理的价值意蕴》，《广西社会科学》，2008 年第 5 期。

16. 曾易：《民族伦理的和谐价值》，《贵州民族学院学报》，2008 年第 2 期。

17. 苏日娜：《论民族生态伦理与民族生存环境的关系》，《云南民族大学学报》，2007 年第 3 期。

18. 林庆：《云南少数民族生态文化与生态文明建设》，《云南民族大学学报》，2008 年第 5 期。

19. 李良品：《论古代西南地区少数民族的生态伦理观念与生态环境》，《黑龙江民族丛刊》，2008 年第 3 期。

20. 李本书：《善待自然：少数民族伦理的生态意蕴》，《北京师范大学学报》，2005 年第 4 期。

21. 杨士杰：《论云南少数民族的生产方式与生态保护》，《云南民族大学学报》，2006 年第 5 期。

22. 李锡鹏：《大理白族生态环境观一瞥》，《中国民族》，2014 年第 12 期。

23. 贾秀兰：《藏族生态伦理道德思想研究》，《西南民族大学学报》，2008 年第 4 期。

24. 王俊：《彝族原始宗教信仰中的生态伦理观研究——以楚雄州大姚县彝族原始宗教信仰田野调查为例》，《毕节学院学报》，2009 年第 11 期。

25. 刘黎：《民族地区生态环境变迁的历史考察——以云南大理白族自治州为例》，《湖北师范学院学报》，2014 年第 19 期。

26. 牛坤：《洱海周边白族居民的传统生态观及其现代价值》，《大理学院学报》，2015 年第 9 期。

27. 孙菁亚、张锡禄：《从大理古代碑刻看白族传统的环境保护意识》，《环境科学导刊》，2005 年第 1 期。

28. 何光群：《生态伦理学视阈下的大理白族传统水文化》，《大理学院学报》，2014 年第 11 期。

29. 饶峻姝、李珍明：《试论白族本主信仰中的生态伦理》，《大理学院学报》，2014 年第 5 期。

30. 吉凯：《人与“署”是同父异母的兄弟——传统纳西族的生态道德观念及其现代意义》，《理论界》，2012 年第 2 期。

31. 胡加学：《哈尼族人口及分布状况》，《哈尼族研究》，2011 年第 3 期。

32. 李光荣：《从民间文学看哈尼族的传统生态观》，《民族学刊》，2016 年第 5 期。

33. 于敏：《论哈尼族民间故事中的生态意识》，《红河学院学报》，2015 年第 2 期。

34. 方国瑜、和志武：《纳西族的渊源、迁徙和分布》，《民族研究》，1997 年第 1 期。

35. 和志武：《略伦纳西族的东巴经及东巴文化》，《玉龙雪山》，1983 年第 1 期。

36. 田有成、朱勋克：《云南多民族法文化的认同与变迁》，《贵州民族研究》，1998 年第 3 期。

37. 张桥贵：《生态·人际与伦理——原始宗教的主题与发展》，《民族研究》，1993 年第 1 期。

38. 龙正荣：《贵州黔东南苗族古歌生态伦理》，《贵州师范大学学报》，2010 年第 1 期。

39. 路世传、杨文武：《现代化进程中贵州布依族生态伦理道德的当代价值探析》，《贵州社会科学》，2014 年第 8 期。

40. 刘春晖、薛达元：《布依族传统文化中的生态保护思想提取》，《中央民族大学学报》（自然科学版），2012 年第 4 期。

41. 易小燕：《水族双歌的生态伦理价值》，《西南民族大学学报》，2008 年第 10 期。

42. 李猛：《贵州少数民族文学精神生态与生态精神探析》，《贵州社会科学》，2013 年第 3 期。

43. 罗康隆：《侗族传统生计方式与生态安全的文化阐释》，《思想战线》，2009 年第 2 期。

44. 李本书：《善待自然：少数民族伦理的生态意蕴》，《北京师范大学学报》，2005 年第 4 期。

45. 陈旭：《少数民族生态伦理的文化功能与现代价值》，《新疆社会科学》，2010 年第 4 期。

46. 薛晓源、陈家刚：《从生态启蒙到生态治理——当代西方生态理论对我们的启示》，《马克思主义与现实》，2005 年第 4 期。

47. 张云飞：《生态理性：生态文明建设的路径选择》，《中国特色社会主义研究》，2015 年第 1 期。

48. ［澳］彼得·辛格：《所有的动物都是平等的》，《哲学译丛》，1994 年第 5 期。

后 记

　　党的二十大报告强调，习近平新时代中国特色社会主义思想是马克思主义基本原理与中国具体实际和中华优秀传统文化相结合的最新理论成果。作为其中重要内容和组成部分的习近平生态文明思想，本身体现了马克思主义生态思想中国化时代化发展的方法和进程，在这一进程中，必定会关注和吸收优秀生态伦理文化。西南地区少数民族众多，代表性少数民族都具有丰富的生态伦理价值观，这些生态伦理散见于各种形式的文本和生活习俗之中，需要提炼整理。笔者在云南师范大学哲学与政法学院工作期间以此思路成功申报云南省科普项目，围绕云南15个世居少数民族，带领部分硕士研究生进行了资料收集整理和研究。调入中共四川省委党校工作后，在云南期间就参与研究的我的学生陈黎梅博士毕业后到了四川大学工作。我俩商议决定将原有的云南少数民族生态伦理研究成果扩展为西南地区少数民族生态伦理思想的系统研究。在为期两年的时间中，我们分别整理补充了四川、贵州和重庆的代表性少数民族的生态伦理思想，形成了本书。本书的具体分工为：廖小明负责总体思路框架设计、研究规范标准，以及四川、重庆少数民族相关内容撰写；陈黎梅负责云南哈尼族和贵州相关少数民族内容撰写以及书稿的全面修订审读等。

　　全书内容的具体分工为：导论、第一章、第二章、第五章（廖小明，中共四川省委党校）；第三章哈尼族生态伦理和第四章苗族、布依族生态伦理（陈黎梅，四川大学）；第四章侗族、水族、土家族生态伦理（李明芳，中共四川省委党校）；第三章白族生态伦理、纳西族生态伦理（李东航，陕西师范大学）。全书由廖小明、陈黎梅共同统稿完成。本书在出版过程中得到了相关领域专家指导，得到四川人民出版社的大力支持，在此一并表示诚挚的谢意。

编者

2023 年 7 月